此专著为第二届湖南省基础教育教学改革研究项目阶段性成果。项目编号："Y2024370"项目名称："基于创新型人才培养的教师课堂有效提问研究"。

"理解性"教学：音乐与多学科融合的创新实践

◎ 危阳 著

湖南师范大学出版社
·长沙·

图书在版编目（CIP）数据

"理解性"教学：音乐与多学科融合的创新实践 / 危阳著. -- 长沙：湖南师范大学出版社，2025.5.

ISBN 978-7-5648-5881-0

Ⅰ．G632.3

中国国家版本馆CIP数据核字第2025HN7326号

Lijiexing Jiaoxue：Yinyue Yu Duoxueke Ronghe De Chuangxin Shijian

"理解性"教学：音乐与多学科融合的创新实践

危 阳 著

出 版 人｜吴真文
责任编辑｜吕超颖
责任校对｜张　鑫
出版发行｜湖南师范大学出版社
　　　　　地址：长沙市岳麓山　邮编：410081
　　　　　电话：0731-88853867　88872751
　　　　　传真：0731-88872636
　　　　　网址：https://press.hunnu.edu.cn
经　　销｜湖南省新华书店
印　　刷｜长沙雅佳印刷有限公司
开　　本｜710 mm×1000 mm　1/16
印　　张｜16.25
字　　数｜280千字
版　　次｜2025年5月第1版
印　　次｜2025年5月第1次印刷
书　　号｜ISBN 978-7-5648-5881-0
定　　价｜65.00元

著作权所有，请勿擅用本书制作各类出版物，违者必究。

前 言

都说"十年磨一剑",算算我从进入工作岗位到现在,正好十年了。以前在学校的时候,只要抱着"大家好才是真的好"的心态,做起事来感觉十分顺利。但当我开始想要做点"大事"时,却发现没有领导的支持,真的寸步难行。我曾经以为,只要是善的、美的、真的事情,大家理应都会给予支持,但现实却并非如此。什么是善,什么是美好,什么值得去做,这些定义并不总是那么显而易见。因此,我特别要感谢邵阳县教育局和邵阳县第一高级中学的领导们,他们对教育有着深切的关怀与理解。正是有了他们的支持,我才有机会外出学习,并且在学习归来后继续得到了他们的鼎力相助。因为他们的信任与理解,我感到无比幸运和幸福。

学习归来后,我重新投入教育工作中。在多次下乡听课的过程中,我发现孩子们的眼神常常显得涣散,缺乏应有的光彩;而老师们,尽管身心俱疲,却依然坚守在教学岗位上,用心良苦。我常常思索,自己能做些什么来改变这一现状呢?如今,先进的教育理论层出不穷,专家学者的研究成果也极为丰富,但为何在教学实践中,老师们的教学方法似乎并没有太大的改变?难道理论与实践真的完全脱节了吗?老师们究竟需要怎样的教育理论来指引他们的教学工作呢?

通过"理解性"教学——音乐与多学科融合的实践探索，我逐渐认识到，老师们需求的不仅仅是理论本身，更是那种能够引领他们一同"实践"的理论。理论固然重要，但更为关键的是要有一位引导者，这位引导者不能将老师们仅仅视为理论的机械执行者。一线老师们确实需要具体的教学策略作为支撑，但他们更为缺乏的是理论思维和研究精神。教学策略应当源自他们对理论的深入思考与理解，是基于具体教学情境的自主构建与创新。

因此，作为教育博士，我们应当躬体力行，将所学理论与一线老师们的教学实践紧密结合，通过持续的对话交流，启发他们的思考，鼓励他们的探索。这样，教师培训就不再局限于单纯的理论知识传授，而是转变为支撑和推动老师们成长的一股强大动力。当老师们能够体会到学习的温馨与思维的乐趣时，他们才能更加有效地支持学生的全面发展与成长。

石鸥教授曾言："理论就是一扇窗口。"它并不直接告诉我们具体该如何操作，而是为我们提供了一个看待事物的独特视角。我所构建的"理解性"教学模式，便是基于生存论解释学的理论基石。然而，我并未为"理解性"教学给出明确的定义，因为理解本身就是一个因人而异的过程，其定义只能由每位读者根据自己的经验和认知去界定，这也是我对"理解"的深刻理解。

本书《"理解性"教学：音乐与多学科融合的创新实践》提供了一系列"理解性"教学的路径与策略。这些策略一方面应用于传统音乐的教学中，另一方面也探索了音乐与多学科融合的新教学模式。同时，本书还详细呈现了"理解性"教学的整个实践过程，旨在引导老师们通过阅读这些实践案例，发现问题、思考问题，并最终形成属于自己的教学理解。

具体而言，这是一部将哲学理论与教学实践紧密结合的教育专著。它围绕教育中的核心问题，以生存论解释学为理论支撑，提出并实践了"理解性"教学的理念。

上篇：解放思想——在理解中突破教育困惑

这一部分着重从理论层面探讨教育中的关键问题。第一章以生存论解释学为核心，构建"理解性"教学的理论框架，阐释课堂中"理解"的意义与策略；第二章通过心理学和哲学视角，反思教育中的惩罚与奖励手段，从意义建构的角度重新定义教育方式；第三章结合福柯的"话语权力"理论，分析教师课堂提问的重要性及其实践策略；第四章探讨了教育中的幸福问题，强调教师和学生在教育实践中如何通过"理解"获得意义和幸福。

下篇：践行思想——在"做"中体悟理解

这一部分以邵阳县的实践为核心内容，通过一系列真实案例生动展现了"理解性"教学在音乐与多学科融合领域中的实际应用。第五章以"音你精彩"卓越教师工作室为平台，探索教师成长与传统音乐教学的创新路径；第六章聚焦音乐与多学科融合，展示了"理解性"教学如何在跨学科教学中生成深度学习体验；第七章总结了教师与学生在实践中的成长与收获，展望了"理解性"教学的未来可能性。

那些善的、美的、真的事情，都是值得我们去追求和实践的。然而，这种"应该"需要我们有足够的勇气去坚守。只要是符合道义和应然之事，无论最终结果如何，我们都应该以一颗纯粹的心去践行。因为只有在行动中，我们才能获得更深的理解和体悟。真正的教育是一场永无止境的旅程，要一直能在这条路上前行，就需要我们在实践的过程中体验到内在的愉悦和满足。唯有如此，我们的教育才能走得更远。

最后，我要衷心感谢首都师范大学对我的悉心培养。特别要感谢我的导师王攀峰教授，以及我的精神导师石鸥教授、张增田教授、蔡春教授、徐玉珍教授等，还有哲学系的李元老师、叶磊蕾老师、陈睿超老师等诸位恩师。他们不仅传授我知识，更让我深刻体悟到了教育的本质和真谛。我将始终秉持这种教育思想，不断前行。同时，我也要感谢亲朋好友一直以来的支持与陪伴，感恩生命中遇见的每一个人。是你们的理解和善待，让我深感人间值得，也让我更加珍惜这份幸福。此刻，我想大声高歌——我爱你们！！

危　阳

2025 年 3 月

目录

上 篇：
解放思想——在"理解"中突破教育困惑　001

第一章　哲学基石："理解性"教学的理论框架　003
　　第一节　"理解"的历史溯源与哲学基础　003
　　第二节　探究课堂中的"理解"问题——常见教学困境　008
　　第三节　"理解性"教学的原则与实施策略　016

第二章　教育实践中的理解：教育手段的再思考　035
　　第一节　生存论解释学视角下的教育奖惩方式启迪与反思　035
　　第二节　以人为本的惩罚教育　044
　　第三节　基于内在动机的奖励教育　056
　　第四节　惩罚与奖励之辩——从行为控制到意义建构　061

第三章　理解学生为主体的课堂：从"话语权力"到教师有效课堂提问　069
　　第一节　"话语权力"视域下教师课堂提问之必然性　070
　　第二节　教师有效课堂提问之意蕴　077
　　第三节　教师有效课堂提问之策略　081

第四章　幸福的教育：在"理解"中创造意义　　086
　　第一节　幸福的意蕴——理解幸福的多维内涵　　088
　　第二节　探索教育中幸福生成之路径　　099
　　第三节　"与你绽放"——我的那些"幸福事"　　103

下　篇：
践行思想——在"做"中体悟"理解"　　113

第五章　汇聚力量：从工作室到教学创新的实践探索　　115
　　第一节　创办的初衷：如何在实践中汇聚教师力量　　115
　　第二节　创办历程：工作室的发展与教师成长的路径　　117
　　第三节　传统音乐教学的"理解性"教学探究　　146

第六章　传递力量：音乐与多学科融合的教学实践　　166
　　第一节　"为何融合"——教学困境中的融合需求　　167
　　第二节　"如何融合"——"理解性"教学的实践探索　　169
　　第三节　"融合的成效"——实践问题与未来改进方向　　220

第七章　收获幸福：在"理解性"实践中体验意义与成长　　223
　　第一节　通过切身体验激发情感与共鸣　　224
　　第二节　从我的理解走向我们的理解　　242

参考文献　　251

上 篇

解放思想

——在"理解"中突破教育困惑

"理解性"教学：音乐与多学科融合的创新实践

第一章　哲学基石："理解性"教学的理论框架

剖析问题需要一个明确的视角，不同的视角会得出不同的结论。那么，什么是理解？它与日常生活中的"我懂了"是否相同？通过明确理解的哲学视角，我们能够重新审视教学中所面临的问题，并探索如何基于这种视角来解决问题。本章将通过哲学解释学的角度，对"理解"这一概念进行深入探讨，以揭示它在教育中的深远意义。为此，探究哲学解释学的"理解"是本章论述的重点。

第一节　"理解"的历史溯源与哲学基础

在日常生活中，"理解"一词常被简单地等同于"明白""懂了"或是"会做题"。然而，在哲学的语境下，"理解"的含义要深远得多。它不仅关乎认知的达成，更涉及人类存在的本质与意义。为了深入探讨"理解"在教育中的意义，我们有必要追溯其历史渊源，并剖析其哲学基础。

一、古代解释学

最初，人们为什么需要解释？在古代，解释的主要目的是让对方能够理解信息，尤其是涉及神秘或复杂内容时，解释的需求尤为明显。解释学作为一种理解和解释的学问，自古便有其根源，其希腊词根"赫尔墨斯"（Hermes）源自希腊神话中诸神的信使赫尔墨斯。赫尔墨斯的任务是将神的语言转化为人类可以理解的语言，因为神的语言与人的语言不同，需要一位信使来进行翻译和解释。这个神话故事象征着解释的起源，正是因为无法直接理解神的语言，解释学便应运而生，作为一种专门帮助人们理解和传达神圣信息的手段。

除了在希腊神话中的应用，古代的解释学也在神学领域中得到了发展，特别是在解释《圣经》的过程中。神学解释学的目的不仅是帮助人们理解文本，还包含了传达神的意志的意义。在这种背景下，解释的目的是让人们承认和遵循神的意志，将其视为绝对的真理，并付诸实施。这种解释学不仅停留在知识传递的层面，还深深嵌入了信仰和行动的要求。因此，古代解释学的核心要素包括理解、解释和运用，这三者密不可分，强调理解必须通过具体行动来验证和实现。

由此可见，古代解释学的核心构成包含三个紧密相连、不可分割的要素：理解、解释与应用。这三者并非遵循线性的先后顺序，而是相互融合、互为表里的关系。理解并非孤立地发生在解释之前，也不仅仅是为了应用而前置的一个阶段；相反，解释的过程本身就是理解的一种形式，而应用则是理解的直接体现和验证。换言之，理解的本质内在地蕴含了解释与应用的维度。

在古代思想中，理解的内涵极为丰富，它不仅仅局限于对神意等抽象概念的领悟，更重要的是，这种理解必须通过实际行动来展现其真实性和有效性。因此，古代所倡导的理解被视作一种"技艺"，这种技艺不仅关于技术或应用科学，更是一种"实践智慧"。它不是机械的规则，而是通过不断实践来体现的深层次智慧。总之，古代解释学不仅仅局限于对语言文字或文本的表面解读，它更加强调理解在现实生活中的实际应用和价值转化。理解在这里不仅是心智上的认知活动，更是通过具体行动来展现其生命力和影响力的过程。因此，古代的理解方式可以被视为一种"实践智慧"，它要求人们不仅要能够理解和阐释文本，还涉及如何在日常生活中实现这些理解的实际应用。

二、近代解释学

进入近代，随着自然科学的兴起，人们开始追求客观、可验证的知识，这种知识基于符合论式的真理观，即真理的本质在于判断其与对象的"符合"程度。因此，解释学也从对"不理解"的关注，转变为以"误解"为前提，探讨解释的必要性和如何确保"理解"的正确性。如何保证"理解"的正确性，这是近代解释学所关注的核心问题，其关键在于通过严谨的方法论来消除误解，重建作者的原意或文本的真实意义。

施莱尔马赫是近代解释学的重要奠基者，他提出解释学应被视为一种理解的艺术，目标是重建作者的心理体验或过程。施莱尔马赫强调，理解不仅仅是简单的知识认知，而是对作者原意的重构，设身处地地想象自己为作者，努力排除主观因素，追求文本的绝对意义。这意味着理解需要超越个人的偏见，去恢复作者的原始意图。

狄尔泰继承并扩展了施莱尔马赫的思想，他认为理解主要适用于精神科学领域，而不同于自然科学。精神科学追求对人类经验和文化的理解，必须避免个人偏见，以确保对人类活动和精神产品的客观理解。狄尔泰指出，理解的任务在于恢复文本、人工制品和人类活动所包含的本来的生活世界，理解是对生活世界的再现和还原。这也意味着，理解的过程同理解者摆脱自身主观性的努力密不可分，只有消除偏见，才能实现真正的理解。

在近代解释学的框架中，理解被定义为一种系统的方法论，而不再是古代的实践技艺。它是一种对文本和人类活动的分析与重构，强调通过系统的方式追求客观的理解，尽量避免主观的干扰，以获取尽可能准确的知识。只有采用这样方法的理解，才被认为是准确无误的、是科学的。这一时期的解释学注重对文本和对象的符合性判断，目的是在不同主体之间建立共通的理解基础。

三、现代解释学

进入现代，海德格尔开启了解释学的新方向。他关注的重点并不是提供如何正确理解的方法，而是阐明各种理解如何构成了我们的存在。海德格尔认为，理解并不仅仅是某种技术性的活动，而是人的存在方式，是在生活世界中探索和定义自身存在可能性的过程。在海德格尔之前，约尔克伯爵就曾提请人们注意，"历史所给予我们的是活着，而不是僵死的存在。"理解的过程即是诠释，通过诠释，存在的本真意义和基本结构被揭示出来，成为人对自身存在的理解的一部分。因此，理解在海德格尔的思想中获得了本体论的意义，即理解不仅关乎知识的掌握，更关乎对自身存在的探索和认识。

加达默尔在海德格尔的基础上进一步发展了解释学，他首先肯定了"偏见"或"成见"在理解中的作用。在我们进行理解之前，我们首先是属于传统的，传统赋予我们成见，而正是这些成见使得理解成为可能。没有偏见，理解就无法发生。其次，加达默尔提出理解是一个"视域融合"的过程。视域融合意味着不同的理解背景相互交融，从而形成更广阔的视野。他认为，"如果我们有所理解，那么我们总是以不同方式在理解。"这意味着，理解并不是对某一绝对真理的掌握，而是对生活世界中意义的不断探索和超越，是个体与传统和他人之间的对话和融合。

总之，现代解释学试图通过将主体和客体的界限模糊化，强调理解的主体性与互动性。与以自然科学知识为典范的传统知识论不同，现代解释学基于本体论的视角，试图建立一种基于主体间性的诠释理论。古代的理解是一种技艺，近代的理解是追求客观知识的方法论，而现代的理解是一种存在方式，是在生活世界的语境中把握自身存在可能性的过程。它不是单纯的符合式理解，而是自身的"视域"与对象的"视域"交叠相融、成为一体的过程，人们在这个过程中拓展了自身的视域。具体如表 1-1 所示：

表 1-1　西方思想家对"理解"的独特见解概览

代表人物	视角	主要观点	目的
亚里士多德	作为技艺	1. 理解与诠释的关系是未被作明确划分 2. 诠释的目的在于"排除歧义以保证命题判断的一义性"	理解须实践在行动中
施莱尔马赫	作为方法论（认识论）	1. 将诠释学定位为一种理解的艺术，目标是重建作家心理体验或作家心理过程，理解不是简单的认识，而是要去重构① 2. 诠释一旦处于理解之外，就变成表现的艺术或者说明的艺术 3. 强调对作者原意的追求，设身处地把自己想象成作者	获得文本的绝对意义
狄尔泰	作为方法论	1. 精神科学的对象是精神世界，自然科学的对象是物理世界，因此所面对的对象不同，所采取的方法论不同 2. 理解适合精神科学领域；诠释适合自然科学领域（诠释是明确清晰、逻辑严密的自然科学方法） 3. 理解是消除偏见的活动。理解的实现同理解者摆脱自身主观性的努力成正比	获得文本的绝对意义

---

① 吴正勇,欧阳曙.加达默尔哲学诠释学的基本特征——《真理与方法》解读[J].上饶师范学院学报(社会科学版),2002(04):40-43.

续表

代表人物	视角	主要观点	目的
海德格尔	作为生存论	1. 理解就是在一个人存在的生活世界语境中，把握他自己存在的可能性能力 2. 诠释的基础是理解，理解必须被视为嵌置于这种语境中的东西，而诠释则仅仅是使理解清楚明白 3. 先在结构是理解与诠释活动进行的前提	解释、创造出生活世界或历史的内在意义
加达默尔	作为生存论	1. 传统在我们之前，在我们理解之前，我们先属于传统，然后属于自己。传统预先带给我们成见（前见），而没有成见，理解就不能发生 2. 理解就是一个视域融合的过程。视域融合是指人们通过"理解""诠释"活动的展开过程中扩大了自身的"视域" 3. "如果我们一般有所理解，那么我们总是以不同方式在理解"	

从表 1-1 可以更清晰看到，在不同时期，不同的思想家对"理解"都有其独特的视角和见解。

亚里士多德将理解视为一种技艺，理解与诠释的关系并未被明确划分，其目的是排除歧义，以保证命题判断的一义性。这种理解强调知识的统一性，但更注重实践的应用。

施莱尔马赫认为理解是一种艺术，是对作者心理过程的重构，强调理解需要设身处地地追求作者的原意。他的观点将理解视为一种方法论，并认为理解与解释应尽量避免主观干扰，以获取文本的绝对意义。

狄尔泰把理解定位为精神科学的核心，强调理解是一种消除偏见的活动。对于他而言，理解的实现与理解者摆脱自身主观性的努力密不可分。这种方法论视角强调理解的客观性，并认为理解适用于精神科学，而解释适用于自然科学。

海德格尔对理解进行了本体论的诠释，认为理解是一种存在方式，代表了个体在其生活世界中把握自身存在可能性的能力。他强调理解是一种嵌置于语境中的活动，是人与世界互动的基础。

加达默尔进一步提出理解是"视域融合"的过程，人们通过理解和诠释，在这一过程中扩展了自身的视域。他肯定了传统与偏见在理解中的作用，认为理解必然受到传统的影响，是个体与社会之间不断对话的结果。

总而言之，理解在不同的历史阶段有着多重演变。古代的理解是一种技艺，与实践密不可分，是一种需要通过行动来体现的技艺智慧。近代的理解成为追求客观知识的途径，强调消除主观偏见，获取客观、准确的知识，设想理解能够重构原意。现代的理解被赋予了本体论的意义，是人在其生活世界中拓展自我存在的可能性能力。理解被视为人与传统、社会、他人之间的对话，是视域之间的融合。这些多重演变共同构成了对"理解"的多元探索，揭示了理解不仅仅是获取知识的过程，而是不断地超越自我、拓展自我视域的活动。理解意味着与传统、他人、社会的互动，是一种在可能性中不断追寻和实现创新的过程。这也为教师们提供了深刻的启示，教育不仅传授知识，更要通过理解和互动，帮助学生不断拓展他们的视域，为其走向更广阔的世界提供更多的可能性。

第二节　探究课堂中的"理解"问题——常见教学困境

通过对理解的哲学探究，我们可以反思教师在课堂上使用的是哪种类型的理解进行教学。在古代解释学中，理解是一种技艺，学生需要在学后能够实践和应用，才算真正理解了。在近代解释学中，理解是一种方法论，学生理解了文本的绝对原意、能正确回答问题、在考试中获得高分，就被认为是理解了。而在现代解释学中，理解是一种存在方式，学生不仅要理解文本的原意，还需要结合自身的经验提出独特的见解，才能被认为是真正的理解。

结合自身的教学经验和课堂观察，大多数教师在课堂上采用的仍然是作为方法论的理解类型，即近代解释学的理解方式。这种方式虽然确保了学生对文本的原意有较为全面的理解，但也导致学生的学习偏向于机械化的记忆和标准化的回答，缺乏创造性和批判性思维。例如，课堂上学生往往只是被动回答预设问题，而很少主动提出自己的疑问或见解，这使得他们难以真正参与到知识的构建中。教师非常强调教材文本的绝对意义。他们通过大量的背景知识和作者生平介绍，帮助学生理解文本的原意。然而，这种方式带来的一个常见教学问题：整个课堂充满了教师预设的"正确"问题，而学生自己却没有提出一个问题。课堂上缺乏学生的主动探究和思考，也因此缺乏创新。

那么，什么是创新？学生如何才能具备创新的必要条件？笔者认为，在教学中允许"可能性"的发生是培养创新的基本前提。创新意味着让学生能够基于现代解释学的视角，即从存在的角度来进行理解。可能性意味着给学生空间去想象、去质疑，只有具备了想象力，学生才能创造出世界上原本不存在的东西，而这正是机器所无法做到的。机器只能在已有的基础上进行优化，而人类的创新则来自对未知的探索和对可能性的实现。如果学生只会做题，却无法通过学习来拓展自己的思维，那么他们很可能被培养成像机器一样的人——只会记忆和复制，却无法创造。而教育的目标远不止于此。

当教师不自觉地认同了近代阐释学理论，并秉持这样一种观念，即学生唯有透彻领悟文本所蕴含的绝对意义，方能被视为真正掌握了知识或实现了知识的深刻理解时，这一理念往往会导致教学实践中出现以下几个问题：

一、教师只见知识不见人

由于追求文本的绝对意义，教师的关注点往往只能聚焦在知识本身，尤其是文本知识，而忽视了学生的个体想法和需求。进一步而言，教师"只见知识不见人"的原因可以分为以下三个方面。

首先，在教育中，教师与学生的互动应该是一种不断循环的双向理解过程，而不是单向的知识传授。然而传统教育中，教师往往将自己视为知识的"传递者"，将学生视为知识的"接受者"，这种模式限制了教学过程中师生之间的双向互动。加达默尔提出，理解不是机械地对"文本"或"知识"的解读，而是一个人与"他者"之间的互动。在这个过程中，教育不仅是传递信息的过程，更是理解与共情的过程。教师若只注重传递知识而忽视学生的感受、需求和个性化发展，实际上是在"看"学生的知识，而非"看"学生这个人。这种单向的、机械的教育模式导致了教师无法真正理解学生的内在世界，也就无法为学生创造一个能够激发其潜能的教学环境。

其次，从教学专业的角度来看，教师不知道知识从何而来，未能向学生阐释清楚知识的背景和原理。这意味着教师自身也缺乏与文本的深入对话，只是在教学过程中尽量符合标准答案。这种做法限制了知识的多样性和深度，使学生无法对知识形成自己的理解和思考。如果教师能够进行跨学科的知识整合，如语文教师了解历史、音乐、政治等领域，通过自己的生活经历对同一个问题给出不同的见解，并向学生阐释其深层次原因，就能够实现对知识的"视域融合"，使学生对知识的理解更加全面而深刻。

最后，从教育本质的角度来看，教师往往不知道要将学生带往何处，仅关注知识的重难点讲解，忽略了学习的最终目的。换而言之，学这么多知识的意义是什么？是为了考上大学，找到好工作？然而教育的目的不应止步于生存，更应关注学生精神层面的愉悦和成长。新课标强调核心素养，但教师在如何将知识转化为素养方面的思考较为不足。教育不仅是谋生的手段，更应是通往幸福的路径。不管是教师还是学生，都应在教育中找到快乐和成长的契机。教育是师生的双向成长，如果教师在教学中没有快乐，没有成长和热情，就很难说自己真正从事教育工作。

为此，把学生带往何处是一个教育原理层面的问题，跟教育本质探究息息相关。教育的基本方向始终关注的是人的成长与发展，而不仅仅是知识的传递。教育不仅仅是"教书"，更是"育人"。人作为完整的个体，其成长不仅需要知识的获取，还需要情感的培养、思维的启发和人格的塑造。因此，教师应当更多地关注学生的情感和心理需求，而不只是专注于知识的讲解。在传统的教学模式中，教师通常过度关注学科知识的传授，忽视了学生个体情感和思维的多样性。这种现象在加达默尔的解释学中可以理解为"对象化"的思维：教师把学生仅仅当作"知识的接受者"，而非一个有独立思想、情感需求和个性发展的独立个体。

具体而言，教师在教育中到底承担着怎样的角色？把教师当成一门职业，就只考虑到了物质生存层面的意义，诚然，教师是需要生存的人，也需要考虑自己的生存状态。一个事物产生的原因是多方面的，从人生存的基本需求出发，导致教师"只见知识不见人"跟教育评价密不可分。即当教师的评价标准仍然主要依赖于学生的考试分数时，教师可能会为了生存而违背教育理念，尽管知道过多的作业对学生的发展不利，但依然会布置大量作业来提高分数。这种情况下，如何在关注生存的同时让教育更有意义，让学生真正受益，就成为我们必须思考的问题。教师的生存与学生的发展真的水火不容吗？还是我们没有找到一种恰当的方式来理解与践行教育的本质？

一个在学习过程中体验到快乐的学生，其学习成绩往往不会差；同样地，一个在教学中感受到快乐的教师，其学生的学业表现也通常较为出色。这里的核心问题在于：教师在教学工作中是否感受到了快乐？如果感到不快乐，那么背后的原因是什么？观察发现，尽管学生的年级提升、知识积累增多，但师生双方在教学中的快乐感受却并未随之增长。这一现象表明，教师与教育之间的关系不应仅仅局限于职业与谋生工具的层面，即通过教育来维持生计；而应当建立在师生情感联结的基础之上。教育应当是教师和学生在课堂这一共同空间里相遇、相互促进、共同进步，并共同收获幸福感的过程。简而言之，它不仅是教师的生存手段，更是一个充满动态情感交流与互动的旅程，师生在此过程中相互影响，携手成长。

总而言之，评价在教学活动中扮演着至关重要的角色，它具有明确的导向功能。如果对教师的评价仅仅侧重于学生掌握的书本知识，那么教师可能会过分聚焦于文本内容的绝对正确性，从而忽视了教育的本质——关注并培养每一个独特的学生。这种倾向会导致教师只看见知识点，而忽略了学生的全面发展与个性差异。换言之，这不仅意味着教师在教育过程中失去了自我实现的机会，也未能认识和尊重每个学生的独特性。因此，教师的职责不仅仅是单向地传授教材知识，还应当与学生携手并进，共同探索学习的深度与广度，发现并实现教育的真正价值所在，让教学过程成为一个既富有互动性又促进师生共同成长的旅程，而这样的旅程就是理解的过程。

二、课堂提问只有预设，缺乏生成性

如果将理解视为一种旨在探寻文本原意并追求标准答案的认识论手段，那么在教学实践中，这种做法往往会削弱课堂的生成性与活力。具体而言，教师可能会预先设计大量问题，以引导学生回答出预设的"正确"答案，从而限制了课堂讨论的开放性和多样性。在这样的环境中，除了教师预设的那一种"标准答案"之外，很少有机会探索其他可能性。这种教学模式忽略了理解作为人类核心特质更深层次的意义——它不仅是能够理解文本内容（对象），更是个体将自身经验、情感及思维方式融入其中的过程，实现知识的内化和个人意义的构建。

理解是一种视域融合，应当鼓励学生从个人视角出发，结合自身经历和感受，与文本建立独特的联系，进而形成个性化的理解和阐释。这种多样性和创造性的理解方式，正是人类认知活动宝贵且不可或缺的部分。因此，课堂应当成为一个鼓励"意外"见解和创新的空间，教师应积极倾听并尊重每一位学生的不同声音，激励他们勇于表达自己的想法，从而促进一个更加丰富、动态和包容的学习环境。例如，在化学课堂上，水的定义是由氢、氧两种元素组成无机物，但除此之外，什么是水呢？学生可能会提出不同的答案，比如"水是眼中的悲伤"或"水是夏天的那一抹清凉"。即便是在科学课堂中，掌握了水的化学定义后，也应该有多种可能性，比如当元素发生变化时，水会呈现出怎样的状态。因此，教师可以鼓励学生结合自身的经验和想象力，对水的特性和用途提出新的看法。通过这样的讨论，课堂不仅限于标准答案，还能够激发学生的创造力和多样性思维，使得课堂呈现出丰富而生动的多种可能性。

令人遗憾的是，我们通常会发现，当教师主导精心预设问题之后，学生在课堂上往往不再主动提出问题。事实上，没有学生提问的课堂本身就存在着一个巨大的隐患——学生的思维被局限在教师预设的框架之内，学生缺乏主动探究的机会。基于生存论解释学，理解是个体通过与世界的互动不断建构意义的过程。如果学生没有提问，意味着他们未能主动参与到这种意义建构之中，只是被动接受教师的预设内容。这种情况不仅限制了学生的思维发展，还抑制了他们对知识的探究精神和批判性思维能力，最终影响其全面发展。

在课堂中，学生没有提问或没有话语权是一个普遍现象。课堂上的话语权并不等同于学生简单地回答教师的问题，而在于教师如何对待学生的"错误"答案。通过课堂观察发现，教师面对回答错误的学生时，通常只是说"请你再思考一下"来回应，很少有教师会继续追问："你为什么会这样想？"这种做法不仅使得学生的想法不被重视，还会在潜意识中让学生觉得自己的想法可能没有价值，只有老师讲解的内容才是最有用、最正确的。这不仅让学生处于课堂的被动地位，还限制了他们对自身价值的认同，逐渐产生一种"我不重要"的感觉，甚至认为自己的存在对世界毫无影响，从而带来存在层面的无力感，影响他们的学习动力和自信心。

要使课堂的"生成性"真正得到体现，教师需要做的远不只是预设问题，还要创造一个支持探索与讨论的环境，鼓励学生勇于提出自己的想法，无论这些想法是否符合"标准答案"。通过深入探讨学生的错误回答，教师不仅可以了解学生的思维过程，还可以引导学生从中学习，获得更深层次的理解。基于现代生存论的理解，教师须把学生带回课堂。虽然学生的身体都在课堂中，但教师需要让学生结合个人生活经验，参与到课堂讨论中来。课堂应该是一个充满可能性的场所，教师应通过开放的提问和鼓励多元化的答案来激发学生的好奇心和创造力，让课堂充满想象力与对话的可能。

总之，基于现代生存论的理解，教师应承认并尊重学生的以往经验。学生不仅能够理解文本的原意，还应结合自身经验提出独特的见解，这样课堂就不再只有一种"正确"的声音，而是如同一首交响乐，不同的声音和谐共存，各自在同一主题中展现其独特之美——正所谓"和而不同""美美与共"。正是这种多样化的表达，才使得课堂如乐曲般丰富且精彩。

三、学生缺乏内在动机，学习积极性不高

学生学习积极性不高的核心症结，在于教师未能深入理解并尊重学生的内在需求。这种内在需求并非简单地通过追求外在的正确答案就能得到满足。近代解释学往往强调客观性和外在的符合性，却在这一过程中忽视了个人独特见解的价值，甚至将个人想法视为需要排除的"偏见"。然而，当这些富含个性与创造力的"偏见"被剔除，学习过程就只剩下冰冷的外在正确与标准。在这样的环境下，学生的内在动机——那份源自内心、推动他们主动探索与学习的力量——又怎能被有效激发和维持呢？

现代解释学强调理解是一个动态的、互动的过程。在其理论中，理解并非被动接受信息，而是通过与他者（如教师、同学或文本）的对话、交流与互动完成的。理解是一个在历史、文化语境中，个体通过与他人交流互动，构建并共享意义的过程。理解的生成不仅依赖于个体的认知，还涉及情感、价值观等方面的因素，强调学生在互动过程中自主构建和理解知识。在教育中，加达默尔的解释学理论给我们的启示是，教师不仅是知识的传递者，更

是学生理解和意义构建的伙伴。教师通过与学生的对话与互动，引导学生主动思考和表达自己的理解。学生的学习不再是单纯的知识接受，而是积极地参与和创造过程，教师与学生共同建构意义，而学生在此过程中获得自我认同和成长。

从生存论解释学的视角来看，当学生面对文本知识时，若其生活经验被忽视，他们将难以与文本建立起真正的对话，进而无法实现深刻的理解。问题在于，教师往往未能将学生的生活经验融入课堂教学之中，反而将学生视作单纯接收知识的容器。在这种模式下，教师基于自身的理解对学生进行"满堂灌"，过分侧重于传授自己掌握的知识，却忽略了学生已有的生活经验和认知背景。这种教学方式下，学生被视作一张等待教师"作画"的白纸，教师则按照自己的意愿和构想进行"绘制"。同时，通过考试、惩罚或奖励等外部手段，教师试图迫使学生完全接受并认同这一知识传递的过程。值得警惕的是，这种做法不仅严重剥夺了学生的主动性，还极大地限制了他们对知识的个性化解读和深度理解，从而削弱了学生的学习兴趣和内在动力。

学生的成长是一个逐步发展、不断深化的过程。要实现与文本的视域融合，学生需要在学习过程中充分发挥其主动性。基于内在动机理论[①]，学生的成长过程中必须满足一系列核心的心理需求，包括自主权、胜任感以及与他人的联结感。这些需求是激发学生内在学习动机、促进其全面发展的关键要素。因此，教师应当转变教学方式，尊重学生的生活经验，鼓励学生主动探索知识，从而在与文本的对话中实现真正的理解和成长。

（一）自主权

自主与控制相对。自主权意味着学生能够自我决定并拥有对学习的选择权，与教师对学生学习的控制相对立。教师应通过为学生提供有意义的选择来支持他们的自主性。有意义的选择能够增强学生的学习意愿，使他们在学习中感到自由和愉悦。当然，支持自主并不意味着完全放纵，而是要在规则

---

① 内在动机理论由德西和瑞安提出，主要描述了个体在没有外部奖励的情况下，依靠内在的兴趣、满足感和自我决定来进行行为选择。德西和瑞安的自我决定理论（Self-Determination Theory, SDT）指出，人的内在动机来源于三个核心心理需求的满足：自主权、胜任感和归属感。

和自主之间取得平衡，使学生在一定范围或相同的"主题"内获得选择的自由。简而言之，自主即学生感到自己能够控制学习过程，做出选择，而非被动接受教师的指令。

（二）胜任感

胜任感是指学生通过自身的行为能够看到学习的成果，并对自己的能力充满信心。无论行为有助于获得外部结果（如奖励、晋升），还是内在结果（如对学习过程的享受、个人成就感），学生必须感受到自己具备足够的能力去完成这些行为，以获得想要的结果。这意味着学生在学习过程中感到自己的能力得到了提升，知识得到了积累，能够应对挑战并获得成就。因此，教师应通过适当的挑战和及时的正面反馈来增强学生的胜任感，让他们感到学习是有价值的，是能够实现的。

（三）联结（归属感）

联结感是指学生在学习过程中感受到与他人之间的联系。除了自主权和胜任感，学生还需要感受到教师和同学的关心和支持，以满足他们的爱与被爱、关心与被关心的需求。联结主要是让学生感到自己被接纳、支持，并与他人建立了积极的关系，特别是与教师、同伴之间的关系。在教学中，教师可以通过关注每一个学生的情感需求、鼓励合作学习和创造一个积极的学习氛围，来增强学生的联结感。只有在这种情感联结中，学生才能感受到学习的乐趣，激发内在动机。

值得注意的是，在反思学生内在动机不足的同时，教师也应意识到自己在教学中可能同样存在内在动机的不足。例如，教师指导学生参赛或者研究课题时，很多时候是出于评职称的需求，而非为了学生的成长。这种动机的缺失同样会影响教学的质量和师生关系。因此，师生如何共同成长、突破这一困境，成了教育中一线教师关注的重点。如何改变？教师可以通过以下方式促进师生的共同成长，从而改善当前的教学困境。

创造自主的学习环境。教师应为学生提供更多的选择和决策机会，鼓励学生在学习中独立思考和主动探索。例如，允许学生选择自己感兴趣的项目或者提出自己的问题，激发他们对学习的内在兴趣。

增强学生的胜任感。设计适合不同学生能力水平的任务，并给予及时且积极的反馈，帮助学生看到自己的进步，从而增强他们的信心和成就感。避免让学生面对过度困难的挑战，而是循序渐进地增加难度，使他们不断体验成功的满足。

建立深厚的师生、生生之间的联结。教师应关注学生的个性化需求，给予他们情感上的支持，让学生感受到教师对他们的关心和期望。通过合作学习、小组讨论等方式，增强同学之间的联系，使课堂成为一个互相关爱和共同成长的温馨港湾。

总之，学生学习积极性不高和教师职业倦怠的主要原因，往往是将焦点过度放在外在因素上，比如分数的高低、教师职称的评定等。为了生存，这些追求无可厚非，但过度关注外在的标准，就像近代解释学过度追求文本的"原意"，排除了主观的"偏见"，仅仅追求符合外在标准时，人的内在动机便会被极大削弱，从而导致我们的生活变得总不那么令人满意与愉悦。

生存论解释学认为，理解是人的一种存在方式。理解意味着在个人所处的生活世界中，能够把握自身存在的多种可能性。每个人的存在都充满了不同的选择和可能性，作为教师，我们的责任不仅是知识的传播者，更是学生成长的引导者和支持者。真正理解学生，就意味着将他们从外部的标准中解放出来，带回到课堂上，关注和满足他们的内在需求。教师应致力于激发学生的内在动机，帮助他们在学习中发现意义与乐趣，从而实现真正的成长。尽管这是理想的教学方向，但要将这些理念落实到课堂中，依然需要教师不断进行实践和反思，教无定法，每位教师都应该根据教育的应然方向，找到适合自己的教学策略。在接下来的章节中，笔者将继续深入探讨这一教育方向，并通过对教育问题的分析，进一步阐释如何在教学中实现这一目标。

第三节 "理解性"教学的原则与实施策略

生存论解释学强调"视域融合"（这一概念源自加达默尔的解释学理论）。加达默尔认为，理解是两个视域的融合——一个是文本的视域，另一个是读者的视域。在文本阅读过程中，读者带着自己的感受与想法去理解文本，通过与文本的对话，不仅理解了文本，也加深了对自我的认识。视域融合强调理解不是简单地再现文本原意，而是读者与文本相互作用的动态过程，最终形成新的理解视域。因此，首先要认可学生已有的生活经验，把学生带回课堂，让他们有话可说、有事可做。其次，需要创设有意义的情境，因为环境的变化可以引起心理的变化，学生在情境中通过与环境和同伴的交互，能自然地产生想法。最后，教育的最终目标是促进学生的全面发展，不仅要让学生在课堂中获得愉悦的体验，还要确保他们在学习过程中有实质性的收获。而每一节课的学习结果应对学生的后续发展产生积极的影响，因此教师需要根据明确的预期结果来进行教学设计，以支持学生的持续成长和素养提升。

为了更好地将生存论的解释学即"理解"应用于教学实践，我们还需要借助杜威的经验理论。生存论解释学强调个体通过与世界的互动来构建意义，而杜威的经验理论则将经验视为个体与环境相互作用的过程。两者都突出个体的主动性和情境的重要性，因此在本质上有着深刻的联系。同时，杜威的经验理论为实践提供了具体的方法和路径，使得生存论解释学的理念能够真正落地于教学中。

杜威所提及的"经验"，其含义远超出单纯经历或事件的范畴，而是一个涵盖体验、感知与行动的全过程。他借助一个形象的比喻来阐释经验的深刻内涵："经验"指开垦过的土地、种下的种子、收获的成果，以及日夜、春秋、干湿、冷热等变化，这些为人们所观察、畏惧、渴望的东西；它也指这个种植和收割、垂头丧气或欢欣鼓舞的人。[1] 既包括环境作用于活的生物所产生的"受"（undergo），也包括活的生物作用于环境所产生的"做"（do）。[2] 在这个比喻中，经验不仅包含了外部环境对生命体产生的影响（即"受"的过程），也涵盖了生命体如何主动作用于环境（即"做"的过程）。因此，一个经验是完整的经验。正如杜威所言："由于每一个经验都是由'主体'与'客体'，由自我与世界的相互作用构成的，它本身就不可能仅仅是物理

---

[1] 杜威.经验与自然[M].付统先，译.北京：商务印书馆，2015: 22.
[2] 杜威.艺术即经验[M].高建平，译.北京：商务印书馆，2005: 11.

的，或仅仅是精神的，而不管一种因素或另一种因素占据多大的主导地位。"[1] 这意味着，经验就像那片被耕耘的土地，从播种到收获，伴随着自然界的种种变化，这些变化既是人们观察与感受的对象，也深刻反映了人们在实践过程中的心理历程与行动反应。经验是一个包含了环境作用于个体（受）与个体回应环境（做）的完整过程，是物理世界与精神世界的交织与融合，正如杜威所言："每个经验都是主体与客体、自我与世界相互作用的产物，是物质与精神层面不可分割的统一体。"

基于生存论解释学的思想基础和杜威经验理论的实践方法，我们确立了"理解性"教学的基本原则。通过将这两者结合，"理解性"教学不仅在理念上强调个体与世界之间的互动和意义的构建，而且为实际教学提供了具体可操作的路径，从而确保这一教学理念能够在教学实践中得到有效实现。

一、"理解性"教学的基本原则

（一）让学生真正回到课堂——激发思考与探索

1. 设计促发学生思考与行动的任务方案

现代教育鼓励学生挣脱传统课堂的束缚，提倡"让学生重返课堂"，并非意在限制他们的对外探索，而是旨在将学生在广阔世界中的亲身体验和丰富感受带回课堂，激发他们的表达欲望，促进课堂互动与生成的活力。以语文统编版一年级上册中《秋天来了》这篇课文的学习为例，教师应首先引导学生分享他们各自眼中秋天的独特景象，随后再引入课文，探讨文中描绘的秋天与学生个人感知之间的共鸣与差异。这种教学方式不仅帮助学生深入理解文本，还促使他们通过对比个人经验与文本内容，进行自我反思，超越了单纯对文中美景及优美语句的分析与记忆。进一步地，鼓励学生以多样化的形式（如绘画、创作诗歌或参与实践活动）来表达他们对秋天的感悟，让学习过程变得生动且富有创造性，使学生在实践中真切感受或想象秋天的美妙，从而实现知识的内化与情感的升华。

值得强调的是，只有在"做"的过程中，学生才能发现问题，并通过实

---

[1] 杜威. 艺术即经验 [M]. 高建平，译. 北京：商务印书馆，2005: 274.

践理解知识。为此，教师要基于学生的生活经验，让学生有"事"可做，在做中产生问题，进而在交流中碰撞出火花，这种互动能促使学生深入理解知识。因此，教师需要设计能让学生去做的任务。而要达到"能做"，首先要基于学生的生活经验。还是以学习《秋天来了》这篇课文为例，教师可以从思想层面的想象力和身体活动层面的感受入手。首先，让学生描述他们心中的秋天，从想象的角度去理解秋天的美；接着，设计活动让学生动起来，比如在户外采集秋天的树叶，或者画一幅关于秋天的画，甚至用身体动作来表现秋天的变化。通过这样的活动，学生能够在思想和身体两个层面与课文展开对话，最终达成对秋之美的深刻理解。这种理解不仅涵盖了对课文内容的把握，还融入了学生自身的体验和情感，使得对秋天的理解更加丰富和个性化。

2. 容许学生在实践过程中尝试错误并从中汲取学习经验

每个学生的经验都是独特的，让学生有话可说，教师就要允许学生"试错"。基于生存论解释学的视角，理解是一种与世界的互动与视域的融合，而不是对某种客观真理的唯一发现。因此，每个人在其独特情境中的经验都具有其独特的价值，没有绝对的正确与错误之分。正如加达默尔所指出的，理解是个体与世界互动过程中不断发展的动态过程，个体的偏见和背景都对理解的形成起到积极作用。因此，我们要鼓励学生大胆表达他们的观点和经验，哪怕这些观点与传统的"标准答案"不一致。诚然，教学中考试的答案有正确与错误之分，但错误也具有极大的教育价值。当学生看到自己"错误"的回答或操作时，他们能够从中反思，找到正确的方向。如果教师一开始就将标准答案传授给学生，这会基于教师的权威使学生丧失探索的机会。这样不仅可能淹没学生原有的想法，还会使学生失去解决问题的动力。因此，教师要允许学生"试错"，从错误中成长。虽然这会耗掉教学时间，但能激发学生的内在动力。有了内在驱动，学生才能体验愉悦、自由、成就感，也就满足了人的自主、胜任、联结的基本心理需求。

（二）创设有利于"视域融合"的教学情境

生存论解释学中的"理解"是一个"视域融合"的过程，指人们通过理解和诠释活动不断扩大自身的"视域"。关于情境教学，虽然已有很多学者研究，但很多一线教师在实际应用中往往只关注于帮助学生更好地体验文本情感，而没有深入理解情境教学背后的深层次原理。这里的深层次原理在于通过创设有效的教学情境，使学生能够将自身的经验与文本的内容进行融合，达到"视域融合"的效果。

1. 情境体验：触发真实情感共鸣

李吉林（语文教师）指出，情境教学的核心是情感与身临其境。创设情境是为了让学生体验情感，拉近他们与作者的距离，使他们身临其境，以便更好地理解文本。然而，需要强调的是，基于生存论解释学，创设情境的主要目的不只是理解文本的原意，还包括通过与周围环境的互动，带着自己的感受与文本对话，从而获得深层次的审美体验和个人化的意义构建。杜威的"审美经验"理论强调个体与环境之间的和谐互动，在这种过程中，个体能够完全沉浸于活动之中，体验到创造和理解的双重乐趣。这种经验不限于艺术欣赏，还可通过活动、情感和思维的融合，使个体在过程中找到意义和满足。因此，创设情境的目的是让学生能够获得这种审美经验，既理解文本，又在互动中获得深层的情感体验与自我成长。简而言之，我们创设情境的主要目的不仅是为了使学生理解他人的情感，更是为了让其获得"审美经验"。

何谓"审美经验"？杜威认为，首先，审美经验具有连续性。并非孤立的瞬间，而是一个连续的、综合的过程。审美经验不单纯是对某个艺术作品的感知，而是一个由感知、理解、反思和再创造等多个环节组成的交互过程。这个过程中，个体通过对艺术作品的感受和思考，逐渐与作品产生联系，进而扩展其对世界的理解。例如，在观看一场戏剧演出时，观众不是被动地接收信息，而是在与演员的表演、舞台的布景、音乐的配合等元素的互动中，体验到情感的波动、思想的碰撞，从而获得更深刻的审美感受。其次，审美经验具有创造性。它不仅包含对现成艺术作品的欣赏，还有创造性的过程。它不是对现实的简单反映，而是在互动中通过艺术表现出个体与世界的独特关系。这种经验要求个人积极参与，创造性地将艺术作品与自己的生活经验、情感和思考联系起来。在传统的教育观念中，审美往往被视为纯粹的情感体验，而杜威则认为，审美经验是情感和思维的统一体。在这个过程中，情感不是脱离理智的盲目反应，而是与理智的理解和思考相结合，共同构建出对艺术作品的全面理解。这种理解不仅让人感受到美的情感愉悦，还促使个体通过理智的分析和批判，深化对艺术作品的认识。因此，审美经验在杜威看来，既是情感的释放，也是理性思考的深化。最后，审美经验具有社会性。艺术和审美体验不是个人的、孤立的体验，它们是与社会环境、文化背景及人类共同的历史经验紧密相关的。艺术作品通常是社会、文化和历史的产物，因此，审美经验不仅涉及个人的情感和理解，也涉及这些情感与更广泛的社会文化背景的互动。在这一过程中，审美经验成了人与社会、人与文化之间互动的桥梁。

审美经验的生成不仅限于艺术学科，即艺术作品的欣赏，它应当贯穿于所有教学活动中，成为每个学习过程的核心目标。只有让学生在学习中获得审美经验，才能真正实现视域融合，进而达到生存论中关于理解的深层次要求。通过这种方式，学生不仅能在情感上与知识产生共鸣，更能在认知上拓宽视野，形成对世界更为丰富和多维的理解。

2. 身临其境：促进经验与文本的交融

基于生存论的解释学及审美经验，我们就明白了教学需要情境的深层原因。情境不仅是知识的载体，更是理解的生成场域。生存论强调个体与世界的互动，理解是一个动态的过程，是个体通过与世界互动不断构建自己的意义。因此，情境的创设为学生提供了一个实践的场景，使他们能够在真实的或仿真的情境中体验和感知，从而将抽象的知识转化为可操作的经验。加达默尔的解释学认为，理解本质上是一个视域的融合过程。通过教学情境的创设，教师能够为学生提供一个与他们的生活经验相关联的语境，使学生能够在情境中进行反思、推敲和诠释，逐步扩大自己的视域。另外，杜威的经验理论指出，学习并非单纯的知识传递，而是通过体验和实践来获取意义。在情境中，学生通过情感、认知和行动的融合，逐步建立与内容的连接，从而形成更为深刻的理解。因此，通过创设教学情境，教师能够帮助学生在具体的、充满情感和意义的环境中进行探索，这种环境激发了学生的内在动机，并且让他们在实际操作中感受到知识的价值与意义，最终促进学生视域的融合，学生在实现生存论中的理解。

然而在实际教学中，教师常常困惑于情境创设的内容是否必须基于文本的真实情境，能否自由想象。同时，通过课堂观察发现，很多教师虽然运用了情境教学，但这些情境之间往往是脱节的。多个情境环节频繁转换，虽然发挥了学生的想象力，但学生却感到疲惫，总是在不同情境中进出，难以形成整体沉浸感。经过多次尝试，我们认为在教学中"一境到底"的情境创设效果最佳，具有整体性和完整性。整体性的情境教学能够让学生在一个连续的情境中保持沉浸感，从而更好地进行"视域融合"。杜威的经验理论强调，经验的形成是"活的生物"与环境的持续互动，只有在整体性的情境中，学生的经验才能完整地形成，情感和理解才能自然地积累。因此，情境教学需要整体性，以帮助学生在情境的连贯性中实现深层次的学习体验。

总之，杜威认为，经验的形成是"活的生物"与环境之间不断交互的过程。作为"活的生物"，学生应具备动态性和创造性。因此，如何通过教学方式使师生的身心能够"动起来"，并激发学生发自内心的表达的动力，是我们思考的核心方向。发自内心的表达必定包含个人的感受和见解，情感不可能凭空产生，而情境则是激发学生情感的关键。只有在一个真实且富有吸引力的情境中，学生才能通过与环境的互动，产生表达的欲望。如果缺乏有效的情境，学生的情感就无法被激发，课堂氛围也会变得沉闷，学生的表现常常显得尴尬和拘谨。情境的作用，正是通过提供一个真实的环境，让学生能够在其中产生自然的情感共鸣，从而主动地进行表现和个性化的表达。创设情境的目的，不仅是让学生身临其境，更是通过情境的激发，唤起他们内心的真实情感。当学生感受到情感共鸣时，他们才能主动表现，自然而然地表达自己，最终在此过程中实现理解。

（三）构建基于结果导向的教学设计

1. 以教学结果（成果）为起点，明确教学目标

杜威的"一个经验"理念，着重强调了经验的完整性及其在审美体验中蕴含的情感与创造力。这一理念启示我们，教学设计应围绕预期的教学成果来构思，而非仅仅局限于教学目标的设定、重难点的划分或教学手段的选择等机械步骤。杜威所倡导的经验，是那些有目标、有创造性且能产生实际成果的活动；这些活动并非盲目进行，而是像精心雕琢的艺术作品一样，拥有清晰的起始与终结。在此理念指导下，情境教学虽注重引导学生深入内心去感受与体验，但绝不应止步于纯粹的心理领悟。相反，我们应鼓励学生将这些内在的感受与体验，通过多样化的材料转化为具体可感的艺术作品，或是

"音由心生"的创意表达。因此，教学成果的体现，就在于学生的这些表现上——他们可以通过解题、讲题乃至自己创编题来展示所学，也可以通过提问、知识的实践应用（如数字 1 在生活中的运用），或是基于学习内容的自由想象等方式，来呈现他们的学习成果。显然，这些教学成果不仅与整体的教育目标紧密相连，而且应贯穿于所有学科的教学之中。通过这种结果导向的教学方式，我们能够确保学生在每个学习环节中都能有效地表现自己的理解与创造，最终实现全面的成长。

赫尔巴特为代表的学者们提出了教学过程的三个中心，即教师中心、教材中心、课堂中心。赫尔巴特注重学科的知识体系和教师的主导地位，其理论被称为"传统教学三中心"。对此，杜威教学过程的"新三中心"，即学生中心、活动中心和经验中心，主张在教学过程中要从学生的需要和经验出发组织教学。尤其值得注意的是以学生中心、以活动为中心的教学并非放任学生不管。"教育的问题就是要抓住他的活动并给予活动以指导的问题。通过引导，通过有组织的运用，它们就会朝着有价值的结果前进而不致成为散乱的，或听任其流于仅仅是冲动性的表现。"[1] 杜威再三强调"一个经验"是完整的、连续的，教师不必激发学生兴趣，儿童本身就有四种本能或兴趣，本能即遏制不住的冲动，只需好好利用本能引导他们即可。"当我将这四类兴趣——交谈或交流方面的兴趣、探究的或发现的兴趣、制作或建造的兴趣和艺术表现的兴趣——牢记在心时，我们就可以说，它们是自然的资源，是未投入的资本，儿童的积极生长仰赖于对它们的运用。"[2] 杜威认为教师要管的是如何利用儿童本能朝有价值的结果发展，不要管如何利用外在形式额外激发学生兴趣。"如果冲动得到运用、利用，它就会碰到困难条件的真正世面，它必须使自己适应这种世面，这就有了训练和知识的因素。"[3] 基于

---

[1] 约翰·杜威.学校与社会·明日之学校[M].赵祥麟,任钟印,吴志宏,译.北京：人民教育出版社,2005: 41.

[2] 约翰·杜威.学校与社会·明日之学校[M].赵祥麟,任钟印,吴志宏,译.北京：人民教育出版社,2005: 43.

[3] 约翰·杜威.学校与社会·明日之学校[M].赵祥麟,任钟印,吴志宏,译.北京：人民教育出版社,2005: 41

杜威"一个经验"的概念，以活动为中心的教学成为基于有价值结果的活动。因此，教学应当以活动为核心，确保活动具有明确的、有价值的结果。比如，传统音乐的学习不应止步于对音乐文化的了解，还要通过创新和实践，使学生能够用音乐表达自我（个人感受与理解）。以学习结果为导向的教学设计应从确定学习结果出发，然后设计相应的活动—检验学习结果—分析教学中的问题—重新确定学习结果。

2. 从教学结果出发设计教学

这种学习结果为导向的教学设计，旨在解决常规教学中只让学生理解老师所讲内容而缺乏实际成果的问题。学习成果应基于学生的思考与行动，而不仅仅是理解教师所讲的知识。学生对这些知识的理解应包括他们独特的看法和表现，而不仅仅简单地接受。正如杜威所言："儿童心里总是有事要讲，有话要说，有思想要表达，而思想如果不是一个人自己的思想，就不成其为思想。"[①] 这种方法的另一个目的是避免教学目标的空洞与抽象。目标可以是长远的或短期的，而学习成果应当是每节课可以明确达到的。成果是具体且清晰的，并包含学生的自我评价。例如，学习音乐不仅学习如何聆听，还应包括对音乐的文化背景的理解，理解为什么音乐会呈现出某种特定的形态，以及认识到音乐作品与当时的经济、政治、社会等方面的紧密联系。学习音乐不仅获得音乐知识或能够哼唱曲调，更应通过学习结果的确定，将抽象的教学目标具体化。为了实现这些教学成果，必须设计相应的教师教学活动和学生学习活动，并通过这些活动进行评估和检验，从学生未达到的成果中分析问题，从而进一步调整和确定学习成果。"我们的课堂、单元和课程在逻辑上应该从想要达到的学习结果导出，而不是从我们所擅长的教法、教材和活动导出……类似于旅游计划，我们的框架应该提供一组设计详细的旅行指南，以达到文化层面的目标，而不是在某个国家的各大景点漫无目的地游览。总之，最好的设计应该是'以终为始'，从学习结果开始的逆向思考。"[②]

[①] 约翰·杜威.学校与社会·明日之学校[M].赵祥麟,任钟印,吴志宏,译.北京:人民教育出版社,2005: 45.

[②] 格兰特·威金斯,杰伊·麦克泰格.追求理解的教学设计[M].闫寒冰,宋雪莲,赖平,译.上海:华东师范大学出版社,2017: 14-15.

二、构建"理解性"教学五步法策略

在课堂中，要聚焦明确的教学结果（成果），让学生、教师与教学内容共同参与，实现三者的有效融合，才能产生深度的对话。课堂中的内容相当于对话的主题，有了这样的主题，师生才能避免"偏题"，即使学生的答案天马行空，也应基于这个主题展开，否则无法产生对话。因此，尽管答案各有不同，但都确保讨论围绕同一个核心，从而使对话富有意义。其次，只有当学生、教师和教学内容处于同一教学场景中，教师才能敏锐地捕捉到学生的反应，而学生也能在教师的引导下与内容进行有效互动，从而实现真正的理解。为此，在情境中互动有助于知识的内化和意义的构建，是构建"理解性"教学的关键第一步。

（一）创设情境

基于教学结果，共创情境。创设情境需要激发学生的想象力，将想象与现实结合，营造出一个让学生真实表达情感的空间，这是情境创设的基本理念。此外，教育还必须关注学生的学习结果，所以在情境创设的过程中，应聚焦每节课清晰的教学结果来设计活动并进行评价。

创设情境旨在营造身临其境之感，能促使学生展现真实情感。创设具体情境的教学方法有很多，例如：（1）利用多媒体展示。通过展示与主题相关的精美图片、播放音频或视频，让学生直观地进入情境，激发他们的情感共鸣。（2）通过语言描述构建情境。教师用生动形象的语言描绘出特定的场景或氛围，使学生能够通过想象沉浸其中。（3）组织角色扮演活动。让学生扮演特定角色，或置身于相关情境中进行体验，从而在亲身参与中获得情感共鸣。（4）设置实物场景。摆放一些与教学内容相关的物品或道具，营造出具体情境的氛围，帮助学生更好地理解学习内容。（5）引入学生经验。引导学生分享自己与主题相关的生活经历或感受，将个人经验融入情境中，增强学习的真实感知和联结感。（6）利用身体活动结合学习内容。让学生通过肢体动作来表现学习内容，使他们在身体活动中更深刻地体验所学的知识。（7）运用问题探究法。通过设置引导性问题，让学生主动探索情境中的知识，鼓励他们发现与学习内容相关的背景和意义，从而形成深刻的情感体验和个性化的理解。

需要注意的是，这些手段的使用必须以明确的教学结果为基础进行情境创设，并保持情境的整体性和连贯性，从而帮助学生在整个教学过程中形成完整的经验，真正实现"理解性"教学目标。

（二）"思"

"思"涵盖了两个层面的思考。一方面是对知识"过去"的深入探索。学生们通过详尽研究所学知识的历史脉络与文化底蕴，洞察所学知识展现出其特有形态的内在原因。以传统音乐的教学为例，这一层面的思考旨在引导学生在深厚的文化背景中感悟传统音乐的神韵，让他们通过赏析音乐作品来领略文化的深邃，同时，借助传统文化的阐释来增进对传统音乐的理解。这样一来，学生们能够拥有充分的依据来做出判断，从而尽可能避免对传统音乐产生偏见。另一方面将过去与现在相融合，探寻知识的未来发展方向。在深刻理解知识形成的历史基础上，学生需进一步思考如何结合现代需求，尝试以创新的方式表现知识的多元可能性。这一层次的思考鼓励学生将过去的已被认识的知识与自身的感受和理解相融合，进而激发出创造性的表现。简而言之，在追溯知识"过去"的同时，我们期望学生能够暂时搁置思维惯性和偏好，以文化的视角去探寻它的演变路径。而在思考所学知识未来走向时，则要求学生在理解其历史背景的基础上，融入自己的喜好和创意，推动传统音乐的创新发展。在"思"这一关键环节，教学的重点是引领学生深入探索文化根源，以揭示知识的成因，即"为何如此"。同时，我们鼓励学生将个人的理解与对未来的展望相结合，对知识进行创新性的演绎，从而实现对知识深刻的理解。通过这一过程，在创新中获得愉悦，最终在表现中获得审美经验。

例如，在传统音乐的教学过程中，师生需要思考两个问题：首先，通过聆听、观察和体验，理解"传统音乐为何呈现出特定的形式"。因此，在教授传统音乐时，必须让学生先通过感受（如聆听）来接触音乐，而不是单一地从知识背景和艺术特征的讲解开始。其次，基于情境的主题，思考"如果是你，你会如何表现"。这两个问题体现了两个层次的思考：一是理解传统音乐的历史，二是基于学生的理解，将其拉回到当下，以现代审美需求思考主题表现的多种可能。通过这样的思索过程，学生能够形成创新的思路，获得连续的审美经验。特别需要注意的是，"思"并非漫无目的的遐想，而是围绕主题产生问题。那么，这些问题从何而来？答案就在于师生共同创设的情境之中。在情境中，学生不仅要在传统文化中深入探索知识的"过去"，还要思考如何将其与自己的理解相结合，并通过艺术表现出来，从而展望知识未来的可能性和创新方向。

值得注意的是，情境中的未确定性促使学生逐渐将模糊的感知转化为明确的问题。在这一过程中，如果学生没有遭遇一定的困惑或难题，他们就很难进入下一学习阶段。因此，教师应特别关注在"思考"这一环节中，当学生未能主动提出问题时，如何通过创设的情境提出引导性问题，帮助学生深化思考。

虽然学生通过"思考"环节的提问和体验，通常会产生问题，但在实际教学中，学生往往难以主动发问，尤其在高中阶段这一现象尤为明显。此时，教师的有效提问显得尤为关键。那么，如何才能通过提问促进学生的思维发展呢？首先，我们需要明确语言在促进思维中的重要作用。如果语言能够推动思维的发展，教师就应当善于运用语言技巧来实现这一目标。只有明确语言与思维发展的关系，我们才能真正做到有效提问，从而激发学生更深入的思维与探究的兴趣，自然进入"理解性"教学之"学"的环节。

杜威认为语言是思维的工具。"尽管语言并不是思维，但它对于交流思想，以及对于思维本身来讲，却都是必需的。"[1] 杜威认为语言有三种用途：实际用途，即语言的首要动机是通过渴望、情绪和思想的表现去影响别人的行动；社会的用途，即形成与别人更亲密的社交关系；理智用途，即作为思想和知识的有意识的运载工具。[2] 而教师课堂提问最重要的价值不止于给学生语言表达的机会，还在于使学生的语言转变成理智的工具。为顺利完成这一转变，杜威提出了三种策略：一是扩充学生的词汇量；二是更精确地表述词语的意义；三是养成连贯的口语表达习惯。[3] 由此观之，语言能提升思维，但封闭式问题与之"无缘"，因为封闭式问题不能扩充学生词汇量，也不能

---

[1] 约翰·杜威. 经验与教育 [M]. 姜文闵, 译. 北京：人民教育出版社，2005: 189.
[2] 约翰·杜威. 经验与教育 [M]. 姜文闵, 译. 北京：人民教育出版社，2005: 196.
[3] 约翰·杜威. 经验与教育 [M]. 姜文闵, 译. 北京：人民教育出版社，2005: 197.

形成一个连贯的口语表达，学生脱口而出的回答更没有词语精准性可言。

鉴于语言对思维发展的重要性，有效的提问应该能够促进学生的思维发展。具体而言，首先，为学生提供语言表达的机会。教师应给予学生充分的机会进行语言表达，鼓励他们用自己的话语来思考和回答问题。其次，允许个性化思考。允许学生带着自己的想法进行思考，即使他们的回答不符合教师的预期，这一过程有助于培养学生的独立思考能力。最后，还需追问与深入探讨。教师应根据学生的回答进行追问，进一步探讨学生是如何得出结论的。通过追问，让学生将自己的思考过程通过语言描述出来，从而明晰自己的问题和思维过程。例如，在音乐教学中，教师可以引导学生思考传统音乐为何以特定形式呈现，以及如何根据自己的所思、所感、所好创新传统音乐。这些开放问题不仅促使学生在文化之中理解传统音乐，还鼓励他们在现有理解基础上进行创造性思考。

总之，基于教学结果，让学生置身其中，亲身体验并切实感受到学习过程中的"挑战"与"阻碍"。若学生未能自发地提出问题，教师则需运用有效的提问策略，巧妙地激发学生的思考。这一"思"的过程，旨在实现双重目标：一是深入理解知识背后的历史逻辑与缘由，即探究"为何会如此"；二是鼓励学生围绕主题展开个人化的表达，主动探寻可能遭遇的问题与困境。问题的产生，是学生学习内在动力的源泉，也是他们探索知识多样可能性的起点。只有在学生有了问题后，他们才会激发出学习的内在动力。学生提出的问题是探索多种可能性的切入点，教师应引导学生思考："如果是你，还可以如何表达？"这样一来，学生便有需求自然而然地进入下一个环节——"学"。

（三）"学"

在"学"这一环节，教师首先需要明确的是：学生究竟需要学习什么内容？学习内容是否需要涵盖主题内容的所有部分？鉴于每节课的时间有限，学生已经掌握的内容无须重复学习，教师应将精力集中在学生尚未掌握的部分，并深入研究这些内容。那么，如何判断学生哪些内容已掌握，哪些还存在困难呢？这可以通过在"思"环节对学生表现的观察和分析来发现。换句话说，学生需要学习的正是他们在"思"环节中遇到的阻碍和难点。

关于学生应该学什么的问题，许多教师可能认为答案显而易见——知识、技能、情感态度与价值观。核心素养的培养要求学生能够将所学知识转化为实际应用的能力和素养，这些都是正确的。这一理念源自以往教学中的三维目标（知识、技能、情感态度与价值观），而如今，我们提倡的教学目标是提升学生核心素养。然而，尽管教师们在概念上对核心素养有所了解，但我们仍需进一步追问：知识与核心素养究竟有怎样的区别与联系？如何将知识转化为核心素养？

知识与核心素养之间有着重要的区别与联系。知识是基础，是学生认知的起点；而核心素养是在知识基础上形成的综合能力，是学生在复杂环境中灵活运用知识解决问题的能力。知识为核心素养提供了教学内容，而核心素养则引导学生将知识与实际生活、社会需求相结合。知识和核心素养的区别在于，知识是静态的、相对独立的，而核心素养是动态的、实践性的。知识强调对某个领域的事实和理论的掌握，而核心素养更关注如何运用这些知识去解决现实世界中的问题。两者的联系在于，核心素养的形成离不开知识的支撑，而知识的学习也应以核心素养的培养为目标。通过知识的积累，学生能够掌握基本的工具，而通过核心素养的培养，学生可以将这些工具有效地运用于各种情境中，从而实现综合发展。

知识只是一个通道，通过它，我们需要引领学生走得更远，使他们能够在成长的道路上收获幸福。知识和技能可以解决实际问题，这在生活中是必不可少的，但精神的引领才能使学生走得更远。教育不仅仅是知识的传递和答疑解惑，更重要的是要传递一种精神。这种精神是"为天地立心，为生民立命，为往圣继绝学，为万世开太平"。在这一"道"的引领下，知识、技能、情感态度与价值观不再只是获取幸福的工具，而是使学习的过程本身成为一种幸福。

最后，关于如何学习，就是如何突破学习中的难点，一方面，教师应运用学生已有的经验和方法来帮助学生；另一方面，更重要的是鼓励学生发挥他们的智慧，找到突破问题的方法。当学生在情境中遇到阻碍产生问题时，"学"便成为一种主动行为，学生会产生想要解决问题的内在需求，这时的"学"才是有效的。以歌唱教学为例，通过以结果为导向的教学设计，学生并不需要学习所有内容，而是围绕明确的学习结果，在实践过程中解决具体的问题。

通常，学生在歌唱技能的学习上会遇到一些显现出来的难点，但我们不能忽视传统音乐所蕴含的文化厚度和人文精神。诚然，人文精神不是通过简单的学习获得的，而是在亲身体验中逐渐领悟的，这就涉及教学方法的运用。通过审美体验，学生可以感受到传统文化中的责任与自由，体会"和"的精神，这种精神即是一种人文关怀和对生命意义的探索。

总之，在教学过程中，"学"不仅仅是获得知识和技能的过程，更是培养学生内在精神和感受力的重要环节。通过"思"环节学生所遇到的"阻碍"形成问题，教学可以将"学"转化为学生主动探索的过程。在这个过程中，学生不仅能够解决实际学习中的难题，还能在探索中获得精神上的满足。这不仅是对过去知识的理解，更是带着自己的感受与想法去表现自我，进而实现视域融合。这样，学生在"学"的过程中，不仅能实现知识的掌握，更能在情感和思维上得到升华，最终真正实现"理解性"教学的目标。

（四）"创"

在"创"的环节，老师们经常困惑的是创新后的表现是否依然保持其本质。这意味着在理论上我们需要探索"创"的边界，在传承与创新间寻找平衡。一方面，教师需首先明确教学中的实际难点，并思考如何运用创新方法有效突破这些障碍。另一方面，基于学生的学习成果，教师应引导学生探索如何以创新的方式表达所学，同时保持所表达出的知识的内核不变。这涉及对创新程度的把控，确保在创新与传统之间找到恰当的平衡点。

进而言之，在"创"的实践中，一个核心议题是如何理解创新与传承之间的关系。以传统音乐邵阳布袋戏教学为例，其独特之处在于木偶或布袋作为表演者。若在教学中采用真人演绎，虽可能带来新颖的表现形式，但也引发了关于其本质是否得以保留的讨论。这一问题不仅存在于音乐学科，也是各学科教学中普遍面临的挑战。如何在尊重传统、保持知识本质的同时，融入创新元素，推动知识的演变与发展，成为理解知识演变方向、探索传统文化在现代教学中价值实现的关键。因此，在"创"的环节中，教师需引导学生深入理解传承与创新之间的关系，培养他们在尊重传统的基础上勇于创新的能力，从而在教学实践中不断探索与突破，实现理解。

我们应如何深刻理解传承与创新之间的微妙关系呢？"中国文化的优秀

传统的核心是关于人生意义、人生价值、人生理想的基本观点，可以称为人本观点。所谓'人本'，不是说人是世界之本，而是说人是社会生活之本。"①意义、价值、理想存在于每一个人的历史之中，它们是具体的，同时传统文化精神是共时的，古往今来一直存在于世。"有些基本的需要和情感是永恒不变的。但是他们可能采取和其目前的表达方式根本不同的表达方式。"②这些关于意义、价值、理想的追求，深深植根于每个人的历史脉络之中，既具体又恒久，跨越时空，成为传统文化精神的共时性体现。尽管基本需求与情感或许恒久不变，但它们的表达方式却可随时代变迁而焕然一新。换而言之，有些基本的需求和情感是永恒不变的，但它们的表达方式可能会随着时间和环境的变化而发生根本的变化。因此，在教育中，我们需要明确传承的核心是什么，以及可以创新的方面有哪些。

　　基于生存论解释学，传承的核心是精神的延续，这种精神包括跨越时空的共性价值与情感，也是人类文化积淀的深层内涵。创新则体现在形式的更新，它通过新的表达方式呈现传统精神，使其能够与当下的社会产生共鸣。生存论解释学强调理解是视域融合的过程——理解不是机械的重复，而是通过个体经验与历史的融合，产生新的意义。因此，传承并不意味着死板地保留传统形式，而是在新的情境中重新理解和赋予其新的生命。这要求我们在教学中不能停留在形式的模仿上，而要深入理解传统文化的精神内核，找到符合现代社会需求的表达方式。

　　以传承邵阳布袋戏教学为例，我们需要探讨布袋和木偶这一形式的本质是否可以替代。如果以真人演绎，尽管形式发生变化，但若其内在文化精神得以延续，这样的创新仍然是对邵阳布袋戏的传承。这正是生存论解释学的要义：传承的是生生不息的精神，而形式则会根据时代需求发生变化。因此，传承的是精神，而创新的是形式，通过形式的变化，保持精神的永恒生命力。

　　对于传统音乐的传承，我们不仅要继承其技巧——会唱、会演、会跳，而更应关注如何让传统文化在当代人中传承下去，并走向未来。只有这样，

---

① 张岱年. 文化与价值[M]. 北京：新华出版社，2004: 204-205.
② 杜威. 人的问题[M]. 付统先，丘椿，译. 上海：上海人民出版社，1965: 161.

传统文化才能获得新的生命力。正如杜威所言："新与旧的交汇不仅仅是一个力的结合，而是一个再创造，在其中，当下的冲动获得形式和可靠性，而旧的、储存的材料真正复活，通过不得不面对的新情况而获得新的生命和灵魂。"① 因此传承与创新是一体两面，密不可分，缺一不可。

总之，无论是在传统音乐还是在其他学科的教学中，传承与创新的关系都是我们必须深入思考的课题。传承的核心是精神的延续，是那些超越时间和文化的普遍价值，而创新则是形式的更新，是适应现代需求的表达方式。只有在精神传承的基础上不断创新，才能让传统文化在现代社会中焕发新的生命力，推动教育的持续发展并保持文化的活力。

（五）"演"（表现）

"演"是理解性教学模式的最后一步，它不仅是教学过程的最终呈现，更是学生对自我理解、知识与创意的全方位体现。这个环节的"演"是从第三人称的角度进行的描述。对于观众或欣赏者来说，它就像是一场表演，但对于学生自己而言，这更多的是自我的表现和表达。因为教学的最终目标必须通过具体的表现来体现，这种表现是一种"情感的表达与创意的展示"。

以戏曲教学为例，"演"是戏曲教学的最佳呈现方式。作为艺术的本质，它必须通过所用的媒介而成为一个新的对象，而不仅仅是以令人联想的方式展现。因此，学习的结果不能停留在想象中，必须通过"演"这一行为表现出来。正如常言所说，"人生如戏，戏如人生"，这里的"演"不是虚情假意的表演，而是基于真实情感的表达。这种情感的根基来源于情境的创设，情境为情感的自然流露提供了必要的环境支持。然而，在"演"这一关键环节中，我们必须深入挖掘并明确"真正表现"的内涵。仅仅因为学生在公众面前进行了展示，并不能简单地将其等同于有效的表现。还需要考虑哪些核心要素，才能促使学生实现真正意义上的表现？为了"理解性"教学能真正落地生根，我们必须首先澄清这些基础而关键的问题。

冲动是表现的前提，但单纯的情感发泄并不能构成有效的表现。杜威提出"一个经验"从冲动开始，但冲动还不是"一个经验"。"一个经验"的

---

① 杜威.艺术即经验[M].高建平，译.北京：商务印书馆，2005: 64.

形成，依赖于双重改变的过程。在这个过程中，一个活动转变为一个表现行动，而环境中的事物转变成了手段和媒介。在"一个经验"之中，凝聚了活的生物与环境的相互作用的结果。① 也就是说"一个经验"从冲动开始，但冲动本身还不构成完整的经验。经验的形成依赖于双重的转化过程。在这个过程中，一项活动转化为表现的行动，而环境中的事物也转化为实现表现的手段和媒介。在一个完整的经验中，凝聚了"活的生物"与环境之间的相互作用。

因此，冲动是必要的，但必须经过转化才能形成有意义的表现。表现不是情感的发泄，它是情感的保留和升华，追求完满的过程。杜威认为："发泄是消除、排解；表现则是留住，向前发展，努力达到完满。一阵眼泪会带来安慰，一通破坏也许会使内心的愤怒发散出来。但是，只要没有对客观状况的控制，没有为了使刺激得以体现而为物质材料造型，就没有表现。因此，表现无不具有兴奋和骚动，然而，发泄是一种内在的波动，在一阵笑与哭中得到发泄，并随之而消逝。"② 这些情感如果没有对外部环境加以控制并利用物质材料进行有效的转化，就无法形成真正的表现。因此，表现还需要借助外部材料，与现实世界互动。

如何表现？杜威进一步指出："艺术产品的原材料的转化，它与实际上被压出的东西形成对应关系。要想压出（ex-press）果汁，既需要榨酒机，也需要葡萄；同样，不仅需要内在的情感和冲动，而且需要周围的、作为阻力的物体，才构成情感的表现。"③ 也就是当冲动遇到阻力，在借助外部材料转化的过程中，通过情感将其表现，从而获得愉悦，进而具有了审美性。"情感体现了人在和环境互动中的能量受阻的意识并成为能量进行重新组织的动力，在对能量重获平衡与和谐的追求中，情感表现获得一种审美性。"④ 这意味着情感通过和外部环境的互动，经历了一个阻力和转化的过程，使得能量在重新找到平衡的过程中获得了新的意义和美感。这种情感表现就不再是简单的发泄，而是经过深思熟虑、被转化为富有创造性和艺术性的表达。

---

① 杜威. 艺术即经验[M]. 高建平, 译. 北京：商务印书馆, 2005: 13.
② 杜威. 艺术即经验[M]. 高建平, 译. 北京：商务印书馆, 2005: 66.
③ 杜威. 艺术即经验[M]. 高建平, 译. 北京：商务印书馆, 2005: 69.
④ 张华军. 论杜威情感理论及其教育意蕴[J]. 教育学报, 2022, 18(05): 17-30.

情感的审美性正是通过这种和谐的再平衡得以体现，使表现从原始的冲动转变为一种更高层次的艺术表达。进而言之，情感的表现并不是自然发生的，需要经过教师的引导和情境的精心创设。在情境中，学生的情感受到环境的激发，经历从冲动到有意识地组织和转化的过程，从而形成有意义的表现。在对能量重获平衡与和谐的追求中，情感表现获得了一种审美性。这种审美性不仅仅是一种感官的愉悦，更是学生在解决问题和自我表达过程中达到的内在和谐。

值得注意的是，"演"是前面环节思—学—创的集中表现。表现的环节不是对过去学习内容的简单再现，也不是对当前情境的即时反应，而是一次深层次的融合——将当下的情境与学生过往的学习和个性经验相结合，形成独特的表达。这种"视域融合"使得学生的表现既保留了知识的原有价值，又被赋予了新的生命力，让学习过程成为对自我和知识的重新理解与建构。这意味着"所表现的将既不是施加了其形成性影响的过去事件，也不是严格意义上的现存场合。它将是，依其自发性的程度，一种当下存在的特征与过去的经验与个性结合的价值之间的亲密联系。直接性与个体性这些标志着具体存在的特征，来自当下的场合；而意义、实质、内容来自过去对自我的嵌入。"[1]

总之，"演"这一环节不仅仅是学习的最终展示，还是学生对自我理解和知识创意的深刻体现。通过真实情感与创造性表现的结合，学生不仅展示了对学习内容的掌握，更体现了他们在学习过程中对自我、对知识，以及对未来的理解和融汇。这种表现超越了简单的模仿，它将学习内化为自我的一部分，并通过媒介（艺术）真实地表达出来，最终实现"理解性"教学的目标。

---

[1] 杜威. 艺术即经验[M]. 高建平, 译. 北京：商务印书馆, 2005: 76.

第二章　教育实践中的理解：教育手段的再思考

　　基于生存论解释学的哲学框架，"理解性"教学强调意义建构的过程。该模式尊重个体的认知差异，倡导开放交流，通过多元对话与表现形式，促进学生、教师与教学内容之间建立深层次的关联。这种关联是意义生成的基础和前提。在教学实践的具体情境中，如何有效促进意义的建构，成为我们亟待深入探究高质量课堂的关键问题。

　　深刻理解与运用教育手段，对于提升教学质量并促进学生的全面发展具有至关重要的意义。有效的教育手段能够激发学生的内在学习动机，丰富其学习体验，并促进师生间建立积极的互动与合作关系。本章将融合心理学的理论视角，对课堂教学中广泛采用的惩罚与奖励措施进行深入剖析。人类心理既具有普遍性规律，又存在显著的个体差异，因此，针对每个独特的学生个体，单一的教学策略往往难以达到理想的教学效果。教学策略若要发挥实效，必须充分考虑并尊重学生的心理差异性，这是心理学视角的重要体现。

　　教育手段之所以重要，是因为它不仅影响学生的学习成果，还直接关涉课堂的整体氛围营造。为了实现教学质量与效率的双重提升，本章将聚焦惩罚与奖励这两种最典型的教育手段。需要说明的是，本章虽然借用了心理学的理论视角来分析教育手段，但这一视角与第一章所使用的生存论解释学哲学视角相辅相成，两者共同强调了深刻理解和合理运用教育手段对于提高教学质量的重要性。

第一节　生存论解释学视角下的教育奖惩方式启迪与反思

　　生存论解释学，特别是加达默尔的解释学理论，强调理解作为一种存在方式，关注人类在具体生活世界中的意义建构。教育中常用的惩罚与奖励手段，如果仅仅被视为外在的控制工具，可能会忽略学生作为"意义构建者"的核心地位。而生存论解释学的核心理念可以为我们重新思考如何有效使用惩罚与奖励提供重要的指导。

一、惩罚与奖励的目的应超越行为控制

加达默尔认为，理解作为存在方式，不是对客体的简单认知，而是一种"视域融合"，即通过主体与客体的对话，生成新的意义。同样，教育中的惩罚与奖励不能仅仅停留在行为控制层面，而应以促进学生理解和意义生成为核心目标。这就需要帮助学生理解惩罚的目的，不仅为了纠正错误，还要帮助学生意识到行为背后的价值冲突。例如，当学生违反规则时，教师的惩罚应通过对话引导学生理解规则的意义及其对集体和个人成长的重要性。同时教师也应明晰奖励的作用。奖励应激发学生内在动力，而非单纯依赖外部激励来促使学生重复某些行为。

（一）理解惩罚之目的与意蕴

惩罚对于教师而言，不应是权威的展现，更不是让学生单纯地"服气"或屈从于权威。惩罚的核心目的是帮助学生理解自己的行为对他人和集体可能造成的负面影响，以及培养他们的道德责任感。肆无忌惮的行为背后往往隐藏着对规则和他人的忽视，惩罚应当成为一种教育手段，引导学生明白何为"不可为"，以及为什么"不可为"。

惩罚的意义在于培养学生的责任意识。当学生做了不该做的事情，他们需要学会承担相应的后果。这不仅是对规则的尊重，更是对个人成长的一种引导。惩罚的重点不在于让学生经历身体或心理上的痛苦，也不在于通过恐惧让行为减少，而在于通过反思帮助学生意识到行为背后的价值冲突和道德选择。例如，学生可能会因为自己的行为让集体利益受损，通过惩罚和引导，教师可以帮助学生认识到这一点，并思考如何在未来做出更好的选择。

此外，惩罚的实施必须基于对学生需求的理解。学生的行为是现象，背后可能蕴含着深层的情感需求或困惑。有效的惩罚不是一刀切的规训，而是以对学生的理解为基础，寻找教育性的解决方法。教师应通过对话和反思，引导学生理解规则的内在意义，以及规则对个人和集体成长的重要性。比如，

为什么不能在课堂上随意打断别人发言，为什么不能在公共场合大声喧哗，这些规则背后蕴藏的是对他人的尊重。

惩罚应被视为一种教育契机，而非行为管理的终点。它的目的是让学生意识到自己的错误，并学会承担责任，同时通过反思和改正获得成长。这种以教育为核心的惩罚方式，既能减少行为发生，也能帮助学生更好地理解道德选择的意义，形成健康的价值观和行为模式，从而促进他们的可持续发展。

以常见的扰乱课堂为例。当学生在课堂上扰乱纪律时，教师的首要目标不应是通过惩罚让学生"服气"或直接制止行为，而是借助这一契机，引导学生理解行为背后的意义，以及对集体的影响。

首先，明确惩罚的教育功能。学生在课堂上扰乱纪律可能表现为随意插话、大声喧哗或不尊重课堂秩序。教师需要明确，这类行为不仅干扰了他人学习，也削弱了教师教学的效率，同时破坏了集体共同学习的氛围。这时，惩罚的作用在于让学生意识到自己的行为不仅对自己，还有对集体造成了消极影响。例如，当学生随意插话时，教师可以暂停课堂，适当地提出问题："你觉得刚才的行为对其他同学有什么影响？""如果每个人都这样插话，课堂会变成什么样子呢？大家都试试？"通过这些问题以及让学生亲身体验并感知这种行为的后果，引导学生认识到他们行为的后果，从而反思为什么要遵守规则。值得注意的是，有些后果绝不能直接体验的，教师需要谨慎控制体验范围，确保安全与合理性。

其次，理解规则的意义。规则存在的核心意义不在于限制，而在于保护每个人的权利。在课堂上，纪律规则确保每个学生都能平等地获得学习的机会。教师可以通过对话帮助学生理解："当你打断别人时，你占用了大家的时间，也剥夺了别人发言的机会。"这种反思不仅能让学生认识到规则的重要性，还能增强他们对集体的责任感。

再者，理解学生行为背后的需求。课堂扰乱纪律的行为可能源于学生希望获得关注、逃避学习任务或表达某种情绪。教师应通过观察和沟通了解行为背后的需求，而不是单纯地采取严厉的惩罚。例如，一个爱插话的学生可能是因为对课堂内容有过度的自信或缺乏耐心。这时，教师可以安排他在课堂活动中扮演"小老师"的角色，让他带着积极的态度参与，而不是通过行为寻求注意。如果学生扰乱纪律屡教不改，教师可以实施适当的惩罚，例如暂时剥夺其某些特权或要求其为班级做一些有意义的事情（如打扫教室卫生）。这些措施旨在让学生承担自己的行为后果，同时通过反思学会约束自己的行为。又如，教师可以说："今天你打断了很多人发言，所以课后请你帮助整理教室、打扫卫生，这是你为集体做出的补偿。"这种方式既传递了责任意识，又避免了惩罚变成简单的权威手段。

最后，通过适当的惩罚和教育性对话，学生应当能够认识到规则存在的意义，并通过改正行为获得成长。例如，一个曾经喜欢插话的学生在理解了规则背后的价值后，不仅会减少类似行为，还可能主动提醒同学遵守纪律，成为集体中的正向引领者。

总之，对于课堂扰乱纪律的学生，惩罚不是目的，而是手段。通过适当的惩罚，教师帮助学生意识到自己的行为对他人的影响，培养他们的规则意识和责任感。同时，教师还需要理解行为背后的原因，为学生提供解决问题的途径，从而实现从惩罚到成长的转化。这种教育方式既让学生认识到规则的重要性，也促进了他们在道德和行为上的持续进步。

（二）理解奖励的功能与效应

从生存论解释学的角度来看，理解是人的一种存在方式，通过对话扩展视域并达成意义的构建。如果奖励只是推动学生行为的外部手段，那么学生在学习中与知识、同伴、教师的对话便不再是"理解"的过程，而只是为了迎合外在的要求，变成了近代解释学中的"符合"模式。近代解释学追求文本（或对象）的绝对原意，强调与对象符合的一致性，而忽略了个体对意义的主动建构。然而，生存论解释学则强调通过对话扩展视域，达到更高层次的理解。因此，奖励的设计应该注重其在对话中的作用，让学生在学习中与知识、教师、同伴之间的交流和互动成为理解的核心动力，而奖励只是对这一过程的支持和肯定。

值得注意的是，奖励在教育中的作用，不应局限于通过外部激励来增加学生的某种行为，仅仅为了迎合教师对课堂氛围的期待。例如，奖励回答问题的学生，表面上似乎激发了学生的参与度，但如果奖励只是驱动学生发言的唯一动机，一旦奖励停止，学生可能就会失去学习的热情和动力。依赖外在奖励来驱动行为容易产生两个问题：一是产生外部依赖性。学生的学习动机可能完全建立在奖品的吸引力之上，一旦奖励停止，他们可能连学习的愉悦感都无法体验。学习从"内在驱动"变成"外在要求"，学生与知识的关系变得功利化。二是奖励升级困境。为了保持激励效果，外在奖励往往需要不断升级，无论是数量还是质量。如果教师不能持续提供更强的奖品吸引力，学生的热情可能会逐渐下降，形成对奖励的过度依赖。

真正有效的奖励应当基于学生的内在驱动力，而非单纯通过外部刺激促使他们迎合外在要求。理想的奖励机制是对学生由内而外的展现进行认可，而不是让学生为了奖励而强迫自己表现。当学生因为热爱学习、热爱表达而自然地参与到课堂中，这时的奖励能起到支持与鼓励的作用，进一步增强他们的信心和持续发展的动力。另外，有效的奖励不应只是奖品的发放，而应成为学生思维和行为的延续动力。例如，当学生通过深刻的思考提出一个有价值的问题，教师可以用一句诚挚的赞美来奖励："你这个问题很有深度，让我们看到了你的独特视角。"这样的奖励直接指向学生的内在表现和成长，鼓励他们继续探索。奖励还可以通过展示成果的方式来实现。例如，为学生的作品设置展示墙，或者为学生的优秀发言在课堂上安排更多讨论机会。这样的奖励不仅能增强学生的自信心，还能在班级中营造良好的学习氛围，让奖励的价值回归到对学习本身的尊重与激励上。

奖励的核心作用不在于改变学生的行为，而在于激发他们的内在动力，使他们在学习中找到意义和乐趣。奖励不应成为目的，而应是对学习过程中自然表现的肯定。这种奖励帮助学生感知到自己的努力被看见，并在不断对话和探索中实现视域的扩展与理解的深化。通过这种方式，奖励不仅是一种短期的激励手段，更成了支持学生可持续发展的教育手段。教师的目标应是帮助学生建立起与知识、与自我、与他人的深度联结，最终通过奖励让学生真正体验到学习的乐趣与成长的意义。

二、惩罚与奖励之施行，均以对话为根本前提

从生存论解释学的角度来看，理解是一种存在的方式，只有通过对话，学生才能将行为与意义联系起来。惩罚与奖励不仅仅是教师管理课堂的一种

手段，更为学生提供了一个审视自身行为、领会其后果、并由此实现自我反思和成长的重要契机。在惩罚中，学生通过对话反思自己的行为与责任；在奖励中，学生通过对话认识到努力的价值与方向。惩罚与奖励不再是单向地施加，而是通过对话形成理解的过程，最终促成学生全面发展，实现教育的目标。

总之，惩罚与奖励的本质并不在于结果，而在于引发学生内在的反思与成长。惩罚不当之所以容易对学生造成伤害，往往是因为教师仅仅关注对其行为的遏制，而未能与学生进行深入的对话。同样，奖励也不应停留在表面的鼓励层面，如奖励学生积极发言、活跃课堂氛围或答对了问题，应通过对话让学生感受到深层次的意义与价值。正如加达默尔提出的，理解是在对话中完成的，教育的本质也应是师生之间的有效对话。

（一）惩罚的有效对话

惩罚并非简单的命令与控制，而是通过对话帮助学生理解行为的后果和背后的价值冲突。只有在对话中，学生才能真正意识到行为的意义，并通过反思为未来的行动做出调整。例如，教师可以通过以下开放性问题引导学生反思：1."你认为这次的行为对其他同学产生了什么影响？"通过这个问题，学生会意识到自己的行为并非孤立的，而是与集体产生了关联。2."如果再给你一次机会，你会如何选择？"这个问题鼓励学生为自己的行为负起责任，并主动寻找改进的办法。3."你觉得如何能在满足自己需求的同时，不影响他人？"通过这样的对话，学生可以学会平衡个人需求与集体利益。惩罚的目的是让学生通过对话反思自己的行为，学会承担责任并调整未来的选择，而不是单纯为了让行为停止。

（二）奖励的有效对话

奖励的作用不应局限于满足学生的外在需求（如奖品），而是通过对话帮助学生认识到努力的价值，从而激发内在动机。例如，教师可以通过以下问题展开与学生的对话：1."这次成果让你感到满意吗？你觉得自己的哪些努力促成了这个结果？"这个问题有助于学生将注意力从外在的奖励转向内在的努力过程。2."这些知识、技能或学习态度，对你未来还有什么意义？"通过这一问题，学生不仅可以看到当前行为的价值，还能将其与未来的发展联系起来。3."你觉得还有哪些方面可以进一步改进？"这样的对话可以让学生感受到自己的成长空间，鼓励他们持续努力。

（三）对话在教育中的意义

通过对话，教师可以将惩罚与奖励转化为教育的契机。惩罚通过对话帮助学生理解行为的后果与责任，奖励通过对话让学生意识到努力的价值与意义。两者的共同点在于，都将教育的重点从外在控制转向内在觉醒，使学生成为学习与成长的主体。

总之，惩罚与奖励的最终目的，是帮助学生建立正确的价值观和行为模式。通过有效的对话，学生可以在惩罚中学会反思，在奖励中找到意义。这种以对话为基础的教育方式，不仅可以避免单纯的控制与激励带来的弊端，更能使学生在成长的道路上主动承担责任，发现自身的潜能，迈向更高层次的理解与发展。

三、学生"前见"对教育手段实施效果的影响

教育的核心在于人与人之间的互动与理解，而这种理解并非凭空产生。正如加达默尔提出的，每个人都带着"前见"（预设的理解）进入对话。在教育中，学生的"前见"深刻地影响着他们对惩罚与奖励的接受程度及其意义的生成。因此，教师在设计教育手段时，必须敏锐地意识到学生的"前见"所带来的影响。

（一）"前见"的多样性要求个性化教育

学生的"前见"来源于他们的生活经历、文化背景及个体性格。例如学生对规则的理解，有些学生将规则视为限制，而另一些学生则将其视为保护。还比如学生对惩罚的反应，有些学生因惩罚而反思改进，而另一些学生则可能感到羞辱和对抗。再如学生对奖励的态度，物质奖励可能对某些学生起到激励作用，但也可能让一些学生觉得学习的意义仅仅在于外在的回报。

因此，教师应尽量避免用同一种方式进行惩罚与奖励，而根据学生的"前见"因材施教，设计符合学生特点和需求的奖惩手段。虽然现实教学中时间有限，但教师可以通过了解学生的基本情况，如性格特点、兴趣爱好、学习风格等，制定一些基本原则，并根据这些原则尽量实施个性化的奖惩措施

（二）理解学生的"前见"以优化奖惩手段

理解学生的"前见"不仅是为了设计更有效的奖惩手段，更是为了实现教育的深层意义。通过关注学生的"前见"，教师可以帮助他们重新认识规则与行为的意义，从而实现从被动接受到主动内化的转变。这样的教育过程不仅能让学生理解规则的价值，更能培养他们的责任感和自我调节能力。

尤其在实施惩罚时，教师应充分考虑学生的文化背景和个人经历，避免"一刀切"或简单化处理。例如，对于来自不同文化背景的学生，某些惩罚方式可能被视为不尊重或带有侮辱性的，因此教师应谨慎选择惩罚手段，确保其与学生的文化背景相契合。同时，教师还应关注学生的个人经历，特别是那些可能对其行为产生影响的经历，如家庭变故、学习压力等。通过了解学生的这些背景信息，教师可以更加理解和包容学生的行为，从而采取更加合适和有效的惩罚措施。

学生的"前见"是教师进行奖惩设计的重要参考，但教育的最终目标在于帮助学生突破"前见"，扩展视域。在惩罚中，通过对话让学生学会责任与担当；在奖励中，通过对话让学生感受到努力的意义与乐趣。通过这种方式，奖惩不再是教育手段的终点，而是学生成长与理解的起点。教师只有站在学生的视角，理解他们的"前见"，才能真正实现教育的价值，让奖惩成为推动学生成长的力量。

四、理解惩罚与奖励的深层次内涵与意义

惩罚与奖励的作用不仅在于调节学生的行为，更应成为学生理解自身与世界关系的重要桥梁，而非教育手段的终点。通过深刻的对话与精心的设计，惩罚与奖励可以引导学生在行为背后发现更深层次的意义，从而实现个人成长与社会适应的统一。

（一）惩罚旨在引导学生反思，构建道德与社会意识

惩罚并非仅是纠正错误行为的工具，还应引导学生反思其行为，将其与社会规范、集体利益及个人成长联系起来。惩罚的真正价值在于帮助学生认清规则的意义，并在这个过程中构建道德责任感和社会意识。

首先，惩罚关联了社会规范与个人成长。惩罚应帮助学生认识到错误行

为对他人和集体的影响，例如："当你在课堂上打断他人发言时，你觉得其他同学的感受会怎样？"通过这样的对话，让学生理解自己的行为不仅影响自己，更对他人和集体产生作用。

其次，惩罚促使学生承担责任，提升内在觉悟。通过惩罚，教师应引导学生承担其行为的后果。例如，打扫教室、参加集体服务等方式，不仅让学生弥补行为带来的影响，还能让他们在过程中感受到对集体的责任。这种承担责任的经历能够转化为更高层次的道德觉悟，促使学生在未来选择更适合的行为方式。

最后，惩罚应被视为一种教育契机，而不是行为的终点。在惩罚的过程中，教师应与学生展开对话，引导其反思错误行为的深层原因。例如："你觉得是什么原因导致了你的行为？类似这种情况，还可以怎样做？"通过这样的方式，惩罚不仅让学生认识错误，更让其学会改正错误并内化规则。

（二）奖励的深层作用旨在激发潜能，促进成长与探索

奖励的作用不应停留在行为的正强化层面，还应帮助学生挖掘内在潜力，激发其对学习与生活的热情，并将奖励作为探索自我、实现成长的一部分。奖励的设计应该超越简单的物质激励，赋予学生更多的参与感与成就感。

首先，奖励促进自我潜能的探索。奖励的目的应在于激励学生认识自身潜力，而非仅仅为了追求外在的表彰。例如，通过奖励学生参与公益活动、展示个人技能等方式，让奖励成为其自我成长和能力展现的机会，从而帮助学生发现自己的优势与兴趣。

其次，奖励可转化为自我驱动力。奖励不应过度依赖外在形式，而是应激发学生的内在动力。例如，表扬学生的努力和进步，而不仅仅是结果，这样可以让学生意识到过程的重要性，从而激发其持久的学习热情。教师可以通过对话引导学生反思："你觉得自己这次的进步来自哪里？这些努力对你的未来有什么启发？"

最后，奖励可作为提升的契机，与学生的长远发展相结合。例如，为表现优异的学生提供分享经验的机会，让他们在与同伴的互动中增强信心与表达能力。同时，教师可以通过奖励激励学生进行更深入的探索，例如："这次你在音乐创作上的表现很出色，你是否愿意为全班设计一个音乐活动，和

大家分享你的灵感？"

总之，生存论解释学带来的启示是，教育手段的本质不在于控制学生的行为，而在于引导学生通过对话和体验建构对自身行为和价值的深层理解。在加达默尔解释学的视角下，惩罚与奖励不再是单纯的行为调控工具，还是促进师生间意义生成的重要桥梁。通过惩罚与奖励，教师能够引导学生反思行为背后的价值冲突，帮助他们从具体情境中感知规则的意义与道德的责任，并在不断的对话中形成自我认识与价值觉悟。这种教育方式的价值在于超越表面的行为矫正，深入到学生的内在世界，促进他们对自身行为的理解和社会责任的认知。惩罚让学生意识到错误的影响，并承担相应的后果；奖励则激励学生探索自身潜力，发现努力的意义。最终，这种基于对话的教育手段不仅改善了学生的行为，更激发了他们的内在动机和成长意愿，使教育成为助力学生全面发展的过程。

接下来的三节将以生存论解释学为基础，融合心理学、道德哲学系统阐释惩罚与奖励作为教育手段的运行机制。通过具体案例和深度分析，进一步阐释如何将惩罚与奖励的实践转化为师生共同成长的对话契机。

第二节 以人为本的惩罚教育

在当前提倡赏识教育的背景下，是否应彻底摒弃惩罚在教育中的作用？如果教师必须使用惩罚，如何确保教师既不滥用，也不完全放弃？本节将针对传统惩罚教育的局限性，探讨以人为本的惩罚教育，其目标不仅是防止违纪行为的再次发生，更重要的是理解学生违纪行为背后的心理需求，以人为本，从而促进他们可持续发展。

一、教育是否需要惩罚

"20世纪中叶以前，绝大多数地区的教师都在使用单一的方法来维持纪律。这种方法带有强制性和命令性，而且通常粗暴并带有惩罚性。"[1] 惩罚是对学生思想行为的一种否定性评价，它是防止学生行为违规的简单方法，但教师如果不知在什么条件下对学生粗暴地实施惩罚，滥用惩罚不仅不能维护纪律，甚至可能严重损害学生身心健康。

在教育改革和新课改的社会背景之下，教育部在2008年修订的《中小学教师职业道德规范》中明确规定教师要"关爱学生，不讽刺、挖苦、歧视学生，不体罚或变相体罚学生。"在这种趋势下，为了更好发展学生个性，不能打、不能骂、多表扬、多鼓励成为大部分教师教学理念。即使遇到严重违纪的学生，教师亦不敢使用惩罚，只能让这类学生"放飞自我，任其发展"，因为，如今"谈惩色变"，正如马卡连柯所说："主要是教师们的一种看法——这就是：惩罚是允许的，但是，最好还是不用它。纵然惩罚是可以用的，但如果你惩罚了，那你就不是一个好老师。只有不用惩罚的教师，才是好老师。"[2] 在极力推崇赏识教育的背景下，我们如何面对那些"束手无策"的学生？这无疑是一个非常现实且值得深入探讨的问题。

教育是否需要惩罚？这与惩罚的功能有着紧密的联系。从传统文化视角来看，为了促使个人更好地发展，自古便有"不打不成器"的观念。从课堂管理视角来看，惩罚在课堂中与纪律密切相关，如果没有学生违纪，自然也就不涉及惩罚。课堂中的惩罚通常用于维持纪律，其主要目的是预防违纪行为的再次发生，从而保障课堂的秩序和学习环境的质量。

（一）惩罚在古代教育中的地位及作用

从我国历史上看，《说文解字》释义："教，上所施下所效也。从攴、从孝。""攴"即手持木棍击打，具有强制性。身有疮，应挥刀果断割舍，同理，如果学生行为有瑕疵，应果敢施以惩罚予以纠正。这里可以看出古代的"教"不仅传授知识，而且当发现学生思想行为有问题时通过惩罚的方式予以警醒。正所谓"不打不成才"。

西方古希腊哲人色诺芬在《居鲁士的教育》中也有类似关于惩罚的记述。

---

[1] C.M.Charles. 建立课堂纪律 [M]. 李庆, 孙麒, 译. 北京: 中国轻工业出版社, 2003: 11.
[2] 吴式颖, 等. 马卡连柯教育文集: 下卷 [M]. 北京: 人民教育出版社, 2004: 421.

事情起因是两个孩子因争抢一件外套发生争执，这件外套原本是小孩子的，但是大孩子以其穿着更合适为由抢占了小孩子的外套，并把自己的外套脱下来给小孩子，当小王子居鲁士来裁决这起外套纠纷时，他认为大孩子是合理的，因为这样解决两个人的问题，大孩子和小孩子都有合适的外套可穿。后来小居鲁士受到了师傅的严厉惩罚，师傅狠狠地抽了他一顿，理由是只看到他们是否拥有适合的外套，而没认识到这件衣服的正当性。师傅的一通鞭打，使居鲁士向母亲回忆此事时仍心有余悸。通过这次惩罚，居鲁士学到了更加深刻的道理，即在做任何判断和决策时必须谨慎、公平且合乎正义。

在我国传统教育中，存在着"不打不成材""棍棒底下出孝子"等育人理念，这些思想充分体现了古代社会对惩罚作为促使人成长手段的认可。在古代教育中，当学生的思想或行为出现偏差时，教师通常通过惩罚进行纠正，以此来预防学生再次违纪。惩罚的功能不仅限于维持当前的纪律，更在于对未来的警示，期望通过身体上的痛苦使学生深刻记住教训，从而避免类似行为的再次发生。

（二）合理使用惩罚是维护纪律的必要手段

马卡连柯曾说过："如果学校里没有惩罚，就必然会使一部分学生失去保障。"[①]学校是一个浓缩的小型社会，以班级为单位，是学生共同学习、生活的地方。处于这种集体生活中，为了保障学生生活有序，建立一个良好的学习环境，遵守校纪校规和班级班规是大家共同的义务。如果学生迟到，他可能需要接受惩罚，这里的惩罚不仅为了弥补这种违纪行为所带来的集体利益受损，更是为了警示其他同学，防止类似行为的再次发生，以此维护集体利益。

惩罚本身具有强制性，要求学生必须服从。在使用惩罚时，马卡连柯特别强调应尊重学生，如果受罚者不愿服从，就不能使其受罚，只有当他知道集体要求他做什么和为什么这样要求他时，惩罚才有意义。惩罚可以使用，但需合理，"合理的惩罚制度不仅是合法的，而且也是必要的。这种合理的惩罚制度有助于形成学生坚强的性格，能培养学生的责任感，能锻炼学生的

---

① 吴式颖,等.马卡连柯教育文集：下卷[M].北京：人民教育出版社，2004：101.

意志和性格，能培养学生抵抗引诱和战胜引诱的能力"。① 合理的惩罚能促进学生的思想道德发展，但前提是必须做到公正合理。

夸美纽斯也曾说过："我们可以从一个无可争辩的命题来开始，就是犯了过错的人应当受到惩罚。但是，他们之所以应受惩罚，不是由于他们犯了错（因为做了的事不能变成没有做），而是要使他们日后不再犯。"② 他还用波希米亚的一句谚语来强调纪律的重要性："学校没有纪律犹如磨盘没有水。"学校如果取消纪律，磨盘将不会转动，失去动力的磨盘将处于停摆状态。夸美纽斯虽然赞同对违纪学生使用惩罚，但他还补充道："大家不可认为我们希望学校充满呼号与鞭挞的声音。我所要求的是教师与学生的警醒与注意。"③ 为了维持纪律，培养学生良好道德，他建议："一方面用严酷的办法使之畏惧和恭顺，一方面用温和与情爱的办法抬高他们。"④ 即一个教师既要能树立权威，又如父母般慈爱，给予学生温暖。

总之，惩罚在教育中不可或缺，但具有教育意义的惩罚须有度且合理。合理的惩罚并非单纯的体罚或情绪上的压制，而是应当帮助学生认识到自身行为的不当并引导他们做出改进。教师需要在严格与关爱之间找到平衡，通过合理使用惩罚手段来培养学生的责任意识和道德观念，同时也要注重对学生心理健康的保护，让他们在理解规则、尊重纪律的过程中逐渐成长。

二、实施惩罚教育的现实困境

在古代，惩罚被视为一种恐吓与威慑手段，体现了"违法必究"的原则。为了达到预防的效果，惩罚的程度往往远超学生身体的承受能力。由于受传统思想文化影响，惩罚手段单一，在课堂中，不管学生违反什么纪律，违反什么规则，都采用"打"解决一切。然而，这种简单粗暴的体罚方式在解决一个问题的同时，也产生了诸多负面影响，给学生的身心健康带来了无法弥补的创伤。因此，在现代教育中，学校明确规定教师不得体罚学生或变相体

---

① 吴式颖，等．马卡连柯教育文集：下卷[M]．北京：人民教育出版社，2004：195．
② 夸美纽斯．大教学论[M]．傅任敢，译．北京：教育科学出版社，2014：175．
③ 夸美纽斯．大教学论[M]．傅任敢，译．北京：教育科学出版社，2014：175．
④ 夸美纽斯．大教学论[M]．傅任敢，译．北京：教育科学出版社，2014：175．

罚学生。在"双减"政策的背景下，也要求不得布置具有惩罚性质的作业。现代教育更加强调对学生的表扬和鼓励，强调通过正向引导来激发学生的学习热情和自信心。而惩罚则被认为是一种消极的否定性行为，教师应尽量减少使用，但这并不意味着杜绝。然而，为了避免社会舆论的压力，一些教师对惩罚的态度走向了另一个极端。面对那些屡次违纪的学生，部分教师选择了完全放弃管教的方式，甚至直接让家长接回去自行处理。这种做法让人质疑：家长真的比教师更懂教育、更有办法吗？为何教师不再愿意主动承担引导与教育的责任？

（一）舆论施加的压力

在互联网时代，信息传递非常快捷便利的同时也带来一些隐患。不少关于惩罚教育的案例在媒体上频频曝光，一些媒体只报道现象是不够的，有些事实需要时间来澄清，可在一个讲究效率的社会，一些媒体为了博取群众眼球时常来不及去查清事实真相就下定结论，对教育"一刀切"，误导公众判断，混淆了体罚与惩罚的边界，认为凡跟惩罚相关的措施都不应出现在课堂中。"人们一谈到纪律就想到惩罚，一提到惩罚就想到体罚。这是一种误解和偏见。偏见的产生是由于传统的极端的强权式的课堂管理方式至今还在影响人们思想。与此同时，一些新的课堂纪律理论仿佛又走得太远，以致彻底地否定惩罚。"① 这些舆论压力与偏见使教师在合理惩罚时都心有余悸。

（二）家长的非理性干预

随着时代的变迁，以往"棍棒底下出孝子"的教育方式被认为严重阻碍了学生的身心发展。现代教育主张赏识教育，尽可能多地发现学生的"闪光点"，通过鼓励和表扬来强化他们的积极行为，这种教育方式得到了家长的广泛支持。

家长的非理性干预主要表现在溺爱心理。由于家庭经济条件的改善，以及独生子女政策的影响，部分家长对孩子产生了过度溺爱的心理。他们不希望孩子在学校受到任何形式的惩罚，认为孩子的行为总有合理的理由，教师应该理解并支持，而不应进行惩罚。其次，惩罚关涉颜面问题。当孩子在学

---

① 徐文彬，高维. 我国中小学课堂纪律研究三十年[J]. 当代教育科学，2009(05)：22-26.

校受到惩罚时，一些家长认为这是对孩子行为的否定，同时也是对家长教育方式的一种否定，进而感到"颜面尽失"。这种被否定的感受让他们在心理上难以接受，认为孩子受到惩罚会损害他们的尊严。

（三）教师缺乏惩罚教育哲学观

在课堂上，纪律的管理相对统一，但惩罚的方式却各不相同。如果教师缺乏惩罚教育的哲学观念，不清楚惩罚的教育意义和深层目的，或者不理解惩罚应在什么条件和限度下使用，就容易陷入不敢使用或滥用惩罚的困境。当教师对问题学生束手无策时，可能选择"放弃"教育，而滥用惩罚的教师则可能给学生的身心发展带来严重阻碍。因此，面对这些现实困境，我们需要反思：如何科学、合理地运用惩罚手段，以促进学生的健康成长？

合理的惩罚在教育中的确有其存在的必要性，但它需要适度且明确的目的。教师需要理解惩罚背后的教育逻辑，在必要时对学生的行为作出合理的约束与引导，而不是一味放任或滥用惩罚。教育不仅是传授知识的过程，更是塑造健全人格的过程。要建立科学的惩罚观，教师可以在严格管理与温暖关怀之间找到平衡，使学生在纪律的约束中获得爱与成长的机会。

三、以人为本的惩罚教育

（一）内涵及特征

《辞海》将惩罚定义为惩戒与处罚。在这个定义中，惩罚只是手段，警示和教育才是最终目的。以人为本的惩罚教育不仅要预防违纪行为再次发生，更应为学生指引正确的方向。将惩罚手段当作最终目的，是缺乏教育意义的，如果惩罚中缺乏对学生的关怀和理解，惩罚就可能失去其积极作用，甚至导致学生产生逆反心理，从而达不到教育的效果。正如洛克所说："所以我毫不怀疑，有许多人是可以变得柔顺、易驾驭的，只因惩罚不当，结果反而养成了不思悔改的习性。"[1]

以人为本的惩罚教育不仅面向未来，防止违纪行为的再次出现，也不仅仅是为了弥补过去违纪行为造成的过失，而是最终朝向学生的可持续发展，

---

[1] 洛克.教育漫话[M].杨汉麟，译.北京：人民教育出版社.2004: 69.

即关注学生在学业、心理和社会行为上的全面成长，确保他们在未来的生活中能够持续、健康地发展。它不能只为了解决眼前的问题，而给未来留下更大的隐患。以人为本的惩罚教育具有以下三个特征。

1. 关注学生可持续性发展

惩罚的目的之一在于预防，防止违纪行为的再次发生。教师在使用惩罚前，不仅要关注学生的违纪行为，还应看到行为背后更深层的需求。纪律是集体生活的基础，是每个成员需要共同遵守的规则。然而，学生不仅有集体的社会属性，也有个性化的一面。因此，如何让学生自愿接受集体规则，而不是通过强制手段，成为教育中的一大挑战。强迫学生服从纪律，表面上可能维持了短暂的秩序，但长期来看，这种压制只会引发更多反抗，甚至对学生身心健康产生严重影响。换而言之，如果教师强迫学生服从惩罚，只会得到表面的"风平浪静"，日后将可能带来"狂风暴雨"。当纪律措施过于严苛时，常会引发学生不同程度的抵触，这种现象既可能立即出现，也可能在未来显现。类似情形在教学中并不少见。例如：当有学生经常迟到时，教师为了防止这种行为蔓延，便会依据规定予以惩罚。而在面对个性较为鲜明的学生时，为了维护课堂秩序和自身权威，教师不得不强制要求学生遵守规定接受惩罚。结果可能是，那些出于担忧而服从的学生仅仅是暂时避免迟到，而那些拒绝服从的学生在更严重的情况下甚至可能选择离校。无论哪种情况，都无法促使学生获得持久而全面的发展。

如何使学生得到可持续发展？"在惩罚问题上，不能开出一张通用的药方。每一种行为都是带有个别性质的。在某些情形下，即使对非常严重的过失，最正确的方式也只是采用口头责备。在另一些情形下，为了不很严重的过失，也应给以严厉的惩罚。"① 以人为本，这里指要看到每个学生违纪行为背后的需要，只看到行为还不够，以人为本的惩罚教育必须看到一种需要，学生身心的需要。教师根据学生的需要引导学生，唯有如此，才可能促进学生可持续发展。

总之，以人为本的核心是使学生可持续发展。而可持续发展不仅体现

---

① 吴式颖,等.马卡连柯教育文集：下卷[M].北京：人民教育出版社,2004: 277.

在时间的连贯性上,更注重在积极方面的不断进步,包括人格的健全、道德的培养及个人责任感的形成等。可持续发展意味着个体在不断成长的过程中,不仅能够获得学业上的成功,还能实现心理健康、社会责任感和道德品质的全面提升,最终使学生在未来的生活中具有持续的积极心态和良好的适应能力。

2. 体现教师"刚柔并济"的处事风格

中国的传统教育崇尚"严师出高徒"的理念,强调"教不严,师之惰",即认为教师若不严格要求学生,便是对教育职责的懈怠。此观念构建了一种基于"刚性"权威的教育关系模式。然而,从现代教育的视角审视,这一模式与民主、平等的师生关系原则存在显著冲突,其局限性不言而喻。它过于侧重维护课堂秩序与教师权威,而忽视了对作为教育核心主体——学生的关注与尊重。

当前教育理念倡导建立一种民主、平等的新型师生关系,旨在赋予学生在课堂中的主体地位,与教师并肩而立。这种关系模式为促进学生的个性化发展提供了肥沃土壤。然而,在实际教学实践中,尤其是在普遍采用的集体学习环境下,如何平衡学生个性化需求与课堂纪律维护成了一项挑战。每个学生作为独立的个体,拥有独特的性格与学习偏好,他们可能倾向于在感到需要时自由发言,或在缺乏兴趣时偏离教学内容。因此,如何在尊重学生个性表达的同时,确保课堂秩序与教学效率,成为亟待解决的问题。

涂尔干在其关于纪律与权威关系的论述中指出:"为纪律赋予权威的,并不是惩罚;而防止纪律丧失权威的,却是惩罚。"[①] 这一观点强调了惩罚作为维护纪律权威手段的必要性,在教育实践中,合理运用惩罚机制对于教师树立权威、维持课堂秩序具有不可忽视的作用。然而,仅仅依靠"刚"性的惩罚来构建教师权威是远远不够的,它必须辅之以"柔"性的关怀与尊重。所谓"柔"的一面,是指教师在行使权威的同时,应展现出对学生的深切关爱与高度尊重。这种"柔"性元素是构建以人为本惩罚教育的基础,它要求教师不仅关注学生的学习成果,更要关心他们的情感需求、心理状态与个性

---

① 涂尔干. 道德教育 [M]. 陈光金, 等译. 上海:上海人民出版社, 2006: 123.

发展。通过倾听、理解与支持，教师能够建立起与学生之间的信任桥梁，使得惩罚在必要时能够更加公正、合理且易于被学生接受。

因此，在教育实践中，教师应将"刚"性的惩罚与"柔"性的关爱相结合，形成一种既严格又充满人文关怀的教育风格。刚柔并济，才能真正实现以人为本的惩罚教育。

3. 能够提升学生的思想道德品质

"今天的人受惩罚仅仅是因为智识的欠缺，没有人关心德性的欠缺。"[1]与此形成鲜明对比的是，传统教育体系中，惩罚的重点在于净化个体心灵、抑制不当欲望，以适应集体主义社会的需求。在那个时代背景下，教育的核心目的在于使个体接纳并内化集体情感与观念，从而通过惩罚手段有效遏制任何可能损害集体利益的行为。

在集体环境中，个体学会自我行为控制的过程，实质上是其道德品质发展的关键环节，即从外在约束（他律）向内在自觉（自律）的转变。自律被视为维持纪律的最高境界，而合理的惩罚机制则成为纠正违背道德规范行为、引导个体回归正轨的重要手段。涂尔干认为若个体无法将自身行为限定于明确界限之内，这便是某种病态的表征，对于所有人类行为，乃至更广泛的，对于所有生物行为而言，均是如此。这一观点深刻揭示了纪律的必要性。在共同生活的背景下，不存在绝对无拘无束的个人自由。自由是有限的，真正的自由在于自律与理性，这是共同生活的必然要求。

（二）所遵循的原则

1. 明确学生违纪背后的需求

社会学家曾把教师经常与之作斗争的违纪行为分为五类。（1）侵害，身体上或语言上攻击教师、学生或者破坏公共财产；（2）不讲道德，与公认的社会道德相反的行为，如欺骗、撒谎和偷窃；（3）藐视权威，拒绝按照教师的要求去做；（4）扰乱课堂，高声交谈，大声喊叫，在教室里来回走动，行为滑稽、投掷物品；（5）吊儿郎当，胡闹，离座，不做规定的作业，懒懒散散，上课睡觉。在中小学课堂中，后三类行为比较常见。

---

[1] 贺方婴. 如何驯恶：论《爱弥儿》中的惩罚问题[J]. 北京大学教育评论，2021, 19(04): 116-133.

预防违纪行为再次发生或弥补违纪行为所带来的损失都不是以人为本的惩罚教育。艾伯特①深信学生的行为甚至是违纪行为都是学生尝试满足某种需要的结果。根据马斯洛需求层次理论，当学生缺乏归属感时会出现浪费时间、不思进取和不愿听话等问题，这可能是为了寻求教师关注；当学生只想做自己喜欢的事，不想被控制，对教师傲慢无礼，可能是在对抗中寻求自主权；当学生不按时完成作业，或拒绝做作业，可能是在规避失败；还有一种寻求报复的行为，当学生遭受到班上同学伤害或自己假想的伤害后，又面临强制性或命令性的要求时，其情绪会不受控制。

因此，明确学生违纪行为背后的真实需求，是实施以人为本惩罚教育的关键所在。通过识别并满足学生的合理需求，我们可以引导学生以更积极、健康的方式表达自我，从而促进其全面发展与健康成长。

2. 违纪行为与惩罚形式须适切

在古代教育体系中，惩戒形式往往显得单一且粗暴，无论学生犯下何种错误，"打"几乎成了唯一的解决手段，教师信奉"不打不长记性"的传统观念。然而，随着教育理念的进步，我们逐渐认识到，在分析违纪原因并明确学生违纪行为背后需求的基础上，选择适当且适切的惩罚方式至关重要。正如福柯所言："使用暴力者应受到肉体痛苦；懒惰者应判处苦役；行为卑鄙者应当众羞辱。"②这一观点虽然带有其特定的历史与哲学背景，但却启示我们，惩罚应与违纪行为的性质相匹配，以达到教育的目的。

然而，在现代教育实践中，惩罚方式仍显得相对单一，且往往与违纪行为缺乏适切性。体罚已被明令禁止，但在小学课堂中，罚站却成了最为常见的惩罚形式。无论是迟到、作业未完成，还是上课交头接耳，学生都可能面临罚站的处罚。而在中学阶段，送学生回家反省则成了一种常见的惩罚手段。这些不适切的惩罚形式，不仅违背了以人为本的教育理念，更可能阻碍学生的可持续发展。

因此，我们强调违纪行为与惩罚形式之间的匹配性与适切性。惩罚应针

---

① 琳达·艾伯特：合作纪律型的原创者和传播者，也是教育家、顾问、专栏作家.
② 福柯. 规训与惩罚 [M]. 刘北成，杨远婴，译. 北京：生活·读书·新知三联书店，2019: 113.

对学生的具体违纪行为，旨在引导学生认识到自己的错误，并促使其改正。同时，惩罚方式应多样化，避免单一化带来的负面效应。在选择惩罚方式时，我们应充分考虑学生的年龄、性格、违纪行为的性质及教育目标，以确保惩罚既能够达到教育效果，又不会对学生的身心健康造成不良影响。

3. 尊重学生，培养学生责任感

以人为本的惩罚教育，其关键在于对学生的深切尊重。尊重不仅是一种态度，更是一种行动上的体现，它要求我们在学生违纪时，采取一种更加细腻且富有教育意义的方式去处理。

首先，尊重学生意味着要给予他们充分的表达机会。当违纪行为发生时，教师应及时与学生进行深入的对话，以耐心和同理心倾听他们的想法和感受。这种倾听不仅是对学生主体性的尊重，更是理解其行为背后动机的关键。对话结束后，教师还应主动关心学生的近况，通过日常的问候和关注，让学生感受到教师的关怀与温暖，从而建立起一种基于信任与尊重的师生关系。

其次，尊重还体现在惩罚使用的谨慎与合理性上。教师不应随意行使惩罚权，而应将其作为一种教育手段，在确有必要且学生已认识到自身错误的前提下谨慎使用。也就是说只有当受到集体责备，学生认识到自己的行为有误时，惩罚才具合理性。"最好的管理永远是管理者把外在行为规范内化成被管理者自我的需要。"[①] 这意味着，惩罚应旨在引导学生自我反思，进而将外在的行为规范转化为内在的行为准则，而非仅仅是为了树立教师的权威或强迫学生服从。

更重要的是，以人为本的惩罚教育强调培养学生的责任感。责任感与服从有着本质的区别：服从是遵循他人的指示行事，而责任感则是基于个人对行为后果的认识和承担，是在可能范围内自主做出的选择。因此，教师在实施惩罚时，应着重引导学生认识到自己的行为对集体、对他人以及对自己的影响，从而激发他们的责任感，促使他们主动承担起应有的责任。

总之，以人为本的惩罚教育旨在培养学生的责任感，而非单纯的服从。责任感意味着学生能在可能的范围内做出自主选择，而服从只是学生对外部

---

① 耿潇逸. 中小学惩罚式课堂纪律的反思 [J]. 教学与管理，2015(24): 68-71.

要求的被动接受。

4. 教师为主导，在持续反思中优化惩罚教育

在以人为本的惩罚教育实践中，教师作为教育的引导者和实施者，其角色至关重要。合理使用惩罚不仅要求教师具备高度的专业素养，更需其不断进行深刻的自我反思。课堂之上，学生违纪行为的背后往往隐藏着复杂的需求与动机，而教师不仅要洞察这些需求，更要对惩罚的手段及其目的进行深入的审视，以确保其能够真正促进学生的可持续发展，并始终坚守以人为本的教育理念。

教师需反思的，首先是惩罚的实施是否真正触及了学生违纪行为背后的核心需求。每一次违纪都可能是学生某种未得到满足的需求的反映，而教师的任务是通过有效的沟通与分析，揭示这些需求，并以积极的方式加以引导。同时，教师必须自问，所采取的惩罚措施是否真正符合教育的初衷，是否能够在尊重学生、关心学生的基础上，引导他们走向更加健康、积极的发展道路。

此外，教师还应反思自己的教学内容与方式是否足够吸引学生，是否因为教学内容的枯燥或教学方法的单一而导致了学生的违纪行为。这种反思要求教师不断审视自己的教学实践，勇于调整和改进，以确保教学内容既符合学生的兴趣，又能满足他们的学习需求。

在反思的过程中，教师还应重新审视与学生共同商定的规则是否合理、公正，能否得到学生的真正认同和遵守。规则的制定和执行应是一个师生共同参与、民主协商的过程，以确保其既具有约束力，又能够激发学生的自主性和责任感。

最后，教师需要明确的是，惩罚虽需谨慎使用，但并非完全不用。关键在于，惩罚必须以人为本，教师眼中始终有学生，充分考虑惩罚的方式、时机和强度，以确保其能够真正促进学生的可持续发展，而非仅仅作为一种短期的压制手段。通过持续地反思与改进，教师将能够更加自如地把握惩罚与教育的平衡点，使学生在尊重与引导中健康成长，自觉地走向我们所期望的未来。

第三节 基于内在动机的奖励教育

当赏识教育成为主流教育背景时，我们也应该反思，教学中经常使用的奖励在课堂教学中究竟起到了什么作用？奖励是否在激励学生的同时也带来了潜在的负面影响？它是否真正激发了学生的学习内在动力，还是在无意中削弱了他们的内在动机？

一、奖励：是激励之举还是束缚之枷？

惩罚意味着否定学生的行为，而奖励则意味着肯定学生的行为。为了让学生能够持续某种积极的行为，老师们通常会给予奖励，尤其是在竞赛和教学中，奖励成了一种广泛使用的激励手段。例如，在教学比赛中，每位参赛教师都会采用奖励的方式；在日常教学中，老师们也会通过"积分"换取奖品的方式来激励学生。在竞赛过程中，奖励可以在短时间内激发学生的积极性，活跃课堂氛围，但这真的能促进教学吗？奖赏如果仅仅是为了提高行为的发生频率，而忽略了行为背后的意义，那么这种奖赏实际上是基于行为主义的教育方式。

行为主义是 20 世纪初由约翰·华生创立的一种心理学流派，后来由斯金纳进一步发展，成为教育领域广泛应用的理论之一。行为主义的核心思想是，通过对外部刺激和反应的研究来理解和控制行为。行为主义者认为，所有的行为都是通过学习得来的，可以通过刺激—反应的方式进行训练和塑造。具体而言，行为主义的特征主要体现在以下几个方面：

外部可观察性。行为主义强调行为的外部可观察性，即只关注可以看到和测量的行为表现，而不涉及内在的心理过程。所有的行为都是由外部环境所控制和塑造的。

奖励与惩罚。行为主义依赖于通过奖励和惩罚来改变个体的行为。例如，通过给予奖励来增强积极行为，或通过惩罚来减少消极行为。在教育中，这种方式被用来塑造学生的课堂表现和行为习惯。

刺激与反应。行为主义理论中的"经典条件反射"由巴甫洛夫提出，指个体在经历某种特定刺激后产生相应反应的学习过程。而"操作性条件反射"由斯金纳提出，强调个体通过行为的结果（奖励或惩罚）来学习和改变行为。

忽视内在动机。行为主义的局限性在于，它忽视了个体的内在动机与情感，仅仅将行为的发生归因于外部奖励与惩罚。这使得行为的可持续性往往依赖于外部刺激，而不是个体内心的主动性与兴趣。

总之，行为主义强调通过外部奖励来塑造和维持行为，就像动物园里的训练一样。海豹饲养员非常高效地利用奖赏来激发海豹的特定行为，这种场景似乎证明了奖赏作为一种激励技巧的强大作用。然而，事实并非如此简单。我们可以看到，当饲养员一旦离开，海豹便失去了继续拍打水面或向人群挥舞舞鳍的兴趣，这表明奖赏只能在不断给予的情况下保持行为的延续。换而言之，提高行为的频率虽然在短期内通过奖励可以取得显著效果，但其忽视了学习者的内在动机和自我驱动。在此情境下，学生可能并不理解其行为背后的深层意义，或是仅仅为了获取奖励而机械地执行特定行为，未能真正领悟行为背后的价值所在。

与此同时，心理学领域中存在一个深刻揭示内在动机与外在奖励之间关系的经典实验，即关于内在动机与拼图游戏的实证研究。在该实验中，研究者精心设计了对照实验，以深入探讨奖励对个体行为持续性的影响。实验对象被随机分为两组，均参与了一项拼图游戏任务，并享有 8 分钟的自由活动时间，这一设置旨在观察在缺乏外部奖励刺激的情况下，参与者是否会自发地持续这一活动。

第一组被设定为"奖励组"，他们被告知，若能成功完成拼图，则将获得 1 元的物质奖励。这一组别代表了传统教育实践中常见的奖励激励机制，即通过提供外部物质刺激来鼓励学生完成特定任务。

第二组则作为"无奖励组"，他们参与拼图游戏纯粹出于个人兴趣和内在动机，没有任何外部奖励的承诺。这一组别的设置旨在探究在没有外部奖励干扰的情况下，个体是否会基于活动本身的乐趣而持续参与。

实验结果表明，尽管奖励组在短期内因奖励的吸引而表现出较高的参与度，但在自由活动时间里，无奖励组的参与者更倾向于继续玩拼图游戏，他们享受游戏带来的挑战、成就感和乐趣，表现出更强的内在动机。相反，奖励组的参与者在完成拼图并获得奖励后，对游戏的热情显著下降，许多人选择停止游戏，显示出奖励可能削弱了他们对活动本身的内在兴趣。进而言之，这项本来是一开始他们就非常乐于参与的活动，由于引入了金钱奖励，逐渐让参与者对拼图的兴趣变得依赖于物质奖励，改变了他们对拼图活动的看法。原本令人愉悦的活动，变成了获得奖励的手段。

总之，奖励在某种程度上确实能够激励人们尝试某些事情，也可以在短时间内提高积极性，因为物质奖励可以让人们更专注于目标。然而，奖励也应谨慎使用，因为它可能会剥夺人们对活动本身的内在兴趣，将一项原本具有内在动力的活动变为仅仅为了获得外部奖赏的任务，进而分散了对活动本身的注意力和乐趣。要让学生真正热爱学习，最终还是需要培养他们的内在动机，而不是单靠外部奖励来维持学习热情。因此，真正的教育应当激发学生的内在动力，帮助他们从学习中获得成就感和内在满足感，而不是过分依赖外部的奖励和惩罚。

二、常规课堂教学奖励方式

老师们采取奖励的举措，主要是为了学生按时完成学习任务，其次是为了活跃课堂氛围。在课堂教学中，常用的奖励方式主要有以下几种。

口头表扬：老师通过公开称赞学生的表现或努力来激励他们，例如"你做得非常棒""这个回答非常有创意"等，这种方式是最直接和即时的奖励。

小贴纸或印章：当学生完成任务或表现突出时，老师会给他们发放小贴纸、印章等。这些小奖励通常有着象征性的激励作用，尤其对于低年龄段的学生来说，贴纸和印章是对其努力的认可。

积分制：通过设立积分系统，学生在课堂上表现好时获得积分，积累一定数量的积分后可以兑换奖励。这种方式常用来鼓励学生持续积极地参与课堂活动。

物质奖励：当学生表现优秀或在考试中取得好成绩时，教师可能会奖励文具、玩具等实物，以此来激励学生继续努力。

特殊权益：如让学生选择某节课的座位、担任班级活动的小组长或者允许学生自由选择活动时间等。这种奖励方式通过提供某种"特权"来增强学生的动力。

竞赛奖品：在课堂竞赛中获胜的学生或小组可以获得一些奖品，比如奖状、小玩具等，以此来激发竞争意识和参与热情。

荣誉称号：教师可以设立"每周之星""最佳进步奖"等荣誉称号来表彰表现突出的学生，增强他们的成就感和集体荣誉感。

展示机会：当学生的作业表现优秀时，老师可以将他们的作品展示在教室中或向其他同学展示。这种奖励方式让学生感受到来自集体的认可和尊重。

满足需求型奖励：这类奖励的特点是通过满足学生的个人兴趣或偏好来激励他们完成任务或实现特定目标。它们往往并非物质性奖励，而是通过提供学生所渴望的活动或权限来增强他们的动机。例如当学生完成特定任务后，给予他们一定的自由活动时间，可以自由选择活动，比如玩游戏、看电影等。

三、教师如何依据内在动机实施奖励策略

奖励机制本身并不构成对个体行为的束缚，其核心在于如何恰当地运用以及明确运用的目的。在探讨为何采用奖励作为激励手段时，我们需回溯至第一章所阐述的内在动机理论，该理论为我们提供了深刻的洞见。有效的奖励策略应当巧妙地契合内在动机的三大核心心理需求：自主性（避免过度控制）、胜任感（达成预期成果）及联结感（建立与他人的积极联系），从而发挥出更为强劲的激励效能。基于这一理论框架，我们在实施奖励时应当遵循以下原则，以确保其积极作用得以最大化。

（一）保障自主性

奖励方式应该尽量支持学生的自主性，使他们能够自我决定，从而增强他们的内在动机。一方面需要提供选择的奖励，可以给予学生更多选择的自由。这种做法不仅能够让学生感受到自己有决定权，还能够使他们更愿意参与活动。另一方面注重非控制性奖励。奖励不应带有强制性或者控制性。教师应该避免给学生一种"只有这样做才能得到奖励"的感觉，而是要通过鼓励和支持使学生愿意主动完成任务。奖励是学生通过自主选择、努力后获得的，而不是迫使他们做某事的手段。此外，在使用满足需求型奖励（如观看

电影）时，应结合学生的兴趣并让他们有选择的权利，这能够增强他们的自主感。

（二）增强胜任感

奖励可以通过帮助学生体验成就和胜任感来增强其内在动机。一方面提供认可成就的奖励。不单纯给予物质上的激励，而要强调学生在任务中所取得的成就。例如，在奖励时，教师可以指出学生完成任务的具体努力和成就，表扬他们的进步和付出的努力，使他们体验到自己的胜任感。另一方面，持续关注挑战与反馈。也就是说奖励的同时可以为学生提供积极的反馈，帮助他们意识到自己的能力，挑战他们的边界。教师可以在学生完成较有挑战的任务后给予奖励，并强调学生在任务中表现出的技能和毅力，这能够使他们觉得自己有能力达成目标。

（三）促进联结感

奖励可以通过增强学生与他人的联系来增强其内在动机，满足联结需求，可采用团队合作的奖励。在奖励机制中，可以融入团队合作的元素。通过小组合作来完成某项任务，并为团队的整体成就给予奖励，这样学生在努力的过程中能感受到与他人的联系。团队的成功和共同获得的奖励会增强他们的归属感和集体荣誉感。教师还可以通过情感上的认可和赞扬来增强联结感。例如，口头表扬和拥抱等非物质性奖励方式，都能够使学生感受到被认可、被关心，进而增强他们的内在动机。

在奖励过程中，应该更加关注奖励背后的行为动机，而不是单纯地给予物质奖励。特别是当学生自愿选择某项任务并为之付出努力时，教师的奖励方式应该着重于表扬他们的努力和成就，而不是单纯用物质刺激他们的行为。并且，在进行奖励时，要注意适度性，避免让学生形成对奖励的过度依赖，以至于失去对活动本身的兴趣。可以在奖励之外，加强对活动本身趣味性的引导，帮助学生在参与过程中找到乐趣，从而增强他们对活动的内在动机。

总之，奖励不应只是为了完成学习任务，或是活跃课堂气氛，更应通过增强学生的自主性、胜任感和联结感来增强他们的内在动机，使他们在学习过程中获得持久的动力和满足感。这不仅可以提升学生的参与度，还能够帮助他们从内心深处感受到学习的乐趣和成就感。

第四节　惩罚与奖励之辩——从行为控制到意义建构

一、惩罚与奖励的哲学意蕴再探析

惩罚与奖励，作为教育中的两种重要手段，既有利也有弊，如何合理运用它们，是教育工作者需要深思的问题。合理的奖励能够激发学生的积极性，而不当的奖励可能削弱学生的内在动机。同样，合理的惩罚能够促进学生思想道德的发展，而不当的惩罚则可能对学生造成伤害。因此，理解并平衡惩罚与奖励的作用，是教育实践中不可或缺的一部分。

（一）惩罚与奖励的双重效应

惩罚的核心功能在于告知学生"什么不能做"，它是一种边界设定的手段，帮助学生理解哪些行为是不被允许的，从而维护集体的规范和秩序。合理的惩罚能够有效地维护课堂纪律，确保学生对规则心存敬畏。纪律的存在让学生在行为上有所约束，而这种约束感对于社会中的个体是必要的。正如哲学家康德在讨论自由时，重点强调了自由并非指随心所欲，而是指一个人能够依照理性和道德法则自我约束，进而拒绝违背这些法则的诱惑。他认为自由不是想做什么就做什么，而是能够做自己应该做的事。惩罚的意义在于帮助学生理解并接受这种有限制的自由。

然而，惩罚的不当使用可能会产生一系列负面影响，例如抑制学生的探索精神，导致情绪上的压抑，甚至可能引发反抗心理。因此，教师在实施惩罚时，必须确保其合理性和适当性，要让学生明白惩罚的原因，避免让惩罚成为一种单纯的压迫工具。

另一方面，奖励的功能在于告诉学生"什么是值得鼓励的行为"，通过肯定来激发他们的积极行为。适当的奖励能够增强学生的成就感和信心，特别是在面对挫折时，能够给予他们坚持下去的动力和勇气。在成长的道路上，信心与希望是克服困难的重要力量。奖励的作用在于通过外在的肯定，帮助学生在不断努力中积累内在的成就感，从而维持他们的内在动机。

（二）惩罚与奖励的哲学内涵及意义

惩罚和奖励在教育中的运用并非对立，而是相辅相成的。适度的惩罚让学生心怀敬畏，懂得尊重规则与他人；而合理的奖励则激励他们不断追求进步，增强对自身能力的信心。这种敬畏之心与自信心的平衡，是一个人全面发展的基础。

在人的全面发展中，既需要有对规则的敬畏，也需要有面对挑战的勇气。教师过度依赖奖励，可能会让学生忽视内在成长的意义，而一味地使用惩罚，则可能让学生失去对未知探索的兴趣。因此，教育需要找到惩罚与奖励的平衡点。只有当学生既能心怀敬畏，又能勇敢前行，才能真正实现他们的全面发展。

总之，惩罚与奖励都是教育过程中不可或缺的教育手段，合理地运用它们能够帮助学生在成长过程中建立对行为的边界感，同时也能激发他们的内在动力。教育者应当在使用惩罚与奖励时始终秉持"以人为本"的理念，既要让学生心有所畏，懂得尊重规则，也要通过鼓励让他们在成长的道路上拥有自信和勇气，帮助他们克服人生的各种挑战。进而言之，在教学过程中，教师不仅要理解惩罚与奖励的利弊，更要明确它们的教育意义和使用边界。只有这样，教师才能在实际教育中灵活运用这些手段，既维护课堂纪律，又激发学生的内在成长动力，从而真正实现学生的全面发展。

二、惩戒机制在教育实践中的建设性效用及风险

（一）恰当的惩罚措施何以有效促进学生的思想道德成长与发展

1. 明确行为边界，树立规则意识

惩罚作为一种教育手段，能够清楚地向学生传达哪些行为是不可接受的，从而帮助他们建立对行为边界和规则的认知。通过合理的惩罚，学生能够逐渐理解集体生活中需要遵守的基本规范和纪律，并在潜移默化中树立对规则的尊重意识。这样一来，学生的行为就会更加符合社会的基本要求，有助于培养他们的纪律性和责任感。

2. 强化责任意识，承担行为后果

合理的惩罚让学生意识到，行为是需要承担后果的。它让学生明白，任

何违反规则的行为都会带来相应的后果,进而促使他们更审慎地对待自己的行为。这种体验有助于学生逐渐培养起对自己行为的责任感,学会在社会生活中主动承担起自己的责任。随着这种责任意识的增强,学生的思想道德水平自然会得到提高。

3. 预防和纠正不良行为

合理的惩罚可以发挥预防和纠正的双重作用。对于第一次犯错的学生,惩罚可以起到预警作用,让他们深刻认识到不良行为的后果,避免再次出现类似行为。而对于有反复不良行为的学生,惩罚可以帮助他们纠正偏差,逐步规范自己的行为习惯。在这一过程中,惩罚成了一种道德教育的工具,通过对学生行为的约束来实现对其思想的引导和改进。

4. 塑造坚强的性格和自律能力

在适度且合理的惩罚中,学生会逐渐接受并学会面对挫折和困难,这有助于他们塑造坚强的性格,学会在面对外界压力时不轻易退缩。此外,面对惩罚时,学生需要克服心理上的抵触情绪,这一过程本身就是自律能力培养的过程。长期来看,合理的惩罚能够帮助学生形成自我约束、自我管理的意识,这对于他们今后的生活和学习都会产生积极的影响。

5. 内化道德规范,形成道德判断能力

通过合理的惩罚,学生不仅在行为上得到了约束,更重要的是能够从内心深处理解和内化道德规范。惩罚的有效性不仅在于防止学生继续犯错,还在于帮助他们认识到行为本身的不当之处,从而在日后的情境中能做出正确的道德判断。随着这种道德判断能力的不断加强,学生能够逐步建立起稳定的价值观和道德准则。

总之,合理的惩罚不仅是对学生不当行为的外在约束,更是通过内化规则意识、责任感、自律和道德判断能力,帮助他们从思想上真正成长,从而促进其全面发展的手段。在这一过程中,教师应注意惩罚的尺度和方式,尊重学生的身心发展规律,确保惩罚的教育意义大于其带来的负面影响。

(二)不当的惩罚措施潜藏着诸多风险与隐患

1. 对学生身心健康的伤害

不当的惩罚,尤其是过度体罚或带有羞辱性的言语攻击,会对学生的身体或心理健康造成严重伤害。体罚可能导致学生身体受伤，而言语暴力可能造成学生自尊心的受损、情绪上的焦虑甚至抑郁。这些伤害往往会在学生的内心留下难以弥合的创伤，严重影响其心理健康的正常发展。

2. 降低学习积极性和自信心

当惩罚以羞辱和否定为主要形式时，学生的学习积极性会受到抑制。频繁受到不当惩罚的学生容易认为自己是"失败者"，从而丧失自信心，对自己能力的认可度降低。这种消极的自我认知可能让学生对学习失去兴趣，甚至不愿意再尝试和挑战新的学习任务，导致学习动力的减弱和学业表现的下降。

3. 产生对教师和学校的负面情绪

过度或不合理的惩罚会让学生对教师和学校产生负面的情绪。学生可能会认为教师对他们不公正，进而产生抵触心理，影响师生之间的信任关系。一旦师生之间的信任被破坏，学生就会对教师的教育指导产生怀疑和反感，难以接受教师的教育建议，甚至表现出叛逆行为。这种负面情绪还可能影响学生对学校的归属感，导致他们在学校中感到压抑，缺乏安全感。

4. 引发行为反弹或逆反心理

过于严厉或不合适的惩罚往往会导致学生产生逆反心理。学生可能在受到不当惩罚后，出于对教师的不满而表现出更强烈的叛逆行为。例如，学生可能故意违反课堂纪律以挑战教师的权威，或者通过一些不恰当的方式寻求关注。此外，不合理的惩罚可能引发学生在心理上的反抗，使他们更不愿意遵从规则，反而增加了违规行为的频率并加剧了其严重性。

5. 破坏学生的人际关系和社交能力

不当惩罚尤其是公开的羞辱性惩罚，会对学生的人际关系造成负面影响。例如，被公开羞辱的学生可能会因为自尊心受挫而感到羞愧，进而不愿与同学交往，产生孤立感。而且其他同学可能会因为害怕受到"同样的惩罚"而远离被惩罚的学生，进一步加剧其社交孤立。长期的社交孤立可能导致学生的社交技能欠缺，无法形成正常的人际关系。

6. 因畏惧而顺从而非自律

不当惩罚可能让学生在表面上表现出服从，但这种服从多半是基于对教师或惩罚的畏惧，而不是发自内心的、真正的自律。学生可能在教师面前表现良好，但在没有教师监督的情况下，仍会回到不当行为中。这种"畏惧型的服从"无法促使学生真正理解规则的意义，也难以培养他们自我约束和自律的能力。因此，不当惩罚并不能达到教育的根本目的，反而可能适得其反。

7. 可能导致暴力行为的模仿

学生在受到不当的惩罚后，尤其是以暴力形式的惩罚，可能会将这种行为内化为他们应对冲突的方式。尤其是年龄较小的学生，他们容易将教师的行为视作模范，可能在未来的生活中模仿这种行为，以暴力方式来解决问题或对待他人。这无疑会对他们的行为方式和人格发展产生负面影响，导致其形成错误的行为模式。

总之，不当的惩罚不仅无法有效教育和引导学生，反而会带来多方面的负面影响，包括身体和心理的伤害、学习动机的降低、师生关系的破坏、行为的反弹、社交能力的削弱，以及畏惧型服从和暴力行为的模仿。因此，教师在使用惩罚手段时必须谨慎，确保其方式和程度合理，目标是帮助学生改正错误行为，促进他们的思想道德发展，而非伤害他们的自尊心或心理健康。

三、奖励策略在教育实践中的推动性作用及潜在弊端

老师们在教学实践中频繁采用奖励策略，这一做法背后蕴含着他们对于奖励在促进学生学习任务完成及活跃课堂氛围方面积极作用的深刻认知。然而，要深入理解奖励为何能产生如此效果，即奖励机制的具体运作原理，则需进一步剖析。

（一）奖励何以活跃课堂氛围，调动学生积极性

1. 正向激励作用

奖励通过对积极行为的认可，给学生带来正向反馈，使他们体验到成就感和满足感。这种外在激励能够强化学生的学习动机，帮助他们更好地完成学习任务。通过奖励，学生能够意识到自己的努力得到了认可，进而更加积极地参与学习。

2. 增强学习动机

在很多情况下，奖励有助于外化学生的学习动机，特别是在学生对学习

内容缺乏内在兴趣时，外在的奖励（如积分、荣誉、物质奖励等）可以作为短期动力，促使学生更加专注于学习任务。通过这样的外在激励，学生逐渐对所学内容产生兴趣，甚至转化为内在动机。

3. 塑造积极的学习环境

适时给予奖励能够活跃课堂氛围，使学生在轻松愉快的环境中进行学习。当学生看到同伴因努力学习而获得奖励时，这种行为也会起到示范和榜样作用，促进其他学生自发地参与课堂活动，从而形成良性的竞争与合作氛围。通过这种群体氛围的激励，课堂整体的活跃度和互动性都会有所提升。

4. 满足学生的心理需求

根据马斯洛需求层次理论，学生在学习过程中不仅追求知识的掌握，还希望获得认同感和归属感。奖励所带来的肯定和认可，恰恰满足了学生对自尊和社会认同的需求，使他们更加愿意积极参与课堂，主动完成学习任务。

5. 降低学习压力

奖励的使用在一定程度上缓解了学习过程中的焦虑和压力，特别是在面对较为困难的学习任务时，奖励可以作为"胜任感"的外部支撑，让学生在感到困难时不轻言放弃。通过奖励，学生能够获得持续尝试和努力的勇气，这对于他们克服学习中的各种挑战具有积极作用。

6. 激发自主性

奖励还能帮助学生建立自主学习的意识和习惯。当学生意识到通过自己的努力可以获得认可和奖励时，他们会更倾向于主动规划和完成学习任务。这种自主性的发展，对于他们的长期学习与个性培养都是非常重要的。

总之，奖励在课堂中的应用通过多种心理机制，如正向激励、增强动机、满足心理需求等，促进了学生的学习参与度和积极性，帮助他们克服学习中的困难并营造出一个生动活泼的课堂氛围。然而，教师在使用奖励时应注重方式和尺度，避免因过度依赖外在奖励而削弱学生的内在学习动机。

（二）不当的奖励存在的潜在风险

1. 削弱内在动机

如果过于依赖外在奖励，学生可能会将学习的目的转变为追求奖励本身，忽视了学习的内在意义和乐趣。这种做法会导致学生逐渐失去对学习内容的内在兴趣，一旦奖励停止，学生的学习积极性也会大幅度降低。例如，某些原本对学习具有浓厚兴趣的学生，因受到过多外在奖励的诱导，开始将学习视为获得奖品的手段，进而丧失自主学习的动力。

2. 培养短期目标导向

频繁的物质奖励或积分奖励，容易让学生局限于短期的目标导向，即为了快速获得奖励而学习。这会使他们缺乏对长远学习和持久进步的重视，忽视了学习本应是一个持续积累与成长的过程。学生可能会倾向于选择那些能迅速获得奖励的任务，而逃避需要长期投入但更具意义的学习活动。

3. 助长投机取巧的行为

当奖励成为学生唯一的目标时，他们可能会想方设法通过捷径来获得奖励，例如抄袭他人的作业或寻求其他"巧妙"的方式完成任务，而不是付出真正的努力。这种情况尤其在竞争激烈的环境中容易发生，学生可能因想获得奖励而不择手段，违背了学习的初衷和诚信原则。

4. 增强对外在评价的依赖

奖励的过度使用会让学生过于依赖外在的评价，渴望通过他人的认可来获得自我价值感。一旦缺乏这种外在激励，学生可能会对自己的能力产生怀疑，变得缺乏独立判断的信心。这种对外部评价的过度依赖，可能会使学生的自我意识发展受到限制，缺乏自主性和自我驱动力。

5. 加剧同伴之间的竞争

过于频繁和公开的奖励可能会使同学之间形成紧张的竞争关系，导致同学之间产生嫉妒或对立情绪，损害班级的和谐氛围。特别是在没有明确标准的奖励分配下，学生可能会认为教师偏爱某些同学，进而对课堂产生消极情绪，甚至产生抵触情绪。

6. 忽视奖励的个体差异

如果教师没有充分考虑学生的个体差异，而是对所有学生采用同样的奖励方式，可能会导致奖励效果的偏差。某些学生可能不喜欢物质奖励或没有兴趣参与某些活动，这样的奖励方式可能无法激发他们的学习动机，甚至会使他们产生挫败感，觉得自己得不到期望的认可。

7. 导致情绪波动

当学生对某个奖励十分期待，但未能如愿获得时，可能会产生较大的情绪波动，导致自尊心受损或情绪低落，甚至影响他们的后续学习表现。一些学生在面对失败时容易将之归因于自身的能力不足，从而失去对自己学习能力的信心。

在课堂观察中，不难发现，那些未能获得奖励的学生常展现出消极的情绪状态：一部分学生可能表现出明显的抱怨情绪，对奖励分配的不公或自己的失利感到不满；而另一部分学生则可能显得垂头丧气，情绪低落，缺乏进一步参与课堂活动的积极性。这些情绪反应不仅影响了学生的即时心理状态，还可能对其长期的学习态度和行为产生深远的负面影响。

总之，惩罚与奖励作为教育教学手段，各有其独特的价值与作用。不同的视角，如哲学视角或心理需求视角，都为其运用提供了独特的启示，但它们的核心目标是一致的，即为了促进学生更好地发展，帮助他们收获成长与幸福。在日常教学中，教师的关键任务在于正确理解并合理运用惩罚与奖励。单纯以行为的减少或增加作为评价教学效果的标准，往往无法全面实现教育的真正意义。

教师应从多维度评估惩罚与奖励的实际效果，包括学生的学习状态、课堂氛围、课堂表现及学业成绩等。此外，教育的对象是多样化的，每个学生都有其独特的背景、需求和成长路径，因此在惩罚和奖励的使用中，需要灵活运用"刚柔并济"的策略。教师在对学生个性化理解的基础上与之对话，找到利于学生成长的方式，能做到既保持教育手段的有效性，又不失教育的温度与关怀。

无论是惩罚还是奖励，最终的目的都应是帮助学生从外部控制逐步过渡到内在驱动，促使他们自愿地完成任务并形成正确的行为习惯。真正的可持续发展是建立在内在动机之上的，只有内在动机能够让学生在成长中持续体验到快乐，感受到学习和生活的意义，从而获得持久的幸福感。这种教育不仅是对行为的管理，更是对学生精神成长与人格完善的深度引导。

第三章 理解学生为主体的课堂：从"话语权力"到教师有效课堂提问

以学生为主体、以学生为中心，是现代教育推崇的核心理念。一线教师在思想上普遍认同这一点，但在实际教学中，如何真正践行这一理念，却成为许多教师课堂实践的难题。更令人感到吊诡的是，老师们都认为"满堂灌"与"一言堂"不是理想的教学方式，但在实际课堂中，却常常不自觉地回归到这种传统的教学模式，违背了初衷？这背后隐藏着哪些深层次的原因？

首先，这种现象部分源于教师对"以学生为主体"理念的理解不够深入。许多教师虽然认同"以学生为主体"的教育理念，但并没有对其内涵进行深刻的思考。"以学生为主体"不仅是一个口号或简单的教育理念，它是对传统"教师、教材、课堂"中心教学模式的反思与批判。杜威提出的以"学生、活动、经验"为中心正是对这种传统模式的有力回应。因此，"以学生为主体"的教学，意味着在课堂中充分重视学生的独立性和能动性，鼓励他们在学习过程中积极思考和主动参与。但这并不意味着教师应完全放任学生，而是要在课堂上创造适宜的条件，尊重学生的个性，支持学生的发展，并引导他们在学习中不断成长。

其次，以学生为主体的教学理念如何真正落地，涉及具体的教学方法和策略。教师通常使用的许多教学手段看似符合这一理念，但其实际效果却取决于教师的出发点和动机。如果教师的目标仅仅是为了完成教学任务，或是在形式上追求创新，如分组讨论仅为活跃课堂气氛，那么再好的教学方法策略也难以真正落实"以学生为主体"。相反，如果教师能够以学生的发展为导向，关注学生的成长需求和学习兴趣，那么无论使用何种教学手段，都将实现以学生为中心的教育目标。因此，关键在于教师如何对待和运用这些策略，并始终将学生的成长置于优先地位。

本章将以课堂上最常见的教师提问作为切入点，通过对提问方式和权力话语关系的深入分析，探讨如何通过有效的提问来践行"以学生为主体"的教育理念。提问是一种常见的教学策略，也是课堂上师生互动的重要方式。通过分析教师提问的背后动机与方式，希望帮助教师从细微处理解以学生为中心的实质，促使他们反思自身在课堂教学中的其他策略。通过这种反思，希望"以学生为主体"的教学理念不再停留在口号上，而是能够融入课堂的每一个环节，成为真正支持学生全面发展的教学实践。

第一节 "话语权力"视域下教师课堂提问之必然性

课堂提问是教师实现教学目标的常见手段。研究表明，教师在课堂上的提问对提升教学效果和促进学生认知发展具有重要且非常显著的价值。"课堂提问贯穿教学的始终，是教学语言最主要载体，日本著名教育家斋滕喜博甚至认为提问是教学的生命。"[①] 提问是课堂教学的核心，好的课堂提问能激发学生的学习兴趣，引导学生认真思考。[②] 尽管提问作为教学手段具备显著的价值，能够激发学生的兴趣并引导其深入思考，但这并不足以完全解释教师课堂提问的必然性。研究者认为，教师的课堂提问不仅是为了激发学习兴趣，更在于打破传统教学中教师独占话语的局面，促成学生主动参与课堂、构建"以学生为主体"的教学模式。通过有效的课堂提问，将助力教师能真正实现现代教育理念，使课堂成为学生探索、思考和表达的空间。因此，教师的有效课堂提问是现代教学的必然要求。

一、课堂提问隐含话语权力

课堂教学的本质是师生之间的实践交往，课堂提问是师生互动的重要方式。[③] 但课堂中的提问并非简单使用语言或某些话语构成你问我答的"纯粹"

---

① 洪松舟, 卢正芝. 提问: 教师有效教学的基本能力 [J]. 中国教育学刊, 2008(02): 30-34.
② 张耀奇. 有效课堂提问的基本条件分析 [J]. 全球教育展望, 2010, 39(06): 91-93.
③ 刘晨艳. 课堂提问的结构化: 内涵、价值与策略 [J]. 教育理论与实践, 2021, 41(11): 54-57.

形式。福柯认为："话语虽由符号组成，但话语所做的要比用这些符号去指物来得更多，正是这个更多使得我们不能把话语归结为语言或言语。"① 教师的课堂提问看似是在给予学生说话的机会，让学生表达自己的想法，但在实际教学中，提问的对象、问题的类型，以及对学生回答的评价方式，这些行为都深刻地体现了师生之间隐含的权力关系。福柯进一步指出："话语的基本特征在于它是一种权力关系，而不是思想的自由表现。"② 这说明提问不仅是一种知识传递的工具，更是教师对课堂秩序进行控制和权力行使的体现。

"话语与权力是福柯著作中频繁出现的术语。"③ 传统的权力观念通常以宏观视角理解，强调权力集中于经济和政治制度，表现为统治者与被统治者之间的对抗关系。这种宏观权力观注重控制和压制的作用，权力被视为一种由上而下的强制性力量。而福柯的权力理解属于微观视角，他认为权力是一种网络化的关系运作，存在于社会的每一个层面。他认为权力并非仅仅是阻止或禁止人们的行为，而是通过多种关系和策略来影响个体的行为和思想，从而产生影响力。权力不是静态的，而是动态的、不断流动的，存在于人们互动的各个方面。④ 因此，"我们必须首先把权力理解成多种多样的力量关系，它们内在于它们运作的领域之中，构成了它们的组织……权力不是一种制度，不是一个结构，也不是某些人天生就有的某种力量，它是大家在既定社会中给予一个复杂的策略性处境的名称。"⑤ 进一步而言，权力是各种力量关系的多形态的流动性的场，只存在着某种关系性的权力。⑥ 然而这种权力又是

---

① 米歇尔·福柯. 知识考古学 [M]. 谢强，马月，译. 北京：生活·读书·新知三联书店，1998：49.
② 谭斌. 试论"话语"一词的含义 [J]. 兰州大学学报，2002(01)：70-77.
③ 吴奇. 话语与权力——分析福柯"认知的意志" [J]. 山东科技大学学报（社会科学版），2005(03)：40-44.
④ 张云超. 权力话语的另类表述——福柯权力哲学思想探究 [D]. 重庆：西南师范大学，2005.
⑤ 米歇尔·福柯. 性经验史：第一卷"认知的意志" [M]. 佘碧平，译. 上海：上海人民出版社，2002：69.
⑥ 张云超. 权力话语的另类表述——福柯权力哲学思想探究 [D]. 重庆：西南师范大学，2005.

通过什么方式运作？

在福柯看来，这种权力技术并不通过压制和排斥来管制个体，它总是在话语之中并借助于规范化的策略一步步推进。① 因此，课堂中教师的提问方式也值得深思——不同提问方式是否反映了这种权力的运作方式？

目前，"课堂中较为普遍地存在着随意提问、浅层提问、孤立提问、单一提问等低效而消极的提问方式"。② 这些方式大多属于封闭式提问，例如"是不是？""会不会？""好不好？"这些问题往往限制学生的思维发展和自主表达。尽管封闭式提问的局限性已被大多数教育工作者认识，并普遍不被提倡，但它依然是课堂上常见的提问方式。这背后的原因是什么呢？封闭式提问不仅仅是教师随意的口头习惯，其更深层的原因可能是教师为了控制课堂和引导学生的思维方向。通过这种方式，教师在无意识或有意识中限制了学生的思考空间，确保学生的回答符合教师的预设框架，从而维持对课堂话语的主导权和控制。这种做法反映了传统教学模式中对权威与控制的依赖，削弱了学生在课堂中的主动性和创造性。

总而言之，课堂提问不仅是师生互动的一种形式，更深层次地反映了福柯所描述的话语权力关系。提问不仅是语言交流的工具，更是权力关系的一种展现和构建形式。教师通过选择提问的对象、提问的方式及其内容，事实上参与了课堂权力结构的塑造。提问中的选择与控制，决定了谁能发言、发言的内容方向及学生的思维路径，这些都体现了教师对课堂权力的行使。因此，提问不仅是知识传递的手段，更是权力关系在课堂中的具体运作。提问是一种动态的权力关系，是教师与学生之间持续互动的体现。通过有效的课堂提问，教师能够在控制与支持之间找到平衡，既确保课堂教学目标的有效达成，又激发学生的自主性和思维能力。有效提问能赋予学生表达和探索的机会，使其不再是被动的知识接收者，而是主动的学习参与者。因此，明晰提问与权力的关系，教师需要找到有效提问的方法，这成为现代教学的关键环节。

---

① 周慧. 福柯三角：知识—主体—权力 [J]. 现代哲学, 2013(05): 67-75.

② 王亚敏, 崔志钰, 崔景贵. 积极课堂提问的策略设计 [J]. 河北师范大学学报（教育科学版）, 2022, 24(04): 108-114.

二、提问是突破传统教学观念的关键

福柯认为权力是一种动态关系,权力问题的关键不是由谁掌握或由谁实施的问题。在权力的关系网络中,绝无绝对操纵权力的主体,他既是权力实施者,也可能成为权力实施的对象。因此,教师向学生提问并不表示教师掌握了整个教学的话语权力。相反向学生提出问题,是希望听到学生的一些话语。当学生有了说话的机会,"以学生为主体"的教学才可能发生。正如某些学者认为:"教师的有效教学是一种对话的教学——高度互动的师生、生生之间的对话,而不是由教师来主演。要想形成一种对话的教学气氛,教师有效使用问题的能力是不可或缺的。"[1] 因此,教学对话的核心是有效提问。[2] 而向学生提出问题的关键是如何看待"我"与他人的关系。"如何看待我与他人的关系决定了独白论的本质特征,同样也决定了反独白论的本质特征。"[3] 在传统教学模式中普遍存在的"一言堂"与"满堂灌"现象,实际上显现了课堂内部师生话语权力关系的显著不平衡。这种模式中,教师的话语成为主导,而学生的声音则被相对压制,从而抑制了学生主体性的发展与表达。

传统教学模式主要以知识传递和记忆为核心目标,强调学生对所学知识的记忆能力。在这种模式下,教师的讲授量与学生的记忆量被认为成正比,导致了普遍的"满堂灌"教学现象。这种教育观念背后实质上是基于"真理符合论"。"真理符合论"是一种哲学理论,它主张真理是指某种陈述、判断或命题与客观现实的符合。换句话说,某个观点是否为真取决于它是否准确反映了客观的事实。真理符合论的核心观点在于对外部世界的客观性描述,认为只有当我们的知识与客观现实一致时,才能称其为"真"。

在教育教学中,"真理符合论"的思维模式往往表现为教师将知识视为唯一的、标准化的答案。这种理念推崇权威,强调教师所传授的知识是唯一正确的,而学生需要做的就是准确地记忆并再现这些"真理"。这样一来,

---

[1] 洪松舟,卢正芝.提问:教师有效教学的基本能力[J].中国教育学刊,2008(02):30-34.
[2] 吕星宇.对话教学:为思维而教[J].教育学报,2008(03):31-35.
[3] 张扬.巴赫金对话理论与马克思主义文艺理论关系的审思[J].哈尔滨工业大学学报(社会科学版),2020,22(01):91-96.

教育的目标就变成了单纯的知识传递和再现。在这种情况下，学生被动地接受知识，思维的自主性和创造性得不到培养，批判性思维的发展受到了限制。批判性思维强调质疑和反思，它要求学生能够对现有知识进行评价、质疑甚至提出新的见解。然而，如果课堂教学一直以"真理符合论"为基础，学生往往只是在努力"符合"教师所传递的知识，而不是主动探索和质疑。在这种教学环境中，学生可能会害怕表达与权威不同的观点，害怕错误，从而丧失质疑和批判的勇气。

相对地，后现代主义教育理论是一种反对传统权威和标准化的教育理念。传统教育往往强调知识的客观性、固定性和唯一性，而后现代主义强调知识的多样性、主观性和社会构建性，它与传统教育理念形成鲜明对比。具体而言，后现代主义的教育理论具备以下特征：（1）知识的相对性和多样性。后现代主义认为，知识不是唯一、固定的真理，而是多样和相对的，应该在不同的文化、社会背景下被理解。知识的意义是多重的，真理不再是单一的客观事实，而是可以因人而异，随着社会、历史情境变化的。（2）知识的社会建构性。后现代主义强调，知识并不是外在的、独立存在的"真理"，而是通过人类的交流和对话被共同建构出来的。知识的形成不仅受到历史和文化的影响，更受到语言、权力等因素的制约。它倡导对既定"知识"的质疑和重新理解，鼓励对现存结构进行批判和创新。（3）去中心化和反权威。后现代主义教育反对传统教育中"教师中心""教材中心"的权威模式，提倡"去中心化"。教师不再是唯一的知识传递者，而是学习过程中的引导者和支持者，学生是知识的建构者。教育应鼓励学生质疑权威，培养批判性思维和自主学习能力。（4）强调个人经验与多样化的学习方式。后现代主义教育主张尊重学生的个人经验和独特性，注重多样化的学习方式，鼓励学生通过探索和实验获得对知识的理解，而非机械地接受既有的知识内容。

在传统的教学观念中，教师作为课堂中的"知识掌控者"，教学过程往往变成单向的信息传递——"满堂灌"或"一言堂"，学生被动地接受知识，而缺乏主动性和独立思考的机会。这种教学观念基于"真理符合论"，认为学生的任务是接受并再现教师所传授的"客观真理"。然而，这样的方式忽略了学生作为学习主体的地位和其思维的多样性，难以培养学生的创造力和批判性思维。

而提问之所以能突破传统教学观念的关键，因为它能够有效地打破教师对课堂话语的绝对垄断，使课堂成为一种双向互动的场域，而非仅仅是教师单方面的知识灌输。具体来说，有效提问可以：1. 激发学生的主动参与。提问给予学生发言的机会，打破了"一言堂"的局面，使得学生从被动的知识接收者变为主动的参与者，推动他们积极参与课堂讨论。这种互动过程使课堂从教师为中心转变为学生为主体。2. 引导学生思考。有效的提问可以引导学生进行思考，帮助他们去质疑、探索、反思和理解，而不是机械地接受知识。提问能够帮助学生在课堂上产生对知识的独立见解和多维度的理解，进而培养他们的批判性思维能力。3. 实现师生之间的平等对话。后现代主义教育理论强调对话和互动，提问能够实现教师与学生之间的平等交流，教师不再是唯一的知识权威，而是通过提问启发学生去构建属于他们自己的知识体系。4. 赋予学生话语权。通过提问，教师为学生提供了表达自己的想法、观点和问题的机会，这实际上是将话语权部分转移给学生。这种话语权的移交使学生感到他们在课堂中扮演着重要的角色，使他们的声音被听见，从而促进学生自信心的建立并增强其学习的主动性。5. 促进深度学习。不同于传统的灌输式教学，提问通过挑战学生的思维，促使他们分析问题、找到答案，并学会如何将所学知识应用到新情境中。这种学习过程符合后现代主义强调的知识建构和批判性理解，使学习不再停留在记忆层面，而是在理解和应用层面获得提升。

因此，提问在课堂教学中不仅是一个教学策略，更是突破传统教学模式、实现以学生为中心教育理念的关键手段。通过有效的提问，教师可以激活学生的思维，使课堂成为知识共建的场所，从而真正促进学生的全面发展。正如福柯所言："知识是作为考古档案的知识。知识档案的保存，并不是让死人支配活人，更不是让死人复活，而是提供例证，供活人参考。"[①] 由此，教育的真正目标是培养具备独立思考和自我表达能力的个体，而非仅仅复制知识。通过有效的提问，教师不仅为学生提供了表达的机会，还能够深入了

---

① 叶秀山. 论福柯的"知识考古学"[J]. 中国社会科学, 1990(04): 13-28.

解学生，促进学生思维发展并增强其批判性分析能力。真正关注学生的教师能够听到学生的声音，看到学生的成长。

三、提问作为促进思维发展的有效路径

教师课堂提问不仅是一种教学策略的应用，更深层次地，它触及师生间复杂的话语权力动态结构。从"话语权力"理论视角审视，提问超越了单纯知识传递的功能性范畴，转而成为权力关系在教育场域中的微观体现。教师在提问过程中，不仅为学生提供了语言运用的契机，实质上也是在让渡部分课堂话语权，赋予学生主动参与课堂对话的可能性，进而促进学生的主动表达与互动。换言之，高效的课堂提问机制构成了师生话语权平衡的关键节点，它作为一种教学干预手段，能够激励学生在课堂上积极发声，有效打破传统教学模式中教师话语垄断的现状，促进学生主体地位的确立与实现。然而，就课堂提问作为一种教学形式的效能而言，我们仍需深入探究其促进学生思维发展的内在机理，即提问何以能有效促进学生思维发展。

杜威认为语言是思维的工具。"尽管语言并不是思维，但它对于交流思想，以及对于思维本身来讲，却都是必需的。"[①] 杜威认为语言有三种用途：实际用途，即语言的首要动机是去影响（通过渴望、情绪和思想的表现）别人的行动；社会的用途，即通过语言与别人形成更亲密的社交关系；理智用途，即语言被用来作为思想和知识的有意识的运载工具。[②] 因此，教师课堂提问最重要的价值并不仅仅是给学生提供语言表达的机会，还要将学生的语言转变为思维的工具，从而促进其认知发展。为顺利完成这一转变，杜威提出了三种策略：一是扩充学生的词汇量；二是更精确地表述词汇的意义；三是养成连贯的口语表达习惯。[③] 由此可见，语言对于提升思维能力至关重要。然而，封闭式提问难以达到这一效果，因为封闭式提问通常只能要求学生作出简单的"是"或"否"的回答，既无法扩充学生的词汇量，也无法形成连贯的口

[①] 约翰·杜威. 经验与教育 [M]. 姜文闵，译. 北京：人民教育出版社，2005: 189.

[②] 约翰·杜威. 经验与教育 [M]. 姜文闵，译. 北京：人民教育出版社，2005: 196.

[③] 约翰·杜威. 经验与教育 [M]. 姜文闵，译. 北京：人民教育出版社，2005: 197.

语表达。学生在这种情况下的回答缺乏深度，难以促进思维的发展。

总而言之，话语权力的存在体现于师生之间的关系之中。"真正的主体只有在主体间的交往关系中，即在主体与主体相互承认和尊重对方的主体身份时才可能存在。"[①] 现代教学要求以学生为主体，把课堂交还给学生，促进学生思维的发展。要达到这一目标，平衡师生之间的话语权力关系是关键。而这种平衡的前提，首先是让学生有说话的机会，让他们在课堂上表达自己的观点。课堂提问正是这一过程中最直接有效的手段，因为它为学生创造了表达和互动的机会，使他们能够成为课堂对话的积极参与者。在提问过程中，教师通过与学生的对话，不仅尊重了学生的主体身份，还给予了学生表达思想的空间，这种相互的承认和尊重正是主体间关系建立的基础。只有在这种互动中，学生才能真正感受到自己的主体性，进而在思维和学习中获得更大的自主性和发展空间。

值得注意的是，教师的提问不应是形式化的，而是要关注其有效性。有效的提问能够促进学生的语言表达和思维发展，使课堂真正成为师生互动、生生互动的空间，从而在话语权力关系中实现动态的平衡。这既是实现以学生为主体的教学模式的重要手段，也是现代教育的核心追求。

第二节　教师有效课堂提问之意蕴

从福柯的话语权力理论出发，有效的教师课堂提问不仅仅是为了给学生发言的机会，更是为了确保学生在课堂上真正拥有话语权。重要的是要认识到，仅仅提供说话的机会并不等同于赋予话语权；如果教师的课堂提问仅旨在获取他们预期的答案，那么师生之间的话语权力关系仍然是不平衡的。因此，确立教师提问的价值取向——即教师提问的目的和意图——是判定提问有效性的关键。

---

① 郭湛. 论主体间性或交互主体性 [J]. 中国人民大学学报, 2001(03): 32-38.

一、有效提问旨在学生"有话能说"

"有话能说"旨在提问的"灵活性"与"生成性"。提问的生成性涉及两个关键层面。首先,教师应在课前准备灵活、可调整的问题,以适应学生在具体课堂中展现的实际需求。其次,教师应在提问过程中容纳多样的学生回答,鼓励表达不同的观点。尽管教师在课前设计问题并在课堂上保持教学的有序进行是必要的,但更重要的是,这种教学方式应以促进学生全面发展为目的。这意味着教师的提问有效性应基于是否能够促进学生的认知和情感发展,而非仅仅满足教师的预设答案。在实际教学活动中,若教师过分依赖预设答案,可能会忽略学生的原创性思考。教师应当重视那些表现出独立思考的学生回答,而非简单地追求符合自己期望的答案。正如杜威所言:"教师很容易选择和强调和他所希望的结果相一致的那些意见,这种方法解脱了学生的理智的责任感。学生只不过在老师的指引下,像走钢丝的演员一样,有轻巧灵活的适应力而已。"①

因此,一个问题的有效性不应仅被定义为符合教师的预期或是标准答案。诚然,当教师的期待与学生的发展目标一致时,学生的回答与教师期望的答案并不矛盾。然而,关键在于教师如何应对那些意料之外的回答,以及如何在课堂上平衡生成性问题与预设的标准。课堂中问题的生成性与预设并不是非此即彼的对立关系,值得警惕的是,教师向学生提问时,看似给予了学生说话的机会,但如果不允许有其他声音存在,即使学生有所回答,却依旧没有真正的话语权。

有效的提问需要教师根据课堂实际情况"灵活"提问,重视学生回答的生成性,允许不同声音的存在。如果教师的提问只关注于符合自己预设的答案,学生的表达就会受到限制,无法实现真正的话语自由和主体性。而提问的有效性恰恰在于允许"意外"的回答,将教师"灵活性"提问与学生的"生成性"回答都纳入课堂互动之中,这种做法不仅有助于提升教师的教学智慧与应变能力,还能够使学生在表达自我时体验到被认同和尊重的价值,从而促进更深层次的学习与交流。

---

① 约翰·杜威.我们怎样思维[M].姜文闵,译.北京:人民教育出版社,1991:226.

二、有效提问旨在学生"有话可说"

"有话可说"旨在关注学生的思维过程而非结果。教师向学生提问时，可以有所期待，但这种期待应指向学生回答的生成性，而非自己预设的答案。这意味着教师应关注学生的思考过程，而不仅仅是答案的正确性。教师需要了解学生为何如此回答，而要做到这一点，就必须将自己的预设和期待"悬置"起来，即存而不论。也就是说，教师可以心中有"答案"，但不应以预设的答案来评判学生的回答或问题的有效性。教师应尽量减少对预设答案的关注，转而关注学生的思考过程，理解他们为什么这样回答。这也是以学生为主体的教学方式的核心，即看见并重视学生的思考过程。"对正确与错误的关注其实是在强调内容比发展和运用个人认知能力更重要，不承认学习是一个过程。"[①] 因此，学生的成长是在思考的过程中实现的，结果只是这一过程中自然产生的产物。以学生为主体，就是要关注学生的思维发展过程，真正看见他们的思考过程。

以上内容探讨了教师提问方式的有效性。除此之外，从问题的本质来看，有效的提问还应具有启发性。一个有效的问题不仅应涵盖课堂内的相关知识，还应具有超越课堂的延展性。具体来说，启发性的问题可以帮助学生突破既有的认知框架，使他们认识到自身的局限。当学生受到启发时，那一刻会充满激动与兴奋，犹如看见了光，有恍然大悟之体验。苏格拉底的"产婆术"正是通过提问的方式，引导对话双方不断反思和澄清自己的理念、想法，从而自己得出新的答案。通过这种不断的循环问答，学生不断得到启发，思想在对话中得以深化和升华。

总之，具有启发性的问题，其答案应当是开放的、多样的，而非绝对和确定的。这样的提问方式能够帮助学生突破自身的认知局限，使得师生都保持在不断思考的状态中。教师的提问只有在真正帮助学生打破认知瓶颈、激发他们独立思考与思维成长时，才具备深刻的教育价值。这种提问方式不仅能够让学生积极地参与课堂讨论，还能够帮助他们塑造批判性思维，并对所学知识产生深层次的理解。这也是教师在话语权力视域下应追求的最终提问目标——促进学生批判性思维发展与独立意识的觉醒。

---

① 吕星宇. 对话教学：为思维而教 [J]. 教育学报，2008(03): 31-35.

三、有效提问旨在学生"有话会说"

"有话会说"旨在培养学生的创造性思维。问题的有效性旨在引导学生主动思考进行质疑和对话。① 因此，有效提问的目标不应仅仅是引导学生得出"正确答案"或"标准答案"。事实上，即使学生能够提供标准答案，这也不是提问的主要价值所在。关键在于提问应激发学生的创造性思维，使这种思维不受统一标准的限制，而是开放于多种可能性。为了真正促进学生的创造性思维，教师必须欢迎并鼓励那些偏离常规或标准答案的独特回答。通过这种方式，教师可以帮助学生打破思维的常规，探索多元的解决方案，从而避免将标准答案视为思考的唯一终点，而将其作为思维的起点，激励学生探索更广泛的可能性。

然而，当教师将教科书视为唯一的标准，即以追求文本绝对原意为目标时，往往会限制学生创造性思维的发展。例如，在小学一年级的语文课《秋天来了》中，学生们经常被问："你们眼中的秋天是什么样的？"面对这样的问题，大多数学生会重复教科书中的描述："天气凉了，树叶黄了……"为什么会有这样的回答？因为先入为主的观念让学生觉得《秋天》的描述是唯一正确的，老师在教学中也强调并要求背诵这些内容，使学生印象深刻。当再次被问及时，学生往往无法用自己的语言来表达他们对秋天的感受。尽管用书本上的描述回答确实符合自然现象，教师也可能因此而给予学生肯定，但这种方式忽略了每个孩子的独特视角和个体差异，创造力恰恰源于这些差异。因此，有效的提问不应仅仅获取统一的答案。尤其是在人文社科领域的教学中，当教师面对学生给出统一回答时，这应当成为一个教学反思的契机，而非简单地自满于表面上的"正确"。总之，教师应鼓励学生表达各自不同的见解和感受，以激发他们的创造性思维。

除此之外，从问题本身来看，具有创造性的提问必然会排除单一的封闭式问题类型。教师可以针对理解的内容提出"你觉得什么是……？""你观察到什么？""你想到什么？""你还有什么办法？"等开放性问题。这些问题能够激发学生深入思考和探索的欲望，因为当学生回到自己的感

---

① 卢正芝,洪松舟.教师有效课堂提问:价值取向与标准建构[J].教育研究,2010,31(04): 65-70.

受和理解中时，他们会有话可说，这种表达的需求自然激发了他们的好奇心和求知欲。在学生分享自己见解的过程中，他们对问题的兴趣和探究的动力得以增强，从而有效推动创造性思维的发展。通过提出这样的开放性问题，当学生的好奇心得以被激发，他们就需要一定的时间来思考，并且有更多的机会表达自己的想法，从而提升创造性思维的发展，以至"有话会说"。

综上所述，问题的有效性在于教师提问是否能够真正平衡师生之间的话语权力关系，学生在课堂之中是否"有话能说""有话可说""有话会说"，即学生在课堂中是否真正拥有发言的权利和机会。同时，问题的有效性还体现在教师能否启发学生的思考并激发创造性，确保学生不仅仅是在应对教师的提问，而是在思维过程中找到属于自己的声音和观点。

第三节　教师有效课堂提问之策略

关于如何进行有效的教师课堂提问，学者们提出了多种策略和观点。卢正芝认为："教师课堂提问的有效性可以从提问预设、提问方式、提问内容、理答方式、提问效果、提问反思等六个维度进行评价。"[1] 张爱玲认为："教师在设计问题时应当依照科学逻辑进行，围绕核心任务，抛出环环相扣，逐层递进的问题，既链条式问题。"[2] 洪松舟则表示教师提问的主要目的不在于检测学生对知识点的拥有量，所以提问的数量不宜过多。[3] 从福柯话语权力的视角来看，教师课堂的有效提问应侧重于如何平衡师生之间的话语权力关系。也就是说，教师如何通过提问在主导课堂的同时，彰显学生的主体地位，

---

[1] 卢正芝, 洪松舟. 教师有效课堂提问：价值取向与标准建构[J]. 教育研究, 2010, 31(04): 65-70.

[2] 张爱玲, 李淑婷. 深度学习视角下的幼儿教师提问研究——以科学教育活动为例[J]. 中国教育学刊, 2022(11): 78-83.

[3] 洪松舟, 卢正芝. 提问：教师有效教学的基本能力[J]. 中国教育学刊, 2008(02): 30-34.

让学生"有话能说""有话可说""有话会说",确保师生之间的话语权力关系能够平衡,是使用有效提问策略的核心。

一、学生回答错误无须改写答案,可以改写问题

传统的教学模式以教师、教材、课堂为中心,而现代教学则强调以学生、活动、经验为中心。从师生互动的角度看,教师通常在课前围绕教学目标进行教材、学情的分析,并预设问题,在课后反思整个教学过程中的不足之处。这一系列环节看似都围绕学生展开,但实际上,这些活动多是教师一方的思考与决策,缺乏学生的主动参与。而真正有效的提问应该发生在课堂之中,教师与学生的互动要在课堂情境中实时生成。正如之前所提到的,有效性来自课堂中问题的生成性,而这种生成性往往来源于学生的"意外回答"。这些"意外回答"可能是充满惊喜的,也可能是十分离谱的。因此,教师只有允许错误、意外和离谱的存在,才能真正与学生产生互动,从而实现师生之间话语权力的平衡。

因此,以学生为主体的教学核心在于师生之间的对话过程。当教师提出一个问题时,不仅要关注问题是否有助于学生的思维发展,还要注重教师对学生回答的反馈方式。这些反馈方式本身就反映了师生之间的权力关系。向学生提问给了学生表达的机会,这体现了教师对"一言堂"式教学的反思和改变,但教师对学生回答的反应才是确立学生主体地位的关键。在偏重标准答案的课堂中,如数学课堂,通常存在一个唯一正确的答案,当学生回答错误时,教师的常见反应是让学生再想一想,或者直接给出一个"错"的反馈。这样的反馈虽然符合学科的要求,但如果教师真正尊重学生的主体地位,看见学生的思考过程,就应当适时改写教师的问题,而非简单地评判学生的答案对错。

举一个例子,当教师提问:"周末,小明和爸爸妈妈、爷爷奶奶一起参观故宫,成人票60元/张,儿童半价,请问小明一家需要支付多少门票费用?"如果有学生回答"240元",教师不应该只纠正学生的错误答案,还可以改写问题,比如说:"如果小明因为其他原因没有去,剩下的人需要支付多少门票费用?"通过改写问题,教师不仅能够引导学生继续思考,还能让学生

在新的情境中发现自己之前的错误。这种方式让学生在发现错误的过程中，逐步建立自我纠错的能力，而不是简单地接受批评或修改答案。

传统的课堂教学中，教师往往只会在问题本身存在错误时才修改问题。而在以学生为主体的课堂中，教师应根据学生的回答灵活调整问题，确保学生能够通过自己的思考发现错误，并在恍然大悟之后还能返回原题继续言说。这不仅体现了对学生思维过程的尊重，还能有效促进学生的深度学习，真正将话语权交还给学生，培养其独立思考和解决问题的能力。

二、学生思考需要时间，教师应学会等待

给学生思考的时间，这意味着教师需要学会等待。"在课堂提问中教师要学会使用等待这种技巧。"[①] 在传统教学中，教师往往是课堂的主导者，而学生则被动地坐在教室中，唯一需要做的就是认真聆听教师的讲解，教师很少给学生足够的时间进行思考并组织答案。在这种模式下，学生被动等待教师的各类指示，如等待教师上课、讲解、提问、下课、评价等。这一方面是由于教师需要完成统一的教学进度任务，另一方面也反映了一种隐含的权力关系，即"强者不必等待弱者"。这种权力关系使得学生始终处于被动地位，无法充分发展其独立思考的能力。诚然，教师学会等待并不意味着地位的"弱化"，而意味着教师对学生思维发展需求的重视与尊重。

学生的思维发展需要时间，教师应当在提问之后，给学生充分的时间来思考并组织他们的答案。这是改变传统以教师为中心的教学模式，转向以学生为主体的关键一步。有效的课堂提问不仅要求教师提出启发性问题，还要求教师能够耐心等待学生回答，这样才能真正激发学生的思维潜力。因此，有效提问的核心在于给学生足够的思考时间。相较于那些封闭式的问题和简单的提问——学生不需要思考就可以脱口而出的回答，开放性问题需要学生深入思考。值得注意的是，在一个班级中，有些学生思维敏捷，反应快；而有些学生则较为严谨，思考问题需要更多时间。为此，给学生思考时间并不是参照个别思维快的学生，而是要让大多数学生都能有时间思考。

---

① 张丽. 试论有效课堂提问的技巧 [J]. 上海教育科研，2003(12): 25-28.

尤其需要强调的是，教师学会等待的意义不仅在于提问后的等待，还包括在学生回答过程中的等待。有些教师在提出问题后，只要有一名学生举手，就会立刻点名，而不等待其他学生思考；或者在没有多少人回应时反问："这你们都不会？"接着自己给出答案，变成了"一言堂"。在学生回答过程中，若学生还未表达完整的想法，教师听到几个符合答案的关键词后就迫不及待地替学生回答，这同样不利于学生的思维发展。因此，为了促进学生思维的发展，并帮助他们学会用完整的语言表达，教师必须在课堂上学会等待，让学生有足够的时间思考和表达。

三、深入理解回答的丰富含义并探询推理过程

不同的教学目标会带来不同的问题类型。不论何种类型，学生主动发言均应得到教师的积极鼓励，这尤为重要。尤其对于中学生群体，随着年龄的增长，他们愈发注重教师及同伴的评价，导致在课堂上主动举手独立回答的现象相较于小学生显得较为罕见，其活跃度有所下降，不再像小学生那般能够无拘无束地表达自我。从学生成长的视角审视，学生的回答超越了"答案"本身，蕴含着更为深远的意义。无论回答得正确与否，敢于表达自己的想法本身就是一种勇气，如今培养创新型人才的核心正在于培养质疑的勇气和理性表达的能力。

因此，有效的课堂提问不应仅仅关注学生是否能够给出正确的答案，还要挖掘学生回答背后的丰富意义。单次正确的回答可能会在短期内增强学生的自信，但随着时间的推移，这个具体的答案可能会被遗忘。教师的鼓励和支持却能长久留存在学生的记忆中，对他们产生持续而深远的积极影响。这种鼓励就像一束光，照亮学生的学习之路，为他们在面临挑战和探索新知时提供信心和动力。

诚然，教学过程中不仅需要对学生进行鼓励，还需要注重学生的认知发展。在课堂上，除了提供鼓励之外，教师还应采用具体的策略帮助学生理清思路和解决问题。这种策略不应简单地直接告诉学生操作方法或给出思考步骤，而应通过一系列精心设计的问题，引导学生自己探索问题的根源。因此，对于每一个学生的回答，教师除了及时给予正面的反馈外，还应进一步探寻

其推理过程，例如："你是如何得出这一结论的？""你为什么会这样认为？"这种方法不仅鼓励学生表达自己的见解，还能帮助他们反思和认识自身思维的局限性。

总之，课堂上，学生形成判断的过程远比简单给出一个答案的结果更为重要。形成判断需要深思熟虑，而答案只是这个过程中自然产生的一个结果。基于话语权的有效课堂提问要求教师促进学生有思考地表达，这种表达应是有组织的、有目的的，并能反映出学生的独立思考能力。需要特别指出的是，话语权力存在于师生的关系之中，教师与学生的关系就像是硬币的两面，不存在绝对的主次之分。因此，教师的有效课堂提问应注重平衡师生之间的话语权力关系，从而实现真正的教学相长。

第四章　幸福的教育：在"理解"中创造意义

幸福基于意义，意义源于理解。生存论解释学为教师在教育中如何收获幸福提供了深刻的理论启示。幸福的发生并非仅仅源自外在的成功或认可，更重要的是基于教师自身对教育职业意义的感知与构建。教师如何理解自己的教育角色，如何赋予教育工作意义，直接决定了教师的生活方式和对幸福的体验。

海德格尔认为："理解就是在一个人存在的生活世界语境中，把握他自己存在的可能性能力。"理解构成了存在，怎样理解这个世界，就构成了怎样的生存方式。就像阿尔弗雷德·阿德勒所说的："我们一直是以自己赋予现实的意义来感受现实，我们所感受的不是现实本身，而是现实被我们所赋予的意义，或者说是我们的感受是我们自己对现实的解释（理解）。"[①] 因此，教师如何看待自己的教育职业，直接影响了他们对职业的投入与幸福感。

马克思指出："人的本质不是单个人所固有的抽象物，在其现实性上，它是一切社会关系的总和。"在现代社会背景下，无论是出于生存需求还是追求自我实现，我们都不可避免地要融入社会并投身于工作之中。步入职场后，工作往往会成为我们生活中占据大量时间和精力的重要部分。有些人主张工作与生活应界限分明，认为在努力工作的同时，也应充分享受生活，甚至提出不必对工作过分投入，而应更多地陪伴家人和朋友。这种观念在一般情境下或许显得颇为合理，然而，在教育领域，它却呈现出不同的内涵。

教育是一项具有深远影响的事业，它超越了普通工作的范畴，上升到了一种使命的高度。正如习近平总书记所强调："一个人遇到好老师是人生的幸运，一个学校拥有好老师是学校的光荣，一个民族能源源不断涌现出一批又一批好老师则是民族的希望。"教育工作的特殊性质在于，它对学生的成长会产生至关重要的影响，这种影响既可能是正面的，也可能是负面的，从而赋予了教育工作者更加重大的责任和意义。威廉·施密德认为："意义是

---

① 阿尔弗雷德·阿德勒. 自卑与超越[M]. 曹晚红, 译. 北京：中国友谊出版社, 2017: 2.

人生的基础。有意义的地方就有幸福。"阿德勒进一步指出:"生活的意义在于对别人发生兴趣以及互助合作。"① 教育,作为一项深具意义的职业,其本质便蕴含着实现幸福的可能性。在教育工作中,我们致力于学生的成长与未来发展,正是这份对教育事业的浓厚兴趣,以及在教育过程中与学生、同事间的紧密合作,让我们能够深刻体会到自身的价值与生活的意义。

有人说工作(如教育)与生活要学会分开,这是有一定道理的。但人的一生时间有限,而工作往往占据了我们日常的大部分时光。如果在这本就紧张的时间里,我们还需要特意抽出额外的时间去学习如何生活、寻找生活的意义,这无疑会让人感觉幸福仿佛变得更加难以触及。此时,我们不妨换个角度来思考:有没有可能,在我们的工作(教育)过程中,就能同时学会如何生活,领悟生活的深层意义,并在这个过程中自然而然地收获幸福呢?杜威曾提出"教育即生活",从教学的角度来看,他是在探讨如何在教学中融入生活的理念。而笔者理解的"教育即生活"是指教师在教学中不仅传授知识,更应在教学的过程中获得个人成长与幸福。那么,如何做到这一点呢?每位教师的家庭背景、性格、教学风格各不相同,因此如何在教育中收获幸福也没有统一的标准或模板。然而,我们可以通过探索幸福的原理,在此基础上形成适合自己教育的幸福之路。

基于生存论解释学,幸福不仅在于个人对意义的理解,也在于这种意义感的外化与超越。当教师能够将自己职业的意义感传递给学生,看到学生从教育中获得成长时,幸福感就从个人体验上升到对社会价值的贡献。例如,教师看到学生用自己在课堂上学到的知识解决实际问题,或通过自己的努力追逐梦想时,教育的意义被进一步放大,教师也会从这种超越中获得持久的幸福。总之,教育中的幸福不止于外在的物质回报或短暂的赞扬,而在于教师对职业意义的深刻理解。教师怎样看待教育职业,不仅决定了他们对工作的投入和热情,也直接影响了他们的生活方式和幸福体验。

诚然,对于幸福的理解,我们每个人的看法都是独一无二的,这是主观感受的层面。然而,幸福本质究竟是什么,这是一个更为客观、深层次的探讨。

---

① 阿尔弗雷德·阿德勒.自卑与超越[M].曹晚红,译.北京:中国友谊出版社,2017:9.

理解并剖析幸福的本质，不仅不与我们个人的幸福观念相冲突，反而能够为我们提供一个更为清晰、全面的视角，去审视和定义我们心中的幸福。通过深入挖掘幸福的本质，我们可以更加明确自己的幸福观，更加清晰地认识到什么才是真正对我们有意义、能够带给我们持久快乐的事物。因此，首先认清幸福的本质是非常必要的。

　　什么是幸福？幸福，这个词语虽然常见，但其含义却往往显得抽象而难以捉摸。为了更具体地探讨这个话题，我们不妨换个角度自问："我在生活中是否真切地感受到了幸福？""我们如何获得幸福？"要回答这两个问题，首先须理解幸福的内涵。只有在理解了幸福的意蕴之后，才能进一步探讨如何在教育中创造幸福，进而收获幸福。

第一节　幸福的意蕴——理解幸福的多维内涵

　　幸福的内涵随着时代的变迁而不断丰富，其演变历程几乎可以编织成一部跨越文化的概念史诗。在浩瀚的人类文明长河中，每种文化都孕育了独特的幸福观念，这表明幸福并非一个绝对恒定或普遍适用的概念，而深深植根于个体的感知与体验之中。因此，幸福的真谛在于每个人的内心解读，它要求我们每个人都要自问："对我来说，何种生活是幸福的？"幸福，作为人生追求的多元面向，展现出了无尽的多样性。

一、关于幸福的三种类型

　　尽管幸福作为人类生活的核心议题似乎自古有之，但实际上，在人类历史的长河中，对幸福的系统探讨并非始终占据中心舞台。在生存挑战占据主导地位的时期，幸福往往是奢侈的谈资。然而，随着科技的进步和社会的发展，当基本生存需求得到相对满足后，追求快乐与幸福成了现代人更为迫切的内心诉求。在此背景下，威廉·施密德对幸福的分类为我们提供了理解这一复杂概念的有益框架，它包括好运、快乐、充实三个方面。

（一）好运

好运，作为幸福的一种表现形式，是指生活中那些不期而遇的美好——无论是如愿以偿的喜悦，还是意外之喜的降临。它让人感受到生活的甜蜜与幸运，仿佛宇宙间无形的力量在默默助力。然而，好运的本质在于其不可预测性与偶然性，当然想要获得好运，面对未知，我们可以持积极准备的态度，而非消极等待或怨天尤人，"机会总是留给有准备的人"。

更重要的是，好运虽好，但若处理不当，也可能转化为生活的负担。威廉·施密德的警示深刻揭示了这一点："从不摸彩的人自然永无机会中奖，不过即便一举中了大奖，也远不意味着真能用好它：一次意外的好运不会自动使生活变得更加美好，因为好运虽然可以改善生活的外在条件，却会削弱我们内心改善生活的意志。因此时间可能最终证明一次好运竟是厄运，而厄运或许倒是好运。"[①] 这也意味着好运本身是好的，但也可能变化。如突如其来的财富，可能削弱我们自我提升的动力，甚至导致生活的失衡。因此，如何将好运转化为持久的幸福，考验着每个人的智慧与定力。好运如同双刃剑，既能照亮前行的道路，也可能成为遮蔽心灵的阴影，关键在于我们如何把握与运用。它提醒我们珍惜的同时，也告诫我们不可过分依赖。

总之，人生中频繁遇到好运无疑令人艳羡，这被视为幸福的一种体现。然而，我们必须清醒地认识到，好运本质上是难以预测且不可强求的，它如同天边的流云，随风而至，又随风而散。更为关键的是，当好运降临时，如何妥善地把握与运用这份馈赠，才是决定其最终价值的关键。明智的选择与行动能够让好运成为推动生活向更高层次发展的助力，使好的境遇变得更好；反之，若缺乏审慎与智慧，好运也可能转瞬之间变为厄运，带来意想不到的困扰与挑战。

（二）快乐

在探讨幸福的多元面貌时，快乐无疑占据了举足轻重的地位。威廉·施密德指出，当代社会对于"幸福"的理解已近乎等同于快乐，这反映了在快节奏、高压力的生活环境下，人们对快乐体验的深切渴望。从"快乐生活"到"快乐工作"，再到"快乐成长"，这些口号不仅是对美好生活的向往，

---

① 威廉·施密德. 幸福[M]. 黄霄翎，译. 上海：上海译文出版社，2012: 28.

也是现代人心理需求的真实写照。

　　威廉·施密德进一步细化了快乐的来源，将其归纳为三类：首先是"幸福一刻"，那些如享用美食、观赏心仪电影、与挚友深谈或投身于休闲娱乐中的瞬间，构成了生活中不可或缺的快乐片段；其次是新刺激带来的快乐，包括面对新挑战、学习新知、体验新事物、融入新环境或开始新工作等，这些新鲜元素激发了人的好奇心与探索欲，成为快乐的重要源泉；最后，是对美好时刻的期待、向往与渴求，这种前瞻性的快乐往往比实际享乐更加持久且深刻，它滋养着人们的梦想与希望。为此，快乐可以"定制"，但它总是只持续一段时间，给你一段"好时光"，几个快乐时刻，这种幸福可以"定制"，意味着如果它自己不来的话，可以做许多事来促成这种幸福。积累一点经验以后就能知道它的"配方"，可以一次又一次地把它"制造"出来。①

　　然而，快乐虽美好且令人向往，却也不可避免地带有其局限性。快乐的感受往往如流星划过夜空，绚烂而短暂。当快乐的余温逐渐消散，人们面临的关键问题在于：如何继续前行？生活中，人们通常采取三种方式来持续获取快乐。

　　第一种是不断追寻新的快乐源泉，持续制造快乐。但遗憾的是，过度追求持续的狂喜往往导致精力耗尽，反而得不偿失。就像威廉·施密德所言："持续狂喜的结果必定是精疲力竭……持续的快乐不值得追求，而且似乎对持续快乐的追求甚至会导致人的不幸，因为快乐这种东西就是短暂的：吃喝玩乐、床笫之乐是一个个美好时刻，是一种酣畅淋漓的至乐，但是不持久，快乐的本性就是如此。"② 因此，我们的目标不应是盲目追求快乐的极致，而是要学会优化，找到适合自己的快乐"平衡点"。这个平衡点因人而异，需要通过不断地实践、反思与调整及把握。持续不断的快乐并非生活的常态，对持续快乐的执着追求可能反而导致不幸，因为快乐本身就是短暂的。吃喝玩乐、享受人生固然美好，但这种快乐的本质是不持久的。追求这些短暂的"美好时刻"如果成为生活的全部，必然会让人在失去这些刺激时感到迷茫。

①　威廉·施密德. 幸福[M]. 黄霄翎, 译. 上海：上海译文出版社, 2012: 36.
②　威廉·施密德. 幸福[M]. 黄霄翎, 译. 上海：上海译文出版社, 2012: 43.

第二种是想要快乐就增加痛苦。"如果事先经历了一番辛苦，感受到的快乐就更多一些，若是不费吹灰之力就大功告成，因为缺乏对比体验，快乐便会缩水。持之以恒的苦练和苦行僧式的努力让人更容易获得快乐。"① 这种观念在一定程度上是有道理的，因为缺乏对比体验，轻而易举获得的快乐往往会显得平淡无奇，甚至缩水。持之以恒的苦练和苦行僧般的努力，确实能够让人在达到目标时感受到更加深刻的满足和快乐。然而，这种策略的危险在于，它很容易被扭曲和极端化。有些人为了追求更强烈的快乐感受，"他们甚至制造痛苦来作乐，并亲手将痛苦加诸自身，甚至死亡"。② 他们可能通过虐待自己、挑战极限或追求危险刺激来寻求那种在痛苦与快乐边缘徘徊的快感。更极端的情况下，有些人甚至不惜以生命为代价，去追求那种他们认为只有在死亡边缘才能体验到的极致快乐。这种通过增加痛苦来寻求快乐的方式，不仅是对自己身心的极大伤害，更是对生命价值的误解和践踏。

第三种是完全剔除痛苦。"快乐的另一问题是想把痛苦尽量减少甚至消灭痛苦。但彻底消除痛苦的努力不仅会导致快乐的对比体验缺失，而且会让人生迷失方向。"③ 但痛苦就像针刺，迫使人不断反省自己的生活；痛苦令人不安，而不安能让人打起精神重新上路。④ 这意味着，很多人试图尽量减少痛苦，甚至彻底消灭痛苦。然而，彻底消除痛苦的努力不仅会让快乐的对比体验缺失，也会让人迷失方向。

总而言之，幸福确实充满了快乐，但快乐并非生活的全部。在追求快乐的同时，我们也必须正视生活的多样性和复杂性。要安然接受生活的平常期，的确不是易事。人需要快乐，希望享乐、不愿受苦本身并没有什么不好，也就是说这种快乐的幸福无疑很有价值，不但有必要利用，而且应该充分利用。但值得注意，生活不等同于快乐，生活中还有其他时候，不是每时每刻都能欢天喜地，身体和心理毫无痛苦是无法实现的。⑤ 这就是说，快乐的幸福是

---

① 威廉·施密德. 幸福 [M]. 黄霄翎, 译. 上海：上海译文出版社, 2012: 40.
② 威廉·施密德. 幸福 [M]. 黄霄翎, 译. 上海：上海译文出版社, 2012: 44.
③ 威廉·施密德. 幸福 [M]. 黄霄翎, 译. 上海：上海译文出版社, 2012: 47.
④ 威廉·施密德. 幸福 [M]. 黄霄翎, 译. 上海：上海译文出版社, 2012: 47.
⑤ 威廉·施密德. 幸福 [M]. 黄霄翎, 译. 上海：上海译文出版社, 2012: 40.

必要的，但也要避免陷入"为快乐而快乐"的陷阱。生活中的幸福不应只是纯粹的快乐，我们更应认识到痛苦和平凡也是生活的一部分。只有在接受这一切的前提下，幸福才是真正可持续的。

（三）充实

鉴于"好运"的可遇不可求以及"快乐"的短暂，威廉·施密德提出了"充实"的幸福。他认为，真正的幸福不应局限认可和强调生活中那些令人愉悦和快乐的"正面"时刻，更大的幸福——"充实"包含了我们必须面对的悲伤和痛苦的"负面"。这种充实的幸福并不只是来自享乐，还源于对生活的全盘接受和对人生各种起伏的全面理解。

获得这种充实的幸福，完全取决于个人的人生观和思维方式。当下，许多人抱持一种乐观的世界观，认为生活可以只留下"正面"的事物，但事实上，负面的部分在生活中不可避免、不可磨灭。生活中既有顺利也有坎坷，有成功也有失败，有欢乐也有痛苦，有健康也有疾病。要想拥有无比充实的一天，就必须接纳偶尔单调乏味的日子，这种矛盾的共存是合理的，也是生活的常态。因此，通往幸福的关键在于个人对待生活的态度，如何在顺境和逆境中找到自己内心的平衡，进而顺应生活的潮流前行。

换句话说，幸福关键是要在生活的各种矛盾中不断重新寻找平衡，这种平衡不一定在每时每刻都能找到，但是它们贯穿于整个生活。① 因此，充实的幸福意味着不断在生活中寻求和建立内在的平衡，能够在充满挑战的生活中找到一种和谐感。这也意味着充实的幸福意味着顺应自己的"天性"而生活。这里的"天性"是指我们内在的本性，它包含理性与德性。正如塞涅卡所言："幸福的人是判断正确的人；幸福的人是无论当下境遇如何，都满足于自己的境况并与之友好相处的人；幸福的人是得到理性对他所有境况的认可的人。"② 换而言之，充实的幸福来自理性对自己内在生活状态的认同与接受，能够在不同的情境中找到自己内心的和谐。

另外，充实的幸福也指向内在的探索。也就是说，一个人可以完全投入

---

① 威廉·施密德.幸福[M].黄霄翎,译.上海：上海译文出版社,2012: 59.

② 塞涅卡.论幸福生活[M].穆启乐,邱羽,王彤,等译.上海：上海人民出版社, 2017: 41.

到某件事情、某种情境之中，通过这种全然的投入，无论是被动地还是主动地，都可以忘记自我，让生活本身来做主。此时，我们被各种丰富的感受与思考充满，远离外部世界中的种种竞争与斗争，不再执着于争夺稀缺资源，从而获得内在的充实感。这种状态让人感受到所谓的"时间"仿佛消失了，因为你完全沉浸其中，这就是"幸福之人不闻时钟敲响"。

尤其需要强调的是，充实的幸福的奇妙之处在于，要实现这种幸福，不必排除悲哀，反而要去接纳它，幸福甚至包含了悲哀。[①]施密德认为，最常见的悲哀是一种被称为"忧愁"的情感状态。它不是因某种特定情况引起的、可以轻易安慰的特定痛楚，而是一种持续、广泛的悲伤，一种无法安慰的悲天悯人。这种针对人生和世界的悲伤就是忧愁，一种或许希望得到幸福，但认为幸福事实上无法得到的状态。忧愁是一个时时作痛、忧心忡忡的灵魂的存在方式，而不可被视作病态。[②] 它是对人生本质的深刻觉知，是一种与生俱来的存在方式。

因此，充实的幸福意味着不必排除痛苦和忧伤，而是需要接纳它们、理解它们。只有通过接纳生活的全部，包括它的痛苦和忧伤，我们才能实现真正的充实感，这才是完整而真实的生活状态。那么，如何在生活中实现这种充实呢？充实并非空洞的忙碌或表面的繁荣，而是心灵深处的满足与安宁。威廉·施密德深刻地指出，寻求幸福的过程，其实就是一场寻找生命意义的旅程。因此，幸福的答案在于找到意义。

二、充实的幸福深植于意义之壤

要实现幸福，其实就是要找到生活的意义。威廉·施密德认为，"幸福终归并非人生第一要务"，寻找"幸福"的人找的其实往往是"意义"，"幸福"只是被选中代替"意义"而已。人们往往更愿意谈论幸福是因为，人人似乎都懂这个词，而"意义"听起来很抽象。[③] 同时他揭示了新时代人们

---

① 威廉·施密德. 幸福[M]. 黄霄翎, 译. 上海：上海译文出版社, 2012: 75.
② 威廉·施密德. 幸福[M]. 黄霄翎, 译. 上海：上海译文出版社, 2012: 74.
③ 威廉·施密德. 幸福[M]. 黄霄翎, 译. 上海：上海译文出版社, 2012: 86.

普遍面临的问题：他们在生活的各个层面缺乏意义，包括工作的意义、个人生命的意义和人生整体的意义。

那么，意义究竟是什么？我们说某事"有意义"，总是指可以看出事情之间的关联，任何事、物、人和经历不是孤零零地存在，而是相互之间存在某种联系，因此可以说，意义即关联，没有意义就没有关联。① 这意味意义即关联，若没有意义，这些关联就不存在。就像人与人之间的互相关心，以及彼此间建立的牢不可破的关系，显然是充满了意义的。阿德勒也认为："属于私人的意义是完全没有意义的，意义只在和他人交往时才有存在的可能。只对某个人意味着某些事情的东西实在是毫无意义的。"② 我们感觉的"无意义"并不真的意味着完全没有意义，而只是显得如此。然而，当人们能够感受到生活的"意义"时，幸福也随之而来。建立在多种"意义"之上的幸福，才是充实的幸福。

如何感受到意义？"自我看到一个由许多关联组成的大环境，把自己视为其中的一分子，就会感受到一种'一切合宜的幸福'：本来互不相干的事物和谐共处。"③ 这就是说当我们看到一个由许多关联组成的大环境，并将自己视为这个大环境中的一部分时，我们就能够感受到一种"一切合宜的幸福"。这是一种和谐共存的状态，本来毫无关联的事物因此而产生联系，形成一个相辅相成的整体。

有意义的地方就有幸福，意义是人生的基础。那么，如何找到生活的"意义"？威廉·施密德提出了四种方法来实现这一目标：

（一）身体察觉的意义

感受到意义的第一步是"知觉"，也就是通过感官察觉到生活的"意义"。这些感官知觉包括我们的五感——视觉、听觉、嗅觉、味觉和触觉，以及第六感（内在的直觉）。在现代社会，尤其是在这个以视觉为主导的图像时代，知觉常常被缩减为单一的视觉体验，且视觉也往往局限在一个狭窄的范围中。我们习惯于吃快餐，不重视与外界的互动，从而削弱了对世界的全方位感知。

---

① 威廉·施密德. 幸福 [M]. 黄霄翎, 译. 上海：上海译文出版社, 2012: 86.
② 阿尔弗雷德·阿德勒. 自卑与超越 [M]. 曹晚红, 译. 北京：中国友谊出版公司, 2017: 7.
③ 威廉·施密德. 幸福 [M]. 黄霄翎, 译. 上海：上海译文出版社, 2012: 89–90.

如果我们能善用自己的各种感官知觉，其实我们已经找到了人生的意义，尽管这种意义可能只是即时的、局部的和暂时的，但它的存在不可忽视。

知觉（即身体察觉）的特点在于，它只能针对当下的生活，与"快乐"中的"幸福一刻"有些重叠——它能够带来快乐，让人感到充实，但却是短暂和易变的，作用范围也相对有限。这种即时的身体察觉的意义虽然局限，但它是我们感知世界和建立意义的第一步。通过身体的感官与世界建立联系，使我们在短暂的快乐之外，体会到与外部环境的和谐共存。同时，这也提醒我们要重视知觉的多样性，而不是仅仅依赖视觉或其他单一感官，尤其在教育中，我们应反思当前的教学方法是否在无意中缩减了学生的多样化感知。如果教师未能理解"知觉"的意义，那么提供给学生的教育方式就会变得单调、乏味，缺乏应有的生机与活力，这样的教育是需要我们深刻反思和改进的。

（二）心灵感受的意义

在心灵这个情感的诞生地，人能感受到各种关联引起的"意义"。这种意义不是一时的，它可以超越时间甚至贯穿整个人生，这就是人生的意义。人与人之间的关系，相遇、谈话、交往等，是有意义的，因为能够建立各种关联。任何谈话都有其意义，即使讨论的是一些琐碎的小事，因为谈话本身架起了一座联系的桥梁。①

值得注意的是，许多外在关联的重要前提是内在的情感联系。新时代人们必须学会与自己建立良好的关系——善待自己，甚至爱自己。与自身的关系是与他人关系的基础，是建立和维系各种社会关系的前提。建立内在联系的强烈情感对自我至关重要，这种内在联系可以包容矛盾的情感，让人们在自我接纳中找到生活的意义。如故乡是意义的另一个来源，社交活动、与同事的合作以及帮助他人等行为，都使我们的生活充满了意义。尤其在工作中，与同事互相合作要比大家各自为战更有意义。每一种与他人建立联系的工作都能让人强烈地体会到意义，特别全身心地投入某项事业，而不是只视其为一份差事，意义就尤其重大。②例如在教育工作中，教师不仅仅是在传授知识，

---

① 威廉·施密德. 幸福[M]. 黄霄翎, 译. 上海：上海译文出版社, 2012: 102.

② 威廉·施密德. 幸福[M]. 黄霄翎, 译. 上海：上海译文出版社, 2012: 102-104.

更是在与学生建立深刻的情感联结，通过合作和互动，让学生感受到学习的意义与价值，这不仅让教师本身的工作充满意义，也能激励学生更加积极地参与到学习中，形成充满有温度的教育环境。

因此，心灵感受到的意义往往是在情感联结中诞生的。这种联结是一种情感，与社会的联系，一种爱的感受，包括亲朋好友、故乡，以及在工作中的协作和帮助他人，都构成了我们生活中不可或缺的意义来源。这些联结让我们感受到我们不是孤立的存在，而是与周围的世界相互关联，共同生活在一个充满温暖和关怀的社会之中。

（三）精神思考的意义

精神思考的意义在于，我们如何看待已经发生的事情，即如何进行诠释。人类在思考时，往往是在探寻更为广泛的意义。通过运用智力分析生活中的种种关联，并将其归纳为整体，人类能够避免停留在琐碎的个别信息上，从整体上理解生活中的种种现象。思考和讨论的对象不仅是个体的生活细节，还有整个生活对个人和全局的意义。这其实是一个关于如何进行诠释的问题。诠释的目的是使一系列信息、一件事情或生活中的许多碎片之间变得有联系、可信，并形成相互关联的整体。因此，各种诠释是各种意义的组成部分。①

如何进行诠释，与目的论密不可分。目的论强调的是人们应该追求的目标和方向，这些目标是善意的、正确的、美好的。这种目的和目标带来了很有意义的前景：所有的意义都跟某一前景、某种特定的观点相连。人类寻找的正是这种前景，要是找不到，人就会感到没有希望，这和没有意义往往是同一个意思。②因此，我们需要带着这种"应该"的理念去行事，进而创造意义。进一步来说，我们可以为自己设定一些目标，给自己确立一些责任，即使这些事在当下可能并不想做。这种创造意义的"伦理和美学关联"的活动是追求善意、正确的行动，即使他人未必认同，但只要自己经过深思熟虑后认为它是善意的、正确的、美好的，那么这种行动就会为我们带来干劲和充实的感受。反之，如果缺乏这样的情感和认知，人就萎靡不振，往往会陷入无所

---

① 威廉·施密德. 幸福 [M]. 黄霄翎, 译. 上海：上海译文出版社, 2012: 112.
② 威廉·施密德. 幸福 [M]. 黄霄翎, 译. 上海：上海译文出版社, 2012: 119-120.

事事和情绪低落之中。①

另外，诠释还可以通过"叙述关联"来实现。也就是说，我们通过将看似孤立的事件和信息串联起来，赋予它们相互的关联性，便能更好地理解这些事件的意义。这种创造关联和意义的精神努力，不仅是人文科学的基础，也是自然科学的基础。所有的学习和认知活动都是在精神层面上创造意义的过程。因此，精神的思考和诠释是理解世界、构建意义的关键。

（四）超验的意义

寻找意义最终无疑会超越我们个体有限的生命和人类现实的存在，这种超越意味着探索超越自我和现实世界的深层次意义，这就是拉丁文中的"transcendere（超验）"，即超越有限和无限、真实和可能的界限。②

实现幸福为什么需要超验？生命的特点在于它的有限性，如果不能通过感受和思考来突破这种界限，就会引起一种"生命焦虑"。③ 超验的意义在于帮助人们克服对生命终结的焦虑，因为无论无限的生命是否存在，关键在于这种思考能否让我们获得更好的生活体验和幸福感。换句话说，超越自我、超越当前的有限存在，能够为我们提供一种更广阔的生命视野，使得我们的生活更加有方向和充实。

总之，通过探索无限的维度，我们能够激发内心深处的能量，这种能量将成为我们不断追求幸福的源泉，并开启充满意义的生活之旅。这种对无限的探索和思考，就是使人幸福的主要秘诀。④

三、从寻找意义到创造意义

意义是驱动我们前行的力量源泉，而缺乏意义则会让我们感到力量被抽离，这正是当下人们容易感到"耗尽"的重要原因。⑤ 这种耗尽不仅体现在内心的空虚感上，还表现为对外界的冷漠态度。人们往往在追求物质满足的

---

① 威廉·施密德. 幸福[M]. 黄霄翎, 译. 上海：上海译文出版社, 2012: 120.
② 威廉·施密德. 幸福[M]. 黄霄翎, 译. 上海：上海译文出版社, 2012: 126.
③ 威廉·施密德. 幸福[M]. 黄霄翎, 译. 上海：上海译文出版社, 2012: 130.
④ 威廉·施密德. 幸福[M]. 黄霄翎, 译. 上海：上海译文出版社, 2012: 133.
⑤ 威廉·施密德. 幸福[M]. 黄霄翎, 译. 上海：上海译文出版社, 2012: 138.

同时，忽略了精神层面的需求，导致生活失去了色彩和温度。

然而，每项事业，哪怕再平淡，只要我们从事它不仅是为了物质追求，也是为了精神追求，这项事业就有意义。① 意义并非外在赋予，而是我们内心对事物的认知和感受。试图用物质来填补精神的空虚，就如同用沙子筑塔，终究难以持久。因为物质的稀缺性才使其显得珍贵，一旦过量，便失去了原有的价值。拥有过多的物质，并不能带来真正的满足感和幸福感，反而可能让人陷入更深的空虚之中。另外，当我们觉得生活中没有任何挑战和困难时，其实已经陷入了另一种危机——失去了对生活的感知和热情。轻易获得物质让我们失去了追求更好生活的动力和目标，生活变得空洞而乏味。因此，我们需要重新审视自己的生活方式和价值观，寻找并创造属于自己的意义。

当今社会的特别之处在于，它所看重的不再是解放自己、迎来彻底否定关联的自由，而是一种包含新的、自愿选择的关联的自由。这种自由不再是单纯地摆脱束缚，而是积极建立与自我、与他人、与自然、与宗教之间全新的多重联系。这些联系包括社会层面的责任，如经济界目前承担的保护生态环境的社会责任。②

总而言之，真正的幸福并非仅仅来源于物质的丰富或生活的顺遂，更在于我们能否接受生活的全部（包括好与坏），并在其中找到属于自己的意义。意义是人生的基石，它让我们的存在变得有价值、有方向。正如威廉·施密德所言："人生需要多种幸福，其中有些取决于机缘和命运，不可强求；但对于其他种类的幸福，我们完全有能力去创造和把握。同时，悲哀也是生活不可或缺的一部分，我们不能也不应摒弃它。而最终比幸福更重要的是我们能否找到生活的意义。因为意义是人生的基础，有意义的地方，就有幸福。关于意义的问题其实是一个人如何诠释的问题。无论怎样回答这个问题，关键是人与发生的事情之间因此有了紧密的关联。"③

---

① 威廉·施密德. 幸福 [M]. 黄霄翎，译. 上海：上海译文出版社，2012: 141.

② 威廉·施密德. 幸福 [M]. 黄霄翎，译. 上海：上海译文出版社，2012: 148.

③ 威廉·施密德. 幸福 [M]. 黄霄翎，译. 上海：上海译文出版社，2012: 24.

第二节　探索教育中幸福生成之路径

　　幸福意味着找到生活的意义，而意义则在于与他人的关联。因此，在教育中，教师要收获幸福，必须与学生建立深层次的联系。只有不断思考如何参与并支持学生的成长，教师才能从中获得幸福感。更进一步地说，在教育的过程中，教师与学生之间的关系不仅是教与学的互动，更是共同成长、共同创造意义的过程。根据威廉·施密德关于幸福的理论，教师可以通过四种途径——身体察觉的意义、心灵感受的意义、精神思考的意义和超验的意义——来与学生建立深层次的联结，从而在教育中与学生共同收获幸福。

一、身体觉察的意义——共享生活的美好

　　身体觉察的意义在于通过各种感官的体验感受到生活的意义。在教育中，教师应通过丰富的活动与学生建立身体层面的关联，让课堂不仅仅是知识的传授，更是多感官的体验。例如：（1）共赏艺术。定期组织师生一起观看电影、戏剧或艺术展览，通过艺术的力量增进彼此的理解和共鸣。（2）美食分享。开展"美食文化节"活动，让学生带来自己家乡的特色小吃，共同品尝，分享背后的故事和文化。（3）音乐共鸣。利用课余时间，组织音乐分享会，让学生和老师展示自己的音乐才华，通过音乐拉近心与心的距离。

　　在这些活动中，教师不仅是参与者，更是观察者，通过身体力行地参与，让学生感受到教师的亲近和真诚。值得注意的是，活动类型的多样性是重要的，但活动的目的更重要。希望通过这些体验，学生可以感受到学习的乐趣，教师与学生建立真实的联系，摆脱单一的课堂模式，丰富学生的知觉体验，从而让教与学充满生命力。

二、心灵感受的意义——倾听与表达

　　心灵感受的意义源于情感的联结和人与人之间的关怀。在班级中，教师应努力去发现每一个学生的需求，主动关注学生的成长，发现并解决他们的

问题。教师与学生之间的交流，不应只是知识的传授，还应是情感的交汇。通过对班级中问题的讨论，以及对社会热点的表达和分享，教师鼓励学生说出自己的想法和感受，这不仅建立起教师与学生之间的信任关系，也为学生提供了相互理解和支持的机会，创造了一个温暖、互助的学习环境。例如：（1）班级日记。设立班级日记本，轮流让学生写下自己的心事、困惑或感悟，教师定期回复，给予关心和建议。（2）问题讨论会。针对班级中出现的问题或社会热点话题，组织讨论会，鼓励学生发表自己的看法，教师作为引导者，给予积极的反馈和引导。（3）情感共鸣箱。设立一个"情感共鸣箱"，让学生匿名写下自己的烦恼或需要帮助的事情，教师和其他学生可以匿名回复，提供支持和建议。

此外，教师可以在课堂中主动分享自己的感受、经验和观点，这样能够让学生意识到教师不仅是知识的传播者，还是他们生活中的伙伴和支持者。要体验心灵感受的意义，教师首先需要用心倾听学生的声音，从而更深刻地了解学生的内心世界，以便更精准地给予他们关爱和帮助。因此，教师应鼓励学生表达自己的情感和想法，这不仅能增强他们的自信心和表达能力，还能促进师生之间的心灵交流和理解。通过这种开放的沟通方式，学生能够在课堂中感受到情感上的联结，从而对学习产生更强的归属感和积极性。

三、精神思考的意义——追求真、善、美

精神思考的意义在于思考和判断什么是应该做的事，是一种基于善意、正确性和美好的追求。在教育中，教师需要引导学生去思考他们所学习的内容与生活之间的联系，以及如何将所学应用于实践，从而让他们的学习具有更深远的意义。例如，教师可以通过讨论"什么是善意的行为"来引导学生形成自己的价值判断，让他们理解哪些行为是正确的、值得推崇的。

此外，教师应当注重培养学生的思维能力，帮助他们养成独立思考的习惯。这种思考过程本身就是一种幸福，因为它让学生看见自己的成长，感受到学习的意义在于不断探索和追问。同时，教师自己也应该不断反思：为了学生能收获幸福，教师应该为他们做些什么？教学的目标是否超越了表面知识的传递，是否有助于学生心智的发展和情感的培养？这种共同的思考不仅

能增强学生的批判性思维，还能让教师在教育中不断反思自我，找到幸福的源泉。

四、超验的意义——信念与希望

超验的意义在于超越现实和有限，追寻更高层次的信念和希望。在教育中，教师应该为学生提供精神上的支持，帮助他们树立信念和希望。教师可以让学生相信未来，相信自己的可能性，不管这些希望最终能否实现，这种相信的过程本身就能带来力量和激励。

在教学中，教师要思考自己的信念是什么，即我是学生成长中的一个重要角色，还是只是他们生命中的"过客"？这样的信念会影响到教师对待教学的态度。如果教师相信教育能够对学生产生深远的影响，那么在日常教学中便会更加认真、更加投入，努力去激发学生的潜力。而对于学生来说，教师也应帮助他们建立信念，相信自己能够有所成就，相信希望永远存在。希望不仅是未来的目标，更是一种生活态度，是一种面对生活困境时的力量源泉。

总而言之，教育中的幸福在于与学生共同充实。教师在教育中的幸福，不在于看到了多少学生取得好成绩，而在于与学生一起体验成长、共同寻找和创造生活的意义。在这个过程中，教师不再只是知识的传授者，而是一个同伴、一个引导者、一个与学生共同探索世界和意义的合作者。当教师能够在四种意义中与学生建立深厚的关联，教育就不再是单向度的活动，而是充满生命活力和情感温度的互动，是充实自己、亦是充实学生的过程，更是一起收获幸福的过程。

正如马丁·布伯认为："在此间，语言时时化为人生，此人生既实现法则又破除法则（为使精神在世间长存不殆，两者均必不可少），这即是教育。教育的目的非是告知后人存在什么或必会存在什么，而是晓喻他们如何让精神充盈人生，如何与'你'相遇。此即是说，要随时准备为人而转成'你'，向他们敞开'你'之世界；不，不只是准备，要反复不断地亲近他们、打动他们。"[1]

---

[1] 马丁·布伯. 我与你[M].; 陈维纲, 译. 北京: 商务印书馆, 2013: 33.

马丁·布伯这段话解释了教育的本质。首先，教育不仅仅是知识的传递，它涉及生命的创造与重塑。在教育中，"语言时时化为人生"，意味着语言不仅是工具，更是塑造生命的方式。语言通过教育帮助人们建立与他人的联系、塑造他们的世界观与价值观，甚至帮助他们重新定义自己的人生。这不仅是遵循规则——所谓"实现法则"，也是挑战并超越这些规则——"破除法则"，因为真正的成长需要在理解规则的基础上打破陈规，让精神在世界中持续焕发活力。教育要帮助学生理解规则的意义，更要激发他们去挑战、创新，走出自己独特的道路。

其次，教育的目的不仅是教授既有的知识和事实。马丁·布伯强调，教育者的任务不在于"告知后人存在什么或必会存在什么"，而在于"晓喻他们如何让精神充盈人生，如何与'你'相遇"。这意味着教育的目的在于帮助学生找到属于自己的意义，让他们的生命充满精神的力量。这种精神力量不仅是对外部知识的获取，更是内在的成长和充实。同时，这种成长必须通过人与人之间的真实交流来实现，即通过"与'你'相遇"的过程。在布伯的对话哲学中，人与人之间的关系分为"我—你"和"我—他"两种关系，"我—你"是平等的、开放的交流，是一种建立在相互承认和尊重基础上的关系。而教育的精髓就在于建立这样的"我—你"关系。

最后，马丁·布伯进一步指出，教育者要"随时准备为人而转成'你'，向他们敞开'你'之世界"。这意味着教师应该时刻准备好与学生建立起这种真诚、开放的关系，把自己从高高在上的"他"变成可以触及的"你"。教师要以开放的姿态接触学生，建立彼此信任和理解的关系。这种"为人而转成'你'"是一种态度上的转变，是教育者愿意放下权威、以平等的姿态与学生交往的体现。这不仅仅是理性的交流，更是情感的共鸣，是生命与生命的碰撞。然而，不仅要求教师做好准备，布伯还指出，教育不仅是理论上的愿景，更需要在实践中不断实现。教师需要"反复不断地亲近他们、打动他们"，这意味着教育者要不断地通过实际行动去关心、影响和感动学生。教育不是一时的行为，而是持续的投入，需要在每一个课堂、每一次交流中，教师主动地接触学生，感受他们的需求，用心与他们沟通。这种行动上的不断努力，正是教育的灵魂所在，教师通过不断给予情感和支持，与学生建立起深刻的联结，使教育的过程充满灵魂的交流和温暖的人性关怀。

总之，教育是一种深层次的人际关系，是建立在理解、尊重和真诚基础上的交流。教师的角色不仅是知识的传授者，更是学生精神的引导者。教育的目的不是教导学生已有的知识，而是帮助他们找到自己的人生意义，与他人建立深刻的"我—你"关系。教育者必须通过自己的行动与学生建立这种联系，让他们感受到被理解和被关爱。这样，教育才能从教与学的过程，转变为师生共同成长、共同创造人生意义的旅程。

幸福的人生即是充满意义的人生。在教育领域，这种意义体现在教师通过不懈努力，参与并见证学生的成长与进步。正如播种一颗种子，教师提供必要的生长条件，耐心呵护，直至它茁壮成长为参天大树。这棵树随后又能像教师一样，继续影响并启迪他人。当教育达到这样的境界，师生定能共同实现自我超越，也在这一过程中，他们将一起创造意义，收获幸福。

第三节 "与你绽放"——我的那些"幸福事"

在教育工作中，我并不认同教师必须无条件奉献自己，比如像"蜡炬成灰泪始干""燃尽自己，点亮他人"这样的价值观。教育之路很漫长，成长需要时间与过程，在教学中，教师首先自己要感到快乐和充实，只有这样才能不断地为他人（不止学生）提供有效的引导和支持。如果一个教师把自己燃尽，没有"燃料"去维持自我，那也就无法继续照亮他人。为了储备源源不断的"燃料"，我时常思考三个问题：在教育工作中，我想做什么？我会去做什么？我还能做什么？而这三个问题始终与学生的需求紧密关联，因为幸福意味着找到意义，而意义存在于与他人的关联之中。通过与学生建立联系，教师不仅能够收获个人的幸福，也能够帮助他们（不仅学生）找到属于自己的幸福。

一、"我想干什么"——关联自己

"探索自我意愿"是一个深入自我、寻求生活意义的旅程，它等同于追寻幸福的道路，但这一过程并非一蹴而就。回想起研究生毕业时，我满怀热忱地想要投身教育事业，当时尽管有机会进入大学任教，但因为我渴望真正地参与教学，而不是暂时做辅导员，因此我选择了来到邵阳县第一高级中学。经过前三年的教学实践，始终有一个问题萦绕心中：教会学生唱歌，欣赏音乐，了解作曲家的生平，这些对于他们的生活究竟有什么深远的意义？

于是，我不断地问自己：我到底想成为一名怎样的老师？我希望自己不仅仅是教一些音乐知识，更希望能通过音乐对他们的成长产生更深远的影响，不只是会唱几首歌或者辨析歌曲名称。我想通过音乐让学生深刻领悟人生之美，丰富他们的情感体验，培养他们的审美能力和面对世界的态度。这些想法让我意识到，我想成为一名真正能够激发学生内心、对学生的人生有积极影响的教师。即我想成为一名对学生有深远影响的老师！

在教学过程中，我发现要实现这些目标，首先需要解决一些基础问题，比如：如何真正做到以学生为主体？如何让音乐教学不仅是知识传授，更是学生自我表达的途径？我开始更深入地探索音乐在教育中的作用。音乐被很多人当作是"副课"是常见现象，那它的价值是什么呢？我们相信，音乐能陶冶情操，能在情感上引导学生，但这些价值与意义远远不够，音乐有存在的必要吗？如果有必要存在，那它必然存在的根据又是什么呢？

正是因为这些不解和困惑，带着这些问题，我决定继续深造，尝试考取博士学位。对我来说，考博的目的不仅是为了职业发展，更是为了找到这些问题的答案。这种对教育和自我的不断探索过程，是我在教学工作中与自己深层次的关联，也是在寻找属于自己的幸福。

因此，与自己建立深刻的联系，关键在于倾听自己内心的声音。你真正渴望的是什么？明确目标后，还要勇于采取行动，只能将希望寄托于自己的行动。更重要的是，在去做的过程中，要时刻关注自己的内心感受，确保这份追求能够带给我们真正的快乐和充实。只有内心的愉悦，才能激发我们的潜能，它是驱使我们不断前行的强大动力。

二、"我会干什么"——关联学生

（一）探索更多教学主题可能性

在踏上教坛的前五年，我大胆地将学生的真实需求与我的专业所长及兴趣相融合，大胆尝试涉足那些既敏感又普遍存在的领域——比如"恋爱"这一永恒而又微妙的话题。我坚信，对于恋爱的引导不应是简单粗暴的禁止，而是应引导学生去理解与辨析什么是真爱。于是，我会以月为周期，设计以爱情为主题的音乐课程，巧妙地将历史的长河、诗词的韵味、文学的深邃融入其中，让学生在丰富多彩的文化氛围中，自由探索爱情这一人类情感的"喜悦"与"忧愁"。

爱情，这个自古以来便让无数文人墨客为之倾倒的话题，不仅让学生们感到困惑，也触动着每个人的心弦。基于学生的疑问和学校的关注，我以此为契机开始设计教学内容。在这一段教学过程中，我不仅成了学生爱情观的倾听者，更通过阅读那些关于爱情的经典古诗词、梦幻般的童话、流传千古的民间故事、引人深思的文学作品以及动人心弦的爱之歌，我对"爱"这个字眼有了更加深刻而细腻的体悟。

真正的教学，其魅力远不止于课堂的方寸之间，更在于学生能否将所学所得融入生活的点点滴滴。每当我看到学生们在课堂上那充满好奇与期待的眼神，我便深知，他们已被这份关于"爱"的探索深深吸引。至于这些课程是否在他们心中种下了深远的种子，或许只有时间才能给出答案，只有他们自己才能真切地感受到那份变化。而对我而言，这份教学之旅本身就是一场精神的盛宴，我在传授知识的同时，也在不断地丰富自己的思想，深化自己的体验。每一次与学生的互动，都是一次心灵的碰撞、一次精神的探索，让我在教学的道路上越走越远，越走越愉悦。我想这就是心灵的意义，也是精神思考的意义。

（二）与学生共舞

高中岁月，如同一场无声的战役，竞争的气息弥漫在每一个角落。步入高二，有些学生明显被未来的重压所困，眼中的光芒逐渐黯淡，仿佛考大学的梦想一旦遥不可及，生活便只剩下"混日子"的无奈。面对学生们那迷茫而"沉寂"的眼神，我心中涌起一股不可名状的力量，我能做点什么呢？于是，吉他社应运而生，它成为我们共同探索自我、重拾信心的港湾。

在吉他社里，师生携手创作了一首属于我们的原创歌曲《我》。这不仅仅是一首歌，更是一次心灵的觉醒，让学生在创作的每一个文字中，都能感受到那份超越日常的勇气与希望。每当歌声响起，它就像一束光，可以穿透内心的阴霾，鼓励我们继续前行。

"苔花如米小，也学牡丹开。"这句话，既是我对学生们的寄语，也是对自己的一种鞭策。在这个充满挑战的世界里，我们常常会遭遇误解和质疑，心中的梦想往往因缺乏外界的认可而动摇不定。然而，我们需要勇气，真正的勇气是敢于迈出那一步，去尝试、去实践。因为，只有动手去做，才有可能把它做好；只有真正开始了，才能收获结果。在创作歌曲《我》的过程中，我们共同经历了身体的律动、心灵的触动、精神的深度思考，甚至触及了那些超越言语和经验的层面，深刻感受到了生命最本真的意义。

图 4-1　和学生一起演唱原创歌曲《我》

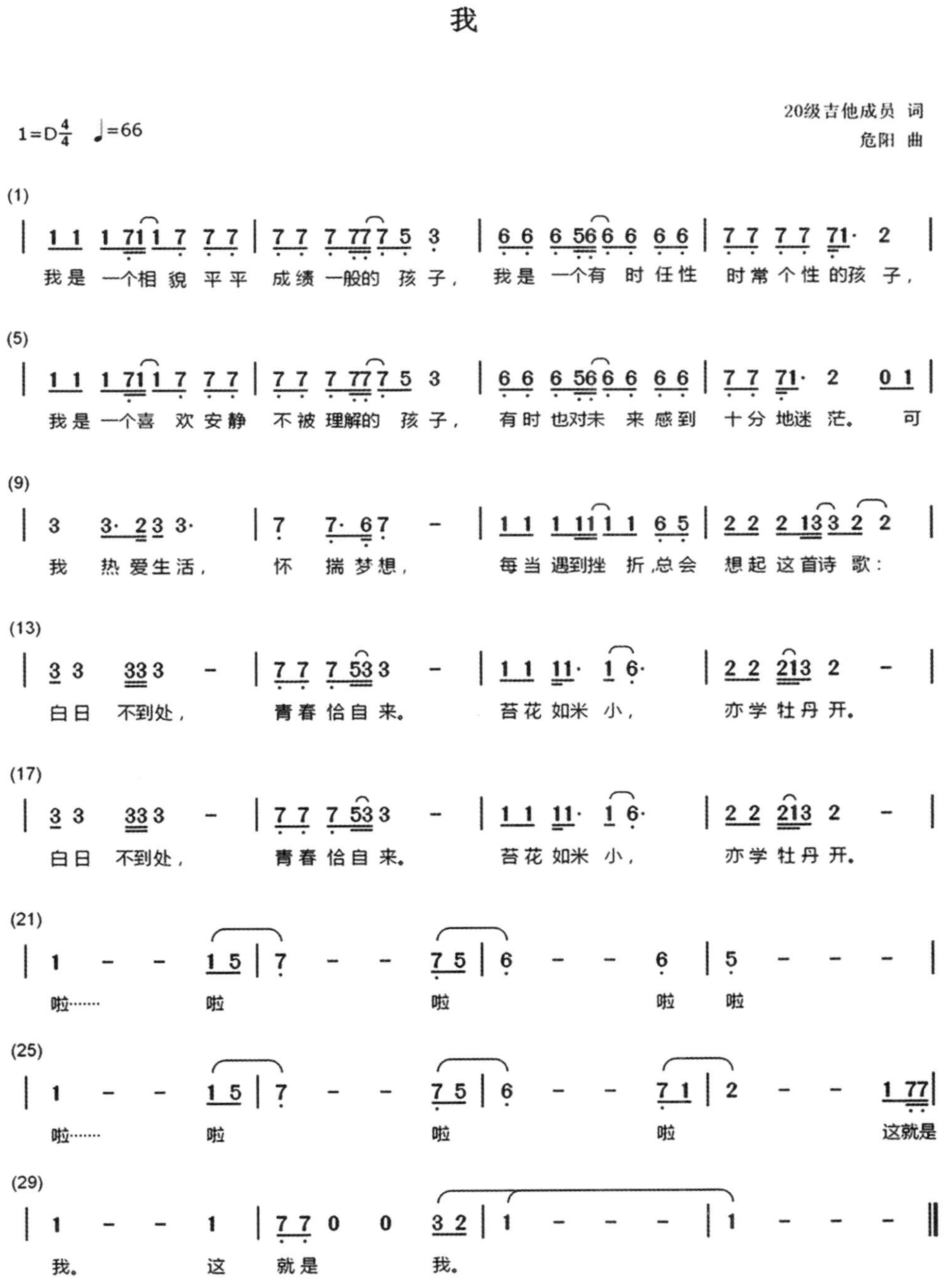
我
1=D 4/4 ♩=66
20级吉他成员 词
危阳 曲
我是一个相貌平平成绩一般的孩子，我是一个有时任性时常个性的孩子，
我是一个喜欢安静不被理解的孩子，有时也对未来感到十分地迷茫。可
我热爱生活，怀揣梦想，每当遇到挫折总会想起这首诗歌：
白日不到处，青春恰自来。苔花如米小，亦学牡丹开。
白日不到处，青春恰自来。苔花如米小，亦学牡丹开。
啦…… 啦 啦 啦 啦
啦…… 啦 啦 啦 这就是
我。这就是我。

图 4-2　原创歌曲《我》

三、"我还能干什么"——关联身边人

教师的成长不仅仅是自我和学生之间紧密关联的过程,更是在日常的教育生活中与同事、亲朋好友等身边人的共同成长中获得充实与幸福的过程。"我还能干什么"主要指向了如何在工作环境和生活环境中与他人建立更深的联系,共同面对挑战和享受生活的美好。

(一)"鼓动心弦"

在学校这片沃土上,教师之间既存在着微妙的竞争,也孕育着无私的合作。理想的境界,莫过于在竞争中携手,在合作中并进。高中阶段,师生共同承载着沉重的学业与升学压力,若教师的心灵之弦始终紧绷,那份焦虑便如瘟疫般蔓延,侵蚀着整个班级的氛围。因此,笔者希望通过创造友好的氛围来加深教师之间的情感联结,从而共同创造心灵感受的意义。为此,笔者无偿组建教师非洲鼓班,让大家在学习非洲鼓的过程中释放压力,丰富生活。

为何选择非洲鼓?它不仅是释放压力的神器,更是团结与欢乐的象征。我深知,独享的乐章虽美,却不及众乐乐的欢腾。于是,我号召每一位同事,加入这场音乐游戏,让我们在鼓点中忘却烦恼,拥抱生活的每一个欢笑瞬间。这些音乐活动,不仅加深了同事间的默契与合作,更为我们繁忙的教学生活增添了一抹亮色,它可以让我们在欢笑与放松中,共同前行。如图4-3、4-4。

图4-3 和老师们在校广场一起练习非洲鼓

图 4-4　和老师们在校晚会为学生表演非洲鼓

（二）"与你绽放"——创办"音你精彩"卓越教师工作室

笔者深信，一个人遇到一位好老师是人生的幸运，老师对学生有深远的影响。博士在读期间，在没有经费资助下毅然创办了"音你精彩"卓越教师工作室，并成功举办了第一季八期的卓越教师培训活动，旨在凝聚力量，培训更多的优秀教师。（如图 4-5）

虽然这些活动都是个人无偿组织，但我感到非常幸运，因为得到了领导和同事们精神上的支持。尽管个人的组织过程充满了辛苦，但看到大家的幸福和成长，我亦觉得十分愉悦与幸福。这种集体的幸福感，是我在教育工作中不断追寻和珍视的。通过这种与身边人的紧密联系，我们不仅获得了个人的成长，也为整个教育环境注入了积极的能量。感恩相遇，"音"你精彩！

图 4-5　"音你精彩"卓越教师工作室第一季第八期"教育即生活"活动

总之，教育中的幸福在于"与你绽放"。在教学过程中，我逐渐明白幸福不仅是个人的感受，更在于与他人共享的过程。只有当教师与学生、同事一起体验成长的喜悦，彼此给予支持和激励，才能真正实现教育中的幸福。幸福并不是教师无条件地牺牲自己，也不是学生和同事单方面的收获，而是在教育的过程中，教师、学生与同事互相成就，共同成长。

教育的幸福在于教师的不断自我探索和学生的积极回应；在于课堂上的思维碰撞，也在于课外的点滴互动。在这一过程中，教师不仅传递知识，更传递对生活的热情和对世界的理解；学生不仅接受知识，更在探索中找到自我，获得成长；同事们在合作中也能找到自己的价值，丰富彼此的教育体验。正如威廉·施密德所说，幸福意味着找到意义，而意义在于与他人的关联。教育的幸福就在于通过这种深刻的关联，使得教师与学生、与同事在教学中共同绽放，共同成长，实现彼此的幸福。

本篇小结：
福柯话语权力理论与加达默尔生存论解释学的对话

　　生存论解释学和福柯的话语权力理论虽然分别源自不同的哲学传统，但两者在理解权力、话语和个体存在的关系方面存在一定的关联。生存论解释学和福柯的话语权力理论在语言、权力与意义生成的理解上相辅相成，前者强调通过对话构建理解的过程，后者揭示话语中的权力运作机制。二者结合，为教育和社会实践提供了丰富的视角，既关注意义的生成和扩展，又警醒规训和权力的潜在影响，为个体提供了在复杂社会中寻求主体性和意义的路径。

　　福柯的"话语权力"理论强调，课堂中的话语权力分布对学生主体性的形成至关重要。传统教育模式中，教师的提问通常以单向灌输的形式进行，强化了教师的话语主导地位。然而，在现代教育理念中，"以学生为主体"的教学要求教师重新审视话语权的分配，通过课堂提问赋予学生更多表达和思考的机会。生存论解释学的核心则在于"视域融合"。加达默尔认为，理解是一种通过对话实现的过程，双方的视域在互动中不断扩展。将这一思想融入课堂提问，教师的提问不应只是提供答案的过程，还应是激发学生与课堂内容、自身经验深层对话的过程。这种基于对话的提问方式不仅平衡了话语权，还为学生提供了参与课堂、构建意义的机会。

　　课堂提问从权力的运用走向意义的生成。在福柯的话语权力视域下，课堂提问是一种权力的体现，同时也是权力的流动过程。教师通过问题的设计和表达，可以引导学生的注意力、思维方向和参与方式。然而，如果提问仅服务于教师的控制需求，就会导致学生的被动接受，阻碍他们的主动学习。生存论解释学提供了进一步的思考：课堂提问的意义不在于知识的单向传递，而在于通过提问激发学生的"前见"（预设理解），让他们在与问题的对话中实现视域的融合。例如，教师可以通过提问引导学生反思："为什么要学习这个知识？""这一问题如何与你们的生活经验相关？"通过这种方式，学生不仅在思维上获得突破，还能感受到自身存在与课堂内容的关联，赋予学习以意义。

话语与对话的平衡是有效提问的关键。福柯的理论提示我们，课堂中的权力分布决定了学生的话语权大小。有效的提问应致力于打破教师独占话语权的局面，让学生在课堂中发出自己的声音。例如，开放性问题、探究式问题可以为学生提供表达和思考的空间，促进课堂对话的平等性，彰显话语平衡。生存论解释学强调对话是生成意义的过程。课堂提问的目标不应局限于获取标准答案，而应通过问题的展开，引导学生在与教师、同伴和知识的对话中生成新意义。例如，教师的追问或引导性提问可以帮助学生超越表面理解，深入思考问题的本质，促成更深层次的视域融合。

　　结合两种理论思想，教师有效课堂提问的特征，首先是从"权力"到"赋权"。教师提问应从"权力"的行使转向对学生的"赋权"。提问时关注学生的兴趣和表达能力，通过开放性提问和耐心等待，让学生感到被尊重和重视。其次是从"知识传递"到"意义生成"。提问的目的不只是为了传递既有知识，还在于激发学生对知识意义的探讨。例如，通过提问引导学生反思知识的实际应用或与生活的关联。最后是从"单向灌输"到"多向对话"。课堂提问应鼓励多方参与，不仅仅是教师与学生之间的对话，也应包括学生之间的互动。例如，通过小组讨论或全班共享，将个体理解转化为集体智慧。

　　在以"话语权力"理论为基础的课堂提问研究中，生存论解释学的融入强调了课堂提问的意义生成过程。二者结合为教师设计和实践有效提问提供了清晰的理论框架。即通过提问，教师不仅行使权力，还在师生对话中促进理解和生成新意义。这种基于对话的提问方式能够更好地实现以学生为主体的教学目标，使课堂成为真正的理解场域。总之，福柯的话语权力理论为课堂提问提供了结构性的分析视角，而生存论解释学则为提问的深层次意义生成提供了哲学基础。

下 篇

践行思想
—— 在"做"中体悟"理解"

"理解性"教学：音乐与多学科融合的创新实践

第五章 汇聚力量：从工作室到教学创新的实践探索

在外学习两年的经历，让我深刻感受到学习带来的幸福和力量。如何将这种充实的幸福传递给更多人？每当回想起县教育局和学校对我外出读书的理解与支持，我的内心总充满了感激，与学习的愉悦相互交织，成了我不断前行的动力。于是，我常常自问：现在的我还能为大家做些什么？

本章的核心内容聚焦于"音你精彩"卓越教师工作室的创立与实践，旨在通过一系列具体行动，深入践行笔者所构建的"理解性"教学理念。

第一节 创办的初衷：如何在实践中汇聚教师力量

教育之路漫长且充满挑战，一个人独自前行难免感到孤单和无力。个体的力量毕竟有限，尤其是在前行的过程中，容易迷失方向，甚至对自己的初心产生怀疑。举例来说，很多人觉得音乐课是可有可无的，很少有关心你是否认真上课，尤其是在高中，久而久之，那些坚持教学的人也会感到被孤立，甚至丧失热情和信心。那么在这种情况下，这样的老师还能坚持多久呢？

正因为如此，我希望能够把那些有教育情怀的老师们聚集起来，点燃彼此的热情，互相支持，共同抵御教育道路上的挑战。教育不仅需要独自的坚持，更需要一群志同道合的人共同努力。我坚信，"星星之火，可以燎原"，我们可以通过彼此的支持与合作，在教育这条道路上继续发光发热，为学生们带来更好的成长体验。这使我感受到幸福中"超验的意义"。

将老师们聚集在一起只是迈出了重要的第一步，但关键在于我们聚在一起要做什么，以及如何让这份集体行动持续下去。我所构建的"理解性"教学理念强调教育的动态性和生成性，虽然已构建出模式，但又不希望老师们仅仅复制我的方法。我更期待的是，他们能够结合自己的教学风格，创造出属于他们自己的"理解性"课堂。我坚信，只有将教育最原理性、最本质的知识分享给老师们，并鼓励他们在自己的教学实践中不断探索和创新，才能帮助他们实现真正的成长和突破。

于是，我决定创办"音你精彩"卓越教师工作室，以音乐为切入点，首先专注于音乐教学的各种可能性。通过工作室，我们共同探讨音乐教学中的难点问题，尝试运用"理解性"教学理念找到解决方案。在此基础上，我计划将这一理念推广到其他学科，逐步构建一个跨学科的"理解性"教学平台，为更多教师提供成长和合作的空间。

在工作室的教学内容规划过程中，我深刻体会到音乐教师们对于传统音乐教学的诸多困惑与挑战。一方面，响应国家政策的号召，特别是习近平总书记掷地有声的言论："文化兴国运兴，文化强民族强。没有高度的文化自信，没有文化的繁荣兴盛，就没有中华民族伟大复兴。"传统音乐在教育体系中的地位日益凸显，其比重在音乐教材中持续增加。这不仅体现了国家对文化传承的重视，也反映出一线教师们普遍认同传统音乐在培养学生文化自信、增强民族认同感方面不可替代的作用。然而，另一方面，我们也不得不面对一个现实困境，相较于流行音乐的广泛吸引力，学生们对传统音乐，尤其是戏曲等经典艺术形式的兴趣显得相对淡薄。这一现状导致许多音乐教师在教授传统音乐时感到力不从心，往往只能将其简化为欣赏课程，难以深入挖掘和传授其中的文化精髓与审美价值。

面对这样的矛盾与挑战，我深刻认识到，传统音乐的教学绝不仅仅是音符与旋律的机械传授，它更是一场关于文化理解、情感共鸣与审美培育的深度对话。因此，工作室的第一季活动以传统音乐的教学为切入点，围绕如何将传统音乐文化融入歌唱教学展开探讨。通过理论学习与教学实践相结合，我们共同探讨如何将传统文化的精髓融入音乐课堂，激发学生对传统音乐的兴趣和热爱。

第二节　创办历程：工作室的发展与教师成长的路径

初次踏上创办工作室的征途，我心中既满怀希望又略带忐忑。凭借着对音乐教育的一腔热血和坚定信念，说干就干！虽然目标清晰明确——首先致力于解决音乐教学中的难题，推动音乐教育的发展，但在实际操作层面，我却显得有些稚嫩，许多细节考虑未能周全。

尤为显著的是，我在初期几乎完全忽略了物质层面的考量。无论是自己的生计问题，还是学员们的物质需求，我都未能给予充分的关注。在这个工作室里，大家聚集一堂的唯一动力就是对音乐教育的热爱与执着，这也是对破解教学困境的共同追求。我们之间没有金钱的交换，没有利益的驱使，只有纯粹的教育情怀在支撑着我们前行。

创办工作室的初衷既简单又纯粹。一方面，我希望将外出学习时的那份愉悦与收获分享给更多的教师；另一方面，我想破解音乐教学中面临的各种难题，为了那份对音乐教育的热爱与执着，寻求解决的路径。我能给予老师们的，是通过理论阐释更新他们的教学理念，帮助大家在实践中共同成长。而我自己最期待的，是能与老师们一道突破教学中的困境，并且观察"理解性"教学原理在其他教师的思考与实践中，能带来哪些独特的课堂教学惊喜。与此同时，我心中也怀揣着一份好奇，想要探究在这个物欲横流的社会中，在没有任何物质激励、没有职称评选加分的情况下，能否找到那些"纯粹"的教师，他们愿意为教育而坚持，仅仅因为他们热爱教育。

一、招募志同道合的卓越教师——"音你精彩"卓越教师工作室筹建纪实

（一）招募方案

1. 概述

音乐对人的影响不言而喻，它不应局限于陶冶情操和带来快乐，它对人的影响应是深远而有力量的。而要实现这种深远影响的音乐教育，必须扎根

于优秀的文化土壤之中。据《中华优秀传统文化进中小学课程教材指南》（教育部，2021年）所示："以语文、历史、道德法治（思想政治）三科为主，同时注重艺术（包括音乐、美术等）、体育与健康等学科有重点地纳入，其他学科也有机渗透，形成'3+2+N'的全科覆盖。"由此可见，将传统文化融入教学已成为教育研究的重点，而将传统音乐文化纳入音乐教学同样能够在课堂上独具"亮点"。

2. 招募对象

为能顺利进行共同探讨、学习和实践，本计划旨在邀请邵阳县在职的卓越音乐教师。这里的"卓越"不仅指业务能力出众，更指拥有教育情怀、责任感和积极的态度。所有参与均为自愿原则。

3. 人数

为确保学习的深度和质量，计划限定参与人数为5-12名，涵盖小学、初中和高中三个层次的音乐教师。

4. 目标

围绕如何将传统音乐文化融入音乐（歌唱等）教学，开展理论学习与教学实践，通过课题研究和课堂教学等形式，提升教师的科研与实践能力。

5. 实施路径（图 5-1）

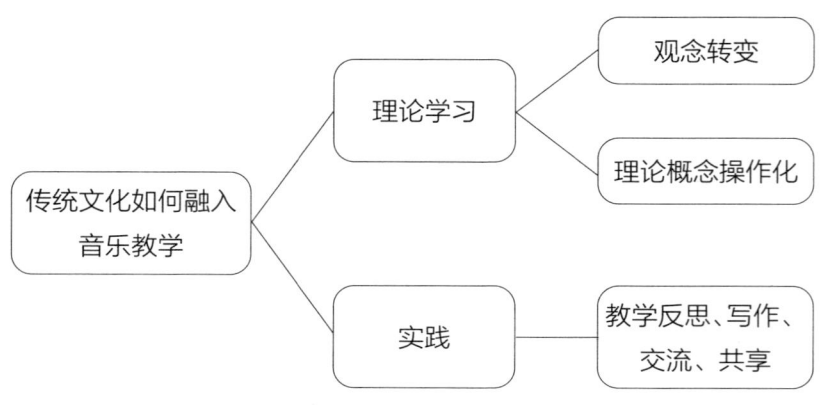

图 5-1　教师培训路径

在卓越教师工作室的建设中，我们采取了系统的实施路径，具体包括理论学习和实践两个主要环节，力求通过系统地学习和操作，使得传统音乐文化有效融入音乐教学。

（1）理论学习

观念转变：教师们首先需要进行观念上的转变，从思想上真正认识到传统音乐在学生文化素养和艺术审美教育中的重要性。只有首先实现了观念的认知升级，才能真正让教学发生质的变化。

理论概念操作化：将理论知识通过讨论和探索，转化为可操作的教学策略，使得理论不再只停留在书本和概念上，而是能够被有效地应用到课堂教学中去。这一过程将帮助教师们将抽象的教育理念落地，形成可操作的教学方法。

（2）课堂实践

教学反思：每一位教师在进行教学实践后，都需要进行深刻的反思，以便不断优化自己的教学策略和课堂管理方式。反思的内容将涉及教学过程中遇到的问题、学生的反馈以及在传统文化融入教学中遇到的挑战。

写作、交流与共享：通过写作教学故事或感悟，教师们将自己的实践经验、思考和心得进行记录和总结。此外，工作室成员之间会定期进行交流和分享，相互学习，共同进步。

6. 学习形式

时间：预计 4 个月，2 周 1 次，每次 2～4 小时（具体时间待定）。

方式：线下。

地点：待定。

7. 阶段成果呈现（任选）

论文、公开课、写作教学故事或感悟、举办学科活动等。

8. 说明

传统音乐文化的教学融入虽然是本次工作室的主题，但在这一主题之下，还有对音乐、文化、审美本质的探讨，以及"理解性"教学原理及教学策略的探究。通过对这些问题的深入探索，希望能共同构建出一种基于本土文化的音乐教学模式。

9. 团队保证

本次计划在县教育局廖献国等领导的支持与关怀下有序进行，具体而言，成员如下：

（1）县教研室陈良虎主任：拥有扎实的理论基础和丰富的实践经验，具备对整个教育领域的趋势做出准确判断的能力，亲自指导课题的申报工作。

（2）县教研室高级教师张文星：为人善良热情，对传统音乐文化有着独到见解，可为实际音乐教学提供宝贵指导与帮助。

（3）首都师范大学在读博士危阳：主攻学校课程与教学，本次计划组织者与实施者。

（二）人员选择与确定

在县教育局教研室的鼎力支持下，工作室的招募信息最终得以成文并发布至全县音乐教师群。由于此次招募完全基于教师们的自愿参与，在等待报名的过程中，我内心充满了忐忑与期待。

果然，招募过程中，遇到了各种现实的询问。有老师关心地问："请问参与这个工作室有课题吗？我评职称需要。"我坦诚地回复："很抱歉，目前没有现成的课题，如果您有需求，可以自己去申请。"又有老师咨询："参加这个工作室会有证书吗？"我如实告知："很遗憾，目前我们无法提供证书。"还有老师对时间表示疑虑："4个月会不会太久？"我耐心地解释："成长是需要时间的，要真正达到深入交流与实践的效果，这个时间是非常必要的。"

我理解老师们在外在生存压力下的种种考虑，但工作室确实没有申请到经费支持，我能给予大家的，主要是思维上的启迪与愉悦。幸运的是，经过老师们两个星期的考虑与权衡，最终有7位老师自愿报名加入工作室。除了县音乐教研员张文星老师和我本人外，还有来自不同学校的老师的加入：李国金（邵阳县第七高级中学）、钟玲（邵阳县第一高级中学）、冯佳田（邵阳县芙蓉学校初中部）、刘婕（邵阳县黄荆中学）、黎丽丽（邵阳县思源学校初中部）、张熹瑶（邵阳县芙蓉小学部）、张怡珑（邵阳县芙蓉小学部）。无论未来的教学效果如何，当前他们的这份纯粹与对教育事业的热爱都值得我们深深敬佩。

二、工作室面临的挑战及应对策略

（一）外部挑战

1. 时间和经费问题

因为工作室没有经费支持，每次研讨参与者都需要自费。比如，七中的李国金老师每次开车需要1个小时，而我每次大约需要半个小时。偶尔一次的开销还可以，但要坚持4个月的时间，持续不断地往返，交通费用的负担确实不小。最关键的问题在于研讨会的时间安排。由于教师白天有课，因此集体研讨只能安排在晚上进行，但这又无形中增加了安全隐患。如果改到白天，又无法实现；而安排在周末，则会与教师与家人共度时光发生冲突。面对这些现实困难，我们该如何采取有效措施，既保障研讨会的顺利进行，又尽量降低安全风险并兼顾教师的个人生活需求？

2. 学校支持的缺失

除了经济上的困难，有些学校在精神上也缺乏支持。比如，老师们所在单位的管理层会质疑：为什么他们学校的老师们总是要去一中参加研讨？工作室是在一中设立的，那么研讨成果是不是也只属于一中呢？既然如此，为什么要支持自己学校的老师参与一中的活动？而一中这边则会产生另一种疑虑：危阳作为一中的教师，为什么要提升其他学校老师的教学能力呢？这些问题确实在意料之外，它显得现实且复杂，看上去好像有道理，但我始终认为，只要是为了给孩子们提供更好的教育，我们就没有理由停下前进的步伐。虽然可能会少一些理解，多一些委屈，但这些困难都无法阻止我们继续前行。当然，这也要求工作室老师们要有同样坚定的信念才能克服困难，勇往直前。

3. 解决方案

面对以上这些外在的难题，我能想到只有一个方法，那就是让老师们在每一次活动中都能够收获实实在在的成长。我要确保每一期研讨活动都能为参与者带来思维上的愉悦和提升，让他们对每一次活动充满期待，从而自愿克服所有困难。因此，我基于研讨的主题制订了每一期的详细计划，确保每个环节都能切实满足教师们的成长需求。以第一期活动初探为例：

表 5-1　"音你精彩"卓越教师工作室第一期研讨活动筹划

初探主题：传统音乐文化之内涵			
研讨内容	传统音乐文化之内涵	你认为什么是传统音乐	文化跟传统音乐有何关联
现状分析	当前教学困境	回顾并分析你的教学优势与不足	学生对传统音乐学习态度
对策研讨	如何传承与创新	教师应该如何教	学生应该如何学
教学设计	根据自己对传统音乐的理解先设计一堂课		
时间规划			
活动安排	第一周	备课与听课	
	第二周	阅读参考书籍及文章	
参考书目			
1. 张岱年，方立克　《中国文化概论》 （1）第八章　　中国古代教育 （2）第十章　　中国古代艺术 （3）第十四章　中国古代哲学 2. 葛兆光　《古代中国文化讲义》 （1）第二回　从婚礼丧仪想象古代中国 （2）结　语　文化，什么是中国的文化 3. 刘玉平　《周易》的思维方式　导言部分 4. 项　阳　《论制度与传统音乐文化的关系——兼论中国古代音乐史的研究》 5. 洛　秦　《从声响走向音响——中国古代钟的音乐听觉审美意识探寻》			

（二）内在挑战

内在面临的困境旨在所构建的"理解性"教学概念没有明确定义，需参与教师自我不断探索。关于理解性教学，我会推荐一些理论性较强的书籍和文章，首先让老师们进行阅读，然后带着问题一起探讨。但在这个过程中，我也发现老师们常常感到困惑，他们更倾向于直接得到"如何做"的具体答案，而不是去深入理解背后的理论。有时候，他们看似理解了，却又觉得自己抓不住关键，有老师发自肺腑地说："感觉自己学到了很多，但又好像不确定。"这就是我们所面临的"理解性"教学探索的内在困境。

提升教师教学能力的路径是艰难的，因为我并不愿把我的理解强加给老师们，而是希望他们通过自己遇到的问题去探究，找到自己的答案。每位老师需要在不断思考与琢磨中抓住自己的理解，而我所能提供的只是我的个人思考，这样的过程并不总是顺利的。因此，整个探讨进程十分艰难，也进展得非常缓慢。

　　但我并没有放弃，因为我坚信，只有这样，才能真正做到"同课异构"，每位老师形成自己独特的理解才是合理的。我将本书第一章中关于生存论的解释学理论贯穿到教师培训中去，希望通过这种方式激发他们独立的教学思考与创新。

　　为了克服这些困境，我也尝试采取了一些具体措施。首先，阅读确实需要时间，因此我会提前两周将参考书目打包发给老师们，并鼓励他们重点思考三个问题："我读到了什么？我的问题是什么？它给了我什么样的教育启示？"其次，理论学习之后便进入课堂实践，每位老师根据自己的理解立即进行教学尝试，遇到问题可以在微信群内即时交流。

　　通过这种形式，老师们逐渐适应了这样的学习方式，他们也都非常认真，眼里总是充满期待。工作室的氛围变得既充满智慧又充满爱和温暖。在第二期活动中，老师们甚至自愿掏钱购买零食和水果，共同营造了一个温馨、愉悦的研讨环境。是他们让研讨时光不仅有思想的碰撞，更有心灵的温暖，真的是"音你精彩"！

三、往期回顾

（一）"音你精彩"第二期——在常规课中"寻宝"

　　鉴于第一期中我们共同探讨了传统音乐文化的相关议题，并分析了学生对传统音乐不感兴趣的教学现状，第二期的主要目的是鼓励老师们带着现有的理解，准备一堂常规音乐课，通过真实课堂的展示与观摩，检验我们之前讨论的问题在实际课堂中是如何表现的。此外，这也是为了最后第七期所有老师的公开课做准备，让他们能够对比参与培训前后的变化，感受到自己在教学方法上的成长。因此，我们让小学、初中、高中的三位教师分别准备了一堂课。以下是活动的具体展开情况。

2023年10月13日,"音你精彩"卓越教师工作室开展了第二期"传统音乐文化如何融入教学"的教研活动。芙蓉小学部的张熹瑶老师、黄荆中学的刘婕老师、县一中的钟玲老师,基于第一期对于传统音乐文化的理论思考,分别设计并展示了一堂与传统音乐文化相关的音乐课。

1. 张熹瑶老师的音乐课:"唢呐配喇叭"

图 5-2　"唢呐配喇叭"传统音乐文化融入音乐教学公开课

张熹瑶老师的音乐课"唢呐配喇叭"不仅让学生们认识了民族乐器——唢呐,还通过创新性的演奏方式打破了学生对传统乐器的刻板印象。她将唢呐与爵士乐结合起来,以新颖的方式展示民族音乐非常"潮"的一面。张老师的课堂生动有趣,教学活动设计丰富多样,有唱,有演,令整堂课充满活力,学生们全程投入其中。听课的老师们也都意犹未尽,不觉疲倦。

2. 刘婕老师的音乐课:"音乐与诗词"

刘婕老师的音乐课"音乐与诗词"通过歌曲《但愿人长久》引导学生探讨音乐与诗词之间的深度关联。她用动听的歌声带领学生们学唱这首歌曲,并体验苏轼在中秋佳节对亲人的美好祝愿以及他乐观的情怀。这节课的设计在音乐与诗词的关系中找到平衡——在呈现诗词的音乐课中,是应该重在音乐,还是重在诗词,这种微妙的平衡引发了工作室成员们的热烈探讨。

图 5-3 "音乐与诗词"传统音乐文化融入音乐教学公开课

图 5-4 "音乐与诗词的交融——大江东去"传统音乐文化融入音乐教学公开课

3. 钟玲老师的音乐课"音乐与诗词的交融——大江东去"

钟玲老师的"音乐与诗词的交融——大江东去"赏析了《念奴娇·赤壁怀古》,带领学生们体会苏轼的豪放风格与浪漫情怀。学生们在聆听、赏析和朗诵表演中深刻感受到了作曲家青主的情感与爱国精神。这堂鉴赏课引发了关于音乐与诗词关系的深入思考:音乐如何与诗词完美地结合?诗词又如何借助音乐展现它的生命力？这些都是课堂上我们需要面对和解答的问题。

4. 评课与反思

三堂课分为两天进行，每堂课后都留有充分的时间及时点评与研讨，在三位老师的公开课之后，其他老师们纷纷发表了自己的思考和建议。

图 5-5 中小学公开课后在县芙蓉学校进行集体研讨

张文星老师指出：教师的基本功是提升课堂教学质量的关键。要不断提高自己的专业素养，并将这些素养融入课堂中。

危阳老师建议：课堂教学应该以学生为主体，教师要避免"自言自语"，应该积极激发学生的创造性思维，而不是用自己的观点限制他们的想象力。

冯佳田老师认为：将传统音乐融入课堂，不能生搬硬套，而是要在知识点学习和课堂活动的各个环节中有机渗透，让学生在不知不觉中体会民族的韵味。

张怡珑老师表示：每个学生都有表现的欲望和展示的热情，教师应及时支持、认同并鼓励学生的表现欲。

黎丽丽老师建议：课堂中的学生互动不应局限于单一的形式，而是要通过多样的方式来呈现和激发学生的兴趣。

图 5-6　高中公开课后在县一中进行集体研讨

此次教研活动以常规课中遇到的实际问题为切入点，探讨了如何在课堂中有效传承传统音乐文化。传统音乐文化的弘扬和传承道阻且长，但大家都坚信，只要努力行进，终能达到目标。非常感谢芙蓉学校和一中对本次活动的大力支持，让我们能够一起探索传统音乐在教学中的新途径。

（二）"音你精彩"第四期——"唱游布袋"

在传统音乐教学的广阔天地里，戏曲教学如同一座令人望而生畏的高山，让许多老师心生怯意。在工作室的大家庭中，主动攀登这座高山的老师寥寥无几，大多数人只是选择在山脚下徘徊，将戏曲课视为音乐欣赏的附属品。这背后的原因，往往是老师们自我设限，认为只有具备专业演员的技艺，才有资格教授戏曲。这种思维如同无形的枷锁，让戏曲教学在畏首畏尾中失去了应有的光彩。

然而，传统音乐的教学关键，并非在于技艺的精湛，而在于对"传承"二字的深刻理解。如果我们一味追求技艺的完美，那么大多数老师恐怕都难以企及专业演员的高度。但别忘了，我们的教学对象是那些充满好奇与渴望的学生，而非舞台上的专业演员。传承，并非简单地复制与模仿，而是在理解与创新中焕发新的生机。我们应该明白，传承的精髓在于创新，而非一成不变地复制。这也是在本书第一章中生存论视角的解释学核心思想。

我们是时候解放思想,打破束缚了!老师们培养的不是舞台上的明星,而是文化的传承者与创造者。教育的本质,是引导学生去理解、去实践,带着对文化的热爱去体验、去创造。就像钟老师,作为舞蹈老师,她曾因为担心自己跑调而不敢范唱。我告诉她:"跑调又何妨?歌唱的魅力,在于情感的传递,而非技巧的完美。作为老师,更应该勇敢地去唱,想唱就应该唱,并非一定要唱得好、唱得准才能唱,哪怕教师也应如此。"很多时候,教育领域中老师缺的并不是专业技能,而是缺少勇气和对教育本质的理解。

音乐,虽然是一门技术性很强的艺术,但技术的精湛并非音乐教育的全部。音乐教育的灵魂,在于如何感受美、分享美、创造美。为了帮助老师们挣脱思想的枷锁,我特意邀请了邵阳布袋戏传承人覃雄生老师来到工作室,为大家带来了一场别开生面的授课。事实证明,那次活动不仅让我们收获了歌唱技能,更收获了欢笑与友谊。具体学习详情如下:

2023年11月2日,邵阳县"音你精彩"卓越教师工作室在芙蓉学校阅览室开展了第四期线下研讨活动。国家非物质文化遗产邵阳布袋戏传承人覃雄生应邀来到工作室进行指导。本期活动的主题是"唱游布袋",老师们通过学习布袋戏,感受传统音乐文化的魅力。

图 5-7 在邵阳县天子湖调研邵阳布袋戏传承现状

1. 邵阳布袋戏历史考察

邵阳布袋戏，又名木偶戏或被窝戏，这一独特的民间表演艺术形式，源自湖南省邵阳县九公桥镇白竹村燕窝岭，至今已有600余年的历史。它集木偶技巧、戏剧形式、表演技艺于一体，以其神秘、精致、新奇、简便等特征而著称，被誉为"指尖上的独幕剧"。这种地方民间戏曲艺术，相传在明崇祯六年（1633年），江西吉安的刘姓家族为避战乱，挑着戏担子一路跋涉至宝庆府，最终在邵阳县燕窝岭一带定居下来，同时也带来了代代相传的布袋戏，将谋生与娱乐融为一体。邵阳布袋戏的表演方式和技巧独特，一个艺人一副戏担，无论大戏小戏、文戏武戏，生旦净末丑，吹打弹唱耍，全靠艺人一个人手、脚、口、舌并用，十指灵活调度。这种表演形式不仅考验艺人的技艺，更展现了其全面的艺术素养和创造力。

2. 体验邵阳布袋戏

图 5-8　邵阳布袋戏传承人覃雄生为老师们授课

图 5-9　工作室老师们学练邵阳布袋戏

覃师傅向老师们详细讲述了邵阳布袋戏的历史与传承。他用自己亲手制作的布袋戏角色，带领老师们感受木偶表演的魅力，在寓教于乐中激发大家的兴趣。在体验过程中，老师们学习了表演布袋戏木偶的手法和木偶拿枪拿剑的基本手势。覃师傅还带领老师们一起演唱了他自编的布袋戏，让大家在实践中真正感受到布袋戏的独特魅力。

覃师傅用心的教学和布袋戏的魅力感染了在场的每一位教师，大家不仅学会了布偶的操作技巧，更领略到了传统音乐文化中的深厚内涵和乐趣。

图 5-10　覃师傅教唱自创布袋戏《书记》

图 5-11　覃师傅与音你精彩卓越教师工作室教师们合影留念

3. 邵阳布袋戏的传承与保护

在教学活动结束后，工作室成员们也开始思考如何在课堂中更好地传承与创新布袋戏文化。孔子说："《诗》三百，一言以蔽之，曰'思无邪'。"保护和抢救传统文化，就是要留住民族的文化与历史，保留人性中的善良与纯真。

弘扬优秀的传统文化是每个人的责任，我们需要一起为此努力。从2003年起，邵阳市文化部门开始拨款抢救布袋戏并保护传承人，中央电视台戏曲频道也派出摄制组来到邵阳，专门拍摄布袋戏的艺术专题片进行宣传。2006年5月，邵阳布袋戏被国务院列入首批国家级非物质文化遗产保护名录，越来越多的人开始了解并关注这种极具地方特色的民间艺术。祖国壮阔的河山中，传唱着生生不息的故事，数不尽多姿多彩的故人。非遗的传承，不仅为我们展示了其厚重的文化之美，还让我们看到了非遗的鲜活生命力。邵阳布袋戏的坚守和发展，展现了中华民族文化的深厚底蕴，也提醒着我们每一个教育工作者，如何通过教育来守护并传承这种宝贵的文化遗产。

经过这次学习，大家摆脱了"专业"的枷锁，尽情享受其中的乐趣。同样，摒弃了"只有唱得好才能唱"的观念。老师们通过亲身体验，深刻体会到应该多鼓励学生勇于尝试，因为只有在唱或者表现中，大家才能真正领略到传统音乐文化（戏曲）的独特魅力。

（三）"音你精彩"第八期——"教育即生活"

这是本季工作室的华丽终章，也是一次别具意义的聚会。在前七期的探索中，我们深耕课堂教学，但教学的智慧与热情，从未局限于那四方讲台。我们坚信，教育如同生活，无处不在，无时不有。于是，这次活动，既是对过往探索的深情回望，也是对未来旅程的美好憧憬。

为了庆祝新年的到来，也为了纪念我们这段美好的相遇，每一位成员都倾心筹备，共同编织了一场名为"教育即生活"的音乐盛宴。这不仅是一场音乐会，更是一次心灵的触碰，一次情感的交融。在这里，有欢笑，有歌声，有温暖，有爱。

2024年1月5日18点30分，"音你精彩"卓越教师工作室全体成员在华夏田园三期开展了"教育即生活"——"音你精彩"卓越教师室内音乐沙龙。

图5-12　"音你精彩"卓越教师工作室第一季第八期音乐沙龙节目单

1. 前奏——"回望来时路"

回望来时路,满心皆澎湃。回望过去四个多月的学习与探索,我们在县教育局各位领导和同事们的鼎力支持下,顺利完成了以"传统音乐文化融入歌唱教学"为主题的教学活动。虽然这一阶段的学习已经告一段落,但它不仅是一个终点,更是一个全新的起点,激发我们对未来教育的无限憧憬。

2. 高潮——"教育即生活"

本次音乐沙龙以"教育即生活"为核心主题,旨在传达一种理念:教育不应局限于课堂,而应深深植根于生活的每一个角落。教师的日常生活,同样应当成为教育的鲜活素材。这意味着,作为教师,我们需要在日常生活中发掘快乐与美好,并将这份珍贵的情感如同种子般播撒给学生,让他们在成长的道路上也能感受到生活的甜蜜与温暖。为此,本次音乐会上,工作室的每一位成员都精心筹备,带来了各具特色、精彩纷呈的节目,共同演绎了一场教育与生活完美融合的艺术盛宴。

图 5-13　"音你精彩"卓越教师工作室第一季第八期集体合照

在音乐会正式开始之前，大家齐心协力准备的美食已经摆满了餐桌。厨房里的烟火气和大家忙碌的身影，构成了一幅温馨的画面。大家围坐在一起，品尝着美食，分享着彼此的故事和欢笑，这份简单的快乐让人备感治愈。

图5-14 "音你精彩"卓越教师工作室第一季第八期活动准备

图 5-15 "音你精彩"卓越教师工作室第一季第八期才艺展示

酒杯里斟满的是今晚的欢乐,也是对未来无限的期许。我们深知,教育之路漫长且充满挑战,但只要我们心怀热爱,就能将这份热爱传递给每一个学生。

图 5-16 "音你精彩"卓越教师工作室第一季第八期活动照

3. 尾奏——颁奖及展望

音乐会的最后，我为全体工作室成员颁发了荣誉证书。这份证书不仅仅是一张纸，它凝聚了大家辛勤的汗水和集体的智慧，是对大家过去努力的肯定，也是对未来梦想的期许。接过证书的那一刻，老师们心中充满了激动和自豪。

同时，大家也纷纷表达了自己的新年愿景和期许。我们深知，教育之路任重而道远，但我们愿意携手共进，为了给孩子们更好的教育贡献自己的力量。

四、"音你精彩"卓越教师工作室高光时刻

（一）优秀公开课

表 5-2　传统音乐文化如何融入教学

时间	执教教师	主题	地点
2023年10月13日	张熹瑶	唢呐配喇叭	县芙蓉小学
	刘婕	音乐与诗词	县芙蓉中学
	钟玲	音乐与诗词的交融之大江东去	县一中

（二）优秀示范课

表 5-3　"理解性"教学示范课——传统音乐文化融入歌唱教学的实践与探索

时间	执教教师	主题	地点
2023年12月28日	张熹瑶	悟空对话	县芙蓉录播室
	张怡珑	人戏众乐乐：邵阳布袋戏	县芙蓉录播室
	冯佳田	指尖艺术：邵阳布袋戏	县芙蓉录播室
	黎丽丽	戏中有情：体验木偶戏	县芙蓉录播室
	刘婕	"湘"音未变：学唱布袋戏	县芙蓉录播室
	钟玲	扁担上的非遗：邵阳县布袋戏	县一中录播室
2023年12月29日	危阳	戏如人生	县一中录播室
	李国金	袋有乾坤：邵阳布袋戏的前世今生	县一中录播室

五、音你精彩"新篇章

通过下乡调研，我发现县里教育极缺艺术教师。原因很多，如何让非音乐专业老师专业化？这是挑战也是机遇。为此，"音你精彩"卓越教师工作室推出新项目——"诗歌有戏"，旨在探索音乐与多学科的融合探究。

这个项目不仅能助力新课改的学科融合实践，更将尝试解决我县非音乐专业老师的教学困境。我们诚邀感兴趣的有志之士加入我们工作室，共同开启这段充满挑战与机遇的新征程。

六、"音你精彩"——老师们的心路历程与真挚感悟

关于这一路走来的碎碎念

说来，我的性格也是一个矛盾体，一方面希望有一个跟自己专业相关的小团体，能一起唱唱跳跳玩玩乐器，一方面又不自信，觉得自己啥也不行，干脆就畏畏缩缩地躲着，俗称"躺平"。

其实，参加工作也有8年的时间，但是从参加工作起，在自己专业上花费的时间少之又少，被身边的琐事磨着，被身边的环境影响着，渐渐地，专业好像也荒废了，可能只有在某个时刻，激起了那么一点儿的热情，却在没几天之后又消磨殆尽。

这样浑浑噩噩地生活直到2023年的9月。

那是一道光吧！

我想。

这个时候的我其实精神状态很差，产后的小情绪一直没得到舒缓，每天的生活就是一团乱麻。

直到我加入了"音你精彩"。

这是我踏出禁锢我自己的舒适圈的第一步。

其实刚看到危阳发的消息时，我很心动，又怕自己做不好，坚持不下来。在我还没想明白的时候，我就直接联系了危阳，断了自己畏畏缩缩的后路。

现在想来，真的很庆幸。

这四个月来，对我最大的影响应该就是我整个人活了，不再是围着家庭、围着孩子转的哀怨妇女了，而只是我自己。其次就是真的学到了很多东西。

之前的自己在教学上就是井底之蛙，总觉得自己不错，自我感觉总是那么良好，当然，就算我自己再怎么感觉良好，我都不敢去上一堂公开课，去比一次赛。但是，在"音你精彩"，我不再固步自封，我在学习，学习着每位工作室的老师身上那闪闪发光的亮点，学习着怎么去设计一堂给孩子们带着情境的音乐课，学习着自己身边的传统音乐文化，同时我也在挑战。天知道我在准备上公开课的时候有多紧张，但是我也真的很庆幸，自己坚持着迈出那一步，虽然上的课不尽如人意，但是课后觉得自己收获满满。

　　有压力吗？有的，但更多的是快乐，是种子汲取养分的那种快乐。

　　四个月的时间好快，直到现在都一直在意犹未尽。

　　对于危阳，我之前接触得也不太多，但是她的性子、她的热情、她的才能、她的好学无不让我敬佩。这段时间她对我的影响真的很大。每次在我不自信的地方都会被她鼓励着、夸赞着。对她的印象停留在她在学校带着同事们学习非洲鼓的时候，停留在她们在"学富广场"一起唱歌玩音乐的时候，停留在那年文艺汇演灯光音响出故障时，继续演奏的音乐，以及全场学生的手机灯光和掌声的时候。那时候我很羡慕她，她在发光。

　　所以我这次又迈出了第二步，我跟工会提出了想利用自己会跳舞的专长带领学校喜欢跳舞的老师成立一个我们自己的舞蹈队。我想实现自己的梦想，有一个小团体能一起唱唱跳跳玩玩乐器的梦想。

　　很感谢"音你精彩"，感谢工作室的老师，感谢危阳。

　　让我成了我自己！

　　期待明年。

钟　玲
2024年1月13日晚

故事才开始

　　大学毕业两年半的时间，我很清楚在这段时间里自己的成就——没有经验，课上不好，钢琴基础一般等等；这是我给我自己的标签。同时我很害怕去赛课，总觉得自己不行，做不好，也不是那种很多话的性格。直到2023年9月25日参加了"音你精彩"卓越教师工作室。我感觉我的性格有了很大的改观，大家对我的鼓励让我充满了信心。特别是刘婕老师，我们相识于一场培训，她教会我许多为人处世的道理，遇到事情我会第一个跟她说，她也总会不厌其烦地给我出谋划策。还要感谢危阳博士，其实此刻我更想称呼她一声大姐姐，因为有她，才让我慢慢觉得教书是有趣的。我不止一次怀疑自己到底适不适合教书，我总感觉自己哪里都不行。但是直到我听见她说的一句话："每个人都是独一无二的，打算去做一件事情那就一定要去做好！"有这样一个带领我前进，共同进步的人真的是非常幸福的一件事情。

我们进行了8期的研讨和学习。在这过程中，我的感受之一是危阳博士提出的音乐教育改革模式——理解性教学模式，真正做到了老师的"授"和学生的"受"，但是我又心里很迷茫，迷茫的点在于这种模式如何应用于我们常规化的教学和赛课教学，二者还是有比较大的出入的。理解性教学模式是具有灵活性的，环环相扣的教学环节需要精心设计。

感受之二是对于自己努力的方向有了确立，我好似抓住了救命稻草一般希望自己能够快快成长起来，学习每个工作室成员的闪光点和优点。

感恩可以遇到一群志同道合的人一起共同进步，共同成长！有压力才会有进步，我的压力是害怕自己成长速度太慢，自己能力不够。不过，我还是会努力去拼搏的。

感谢"音你精彩"，感谢工作室的每一位成员，更要感谢危阳大姐姐，让我看到了我也一定行的自己！衷心祝愿工作室每一位成员都越来越好，事事顺意！期待明年再见。

黎丽丽

2024年1月18日

余音绕梁　越发精彩

在过去这个学期，我有幸参加了危阳博士成立的邵阳县"音你精彩"卓越教师工作室，这是一次非常宝贵的学习和成长的机会。一开始，我是抱着一种惆怅和学习的心态报名参加的，惆怅是因为担心这会不会仅仅是危博士个人的一个学术研究需要，不过以我对危博士为人的了解，我知道她不可能仅仅是为了自己，她是一个有情怀、有使命、有激情的老师和朋友，果不其然，一个学期下来，工作室开展的8次线下研修活动以及各种线上研讨，让工作室的每一位伙伴都受益匪浅，在此，我将分享我个人在工作室的经历、所学、所感、疑惑以及个人展望。

1. 受益匪浅，幸得知音

在"音你精彩"卓越教师工作室中，通过与来自各个学校的各年龄阶段、各学历层次的老师交流，我接触到了许多先进的教育理念和教学方法。在一种既专业认真又充满温情的研修氛围中，通过与大家交流，我对如何创设教学情境以达到理解性教学的效果、如何将传统文化艺术融入日常音乐教学当中去，以及如何提高教学质量、培养学生的创新能力有了更深入的理解。此外，对于如何进行科学的教学设计和课堂活动安排也有了新的认识和进步。当然，在这里我也收获了友谊和快乐，一群志同道合的知音聚在一起探讨一个共同的话题，感觉真是太好了，音乐声和欢笑声始终伴随着研修的整个过程。在这里，温馨姐姐张文星、学富五车的危阳、严谨高效的钟玲、多才幽默的冯佳田、知性优雅的刘婕、活泼开朗的黎丽丽、古灵精怪的张怡珑、一丝不苟的张熹瑶，都成了我最好的朋友。

2. 困难与挑战

在学习过程中，我也遇到了一些困难和挑战。一方面，我发现在将所学理念和方法应用到实际教学中时，需要克服许多惯性思维和习惯做法。比如说一开始对情境的不理解，不知道什么才是真正的情境，什么又是真正的"理解性"教学等。另一方面，在尝试将传统文化融入日常音乐教学的时候有时会遇到学生的不理解和抵触，说实话，现在的许多学生对传统的一些文化艺术并不是很喜欢。为了解决这些问题，我积极与工作室的伙伴们进行交流，寻找改进的办法，同时也通过阅读和研究相关文献来提高自己的认识。

3. 收获与成就

尽管遇到了一些困难，但通过不断努力和尝试，我取得了一些进步和成就。我成功地将一些新的教学理念和方法融入我的课堂中，提高了学生的学习兴趣和参与度，也提升了课堂的效率。同时，我也在这个过程中提升了自己的教学水平和专业素养，尤其是让我对邵阳县本地的布袋戏这样一种戏曲有了较多的了解和兴趣，这也将进一步促使我去推广和传承中国更多的传统艺术。

4. 自我评估与反思

经过这个学期的研修学习，我觉得自己在教育理念、教学方法和课堂管理方面都有进步。然而，我也意识到自己在某些方面还有待提高，比如如何对每一堂课进行科学合理的教学设计并制作出精美、有趣的课件方面我还要不断学习和探索。为了改进自己，我将继续阅读一些教育方面的书籍，参加更多的教育培训和工作坊研修。

5. 个人展望

展望未来，我计划将所学知识和技能进一步应用到教学实践中，不断提高自己的教学水平。同时，我也希望能够在工作室的平台与更多的音乐教育工作者交流和合作，共同推动邵阳县音乐教育的进步。我也希望接下来我们工作室能够利用此平台筹备成立邵阳县"音乐教师合唱团"，这样一来，用不了几年，邵阳县的音乐教育事业就将焕发出崭新的面貌。

总的来说，参加"音你精彩"卓越教师工作室一学期的学习是一次非常宝贵和难忘的经历。我深感自己在这个过程中得到了很多成长和收获，同时也对未来的教育事业充满信心和期待。我相信，只要不断努力和学习，我们都能成为更好的老师、更好的自己。

李国金
2024年1月15日

"音"为爱，所以爱！

我与危阳3年前在合唱团相识，那时候她是我们女低的声部长。一起排练的时候我就喜欢上了这个做事雷厉风行、有自己想法且非常洒脱的女孩！2023年的9月，我偶然在邵阳县的音乐教师群里看到了她在群里发的"卓越计划"，于是我立刻就报名参加了。9月25日晚，我们第一次在芙蓉学校阅览室展开了深入探讨，这场历时两个多小时的头脑风暴结束以后给我的感觉真的是：久旱逢甘霖呐！！！在下面乡镇学校已经有好几年没有教过音乐了，更是没有机会和同行们坐在一起聊如何提高音乐教师的科研与教学能力。

之后每一次线下讨论，群里就会有危博士发的很多文献和书籍，以及在我们群里进行的文字总结，我看到了她的用心和那股冲劲儿，也就是这样一点一点把我又拉回音乐教师的队伍中来。之后的每一期，我都有在一点点汲取知识。直到最后一期，大家都穿着红色的衣服一起搞了一次音乐沙龙。我才懂得歌词里唱的那样："如果世界太危险，只有音乐最安全。"当我们沉浸在音乐的世界里且乐在其中时，爱的教育也会降临在我们每一个人身上，这样的教育才是最具有意义的！

我一开始真的特别不自信，但是我又想改变现状。这也是我加入"音你精彩"的初心，我想要学习！所以4个月过去了，我渐渐看到了自己的成长，从我第一次上"音乐与诗词"到"'湘'音未变——学唱布袋戏"我发现自己好像又重新拾回了一些自信，因为我居然敢直面自己的录播课了。这些要感谢团队里每一位小伙伴，在我为做教学设计而焦头烂额时危博士的鼓励，还有黎丽丽的资源分享，以及上课时后面坐着的张怡珑老师的微笑鼓励，还有不辞辛苦帮我跑了几趟才拷到视频的张熹瑶老师等等。这大概就是冯佳田老师每一次提到的"爱"吧，因为有爱，我们不怕困难聚在一起互相学习与进步，真的好感激。

龙年就要到来了，我很期待"音"你精彩工作室的新一季。就让我们一起继续心怀热忱，乘风破浪吧！

刘　婕
2024年1月15日

与"音"同行，"音"你精彩

1. 与"音"相识

"各位老师，随着国家对传统文化的重视，关于传统音乐文化如何融入教学将成为音乐教育研究的重点与热点。围绕此主题如今需要组建一个团队，共同学习，交流探讨，碰撞火花。工作之后，还能一起学习的机会十分难得。如有意愿请私聊张文星主任或危阳老师，期待你的加入 @ 所有人"

这条信息在"邵阳县音乐教师群"发布后，同事就跟我说："冯老师，你可以去参加呀！"同事的话鼓励到了我，研究生毕业参加工作后除了音乐教学再也没有参与过音乐研究方面的事情，我抱着试一试的心态加了危阳老师的微信，初次和危阳老师聊，聊天中感受到危阳博士的亲切以及对邵阳县音乐教育工作的务实。一句"你将成为新秀，非常欢迎"，让我和"音你精彩"卓越教师工作室相遇。

2. 与"音"相约

2023年9月25日，"音你精彩"卓越教师工作室正式成立。本期工作室围绕传统音乐文化如何融入教学展开学习与探讨，时长4个月。其中涉及"文化""传统音乐""音乐传统"歌唱本质、审美内涵及"理解性教学设计"等主题，旨在提高邵阳县音乐教师科研与教学能力。

第一次的研讨活动，我对危老师谈到的"传统音乐""理解性教学""情境教学模式"还一头雾水——什么是"传统音乐"，如何创设"音乐情境"？对研讨后留下的几个问题，我查阅了大量的资料，记录下理论方面的相关笔记。

2023年10月13日，"音你精彩"卓越教师工作室在芙蓉学校、一中开展第二期以"传统音乐文化如何融入教学"的教研活动。芙蓉学校张熹瑶老师、黄荆中学刘婕老师、县一中钟玲老师围绕第一期传统音乐文化相关理论层面的思考，分别在小、初、高设计了一堂与传统音乐文化相关的音乐课。

第二次工作室活动通过观摩工作室老师们的音乐课来展开讨论。根据之前查找的相关文献，以及观摩老师们的音乐课，让我有了新的认识，我们要将传统音乐融入教学中，不能够生搬硬套，而是要渗透进知识点的学习中、课堂活动的开展等一系列课堂环节中，让孩子们在无形中也能体会民族的韵味，创设的情境要结合本堂课的特征来进行，恰到好处的情境会让学生更愿意参与音乐课堂。

2023年10月27日，"音你精彩"卓越教师工作室在芙蓉学校阅览室开展了第三期"传统音乐文化如何融入教学"的理论探讨。基于两个星期的文献阅读，工作室成员围绕传统文化内涵及怎样将其融入教学展开分享和交流。第三次的研讨活动通过阅读文献，分享观点、总结经验来展开。让我有种重新回归读研时导师开组会的仪式感。这次研讨活动留下3个问题：（1）什么是情境？（2）如何让学生更好地去体会到情境中的内容？（3）感受情境的最佳途径有哪些？危阳老师罗列了一些书单供老师阅读，参与工作室后阅读的文献比工作两年读的文献还要多，也许这就是加入工作室的意义所在吧，在学习中成长，在成长中不断进步。

2023年11月2日，邵阳县"音你精彩"卓越教师工作室在芙蓉学校阅览室开展第四期线下研讨活动。随着有关传统音乐文化教学的展开所需，国家非物质文化"布袋戏"传承人覃雄生受危阳博士之邀来工作室指导教学。本期活动主题是"唱游布袋"，老师们主要从学唱布袋戏来感受传统音乐文化之魅力。

第一次近距离感受布袋戏，覃师傅带着我们走进布袋戏，在情境中体验非遗艺术，原来非遗也可以这么有趣！在覃师傅的"百宝箱"中藏着许多"木偶"。这都是覃师傅亲手制作的，可见非遗传承者的匠心精神，从2003年开始，邵阳市文化部门拨出专款用于抢救布袋戏、保护其传人。孔子说："《诗》三百，一言以蔽之，曰'思无邪'。"保护和抢救传统文化，就是要留住民族的文化和历史，留住人性中的善良和纯真我们一起努力！

2023年11月24日，"音你精彩"卓越教师工作室在邵阳县芙蓉学校阅览室开展第五期线下研讨活动。近代哲学家一致认为人与动物的本质区别在"逻各斯"，即人是能思维的动物，而其他动物则不能。现代，随着人工智能的发展，它的加入使我们生活方方面面受到影响，有人曾开玩笑："现代教育使人成为机器，使机器成了人……"那么人与机器的本质区别在哪里？思维显然不能成为人与机器的本质区别，因此，我们把目光聚焦在情感。

第五期线下研讨活动时我在长沙进行培训，很遗憾没能参加这次研讨活动，利用培训后的时间我阅读了危老师列出的书单，结合老师们的笔记进行了梳理。

2023年12月8日，"音你精彩"卓越教师工作室在邵阳县芙蓉学校阅览室开展。

第六期线下研讨活动。本次研讨主要聚焦高质量的教学设计——邵阳布袋戏如何融入歌唱教学。在第六期线下研讨活动中，我们一起分享关于"邵阳布袋戏如何融入歌唱教学"的教学设计，我以布袋戏与流行音乐的结合为主题，目标设定围绕"艺术新课标"四大核心素养（审美感知、艺术表现、创意实践、文化理解）展开。通过欣赏布袋戏片段，了解布袋戏，感受布袋戏的韵味和魅力。通过学唱《孙悟空》部分唱词，探究在布袋戏的表达；以积极的态度参与音乐实践活动，在学唱中领略布袋戏。

引导学生参与"孙悟空"版本布袋戏创编，鼓励学生大胆尝试。带领学生通过探究布袋戏的背景，引申出布袋戏的社会影响，进而激发其爱国情怀。在分享会上听到了每位老师独特的设计，结合情境精心设计传统音乐课，非常期待！

2023年12月28日—29日，"音你精彩"卓越教师工作室在邵阳县芙蓉学校与邵阳县第一高级中学的录播室开展了"传统音乐文化如何融入歌唱教学"的课堂实践活动。本次教学是基于"理解性"教学模式，以邵阳布袋戏为切入点，围绕情境而展开的教学实践活动。本次课堂教学涵盖小学、初中、高中三个阶段。

第七期线下研讨活动好戏连篇，观摩了工作室每位老师的关于邵阳布袋戏的音乐课，从小学到初中再到高中，对不同的学段有不同的感受。在我的音乐课中，结合"音乐情境"教学，让学生们跟随音乐想象悟空的动作并表演，让我们的传统音乐与流行音乐进行了一次碰撞。在流行音乐与传统打击乐的伴奏中，孩子们变成了木偶世界的"孙悟空"，学生在木偶世界中感受着传统文化的魅力。"音为有爱，因为卓越"！

2024年1月5日18点30分，"音你精彩"卓越教师工作室全体成员在华夏田园三期开展了"教育即生活"——卓越教师室内音乐沙龙。第八期活动我们相聚在刘婕老师家，每一位老师带上自己精心准备的食材，开启丰盛的晚餐，在音乐中表达心声，在美酒中表达祝福，在欢声笑语中表达我们对音乐教育最真挚的感情，用心工作，用爱生活，因为有你们而精彩！

3. 与"音"祝福

新的一年到了，祝福工作室的每一位伙伴身体健康，家庭幸福，工作顺利！祝福工作室越来越好，因热爱吸引热爱，因卓越吸引卓越！祝福邵阳县的音乐教育更上一个台阶！我们一起努力！

冯佳田

2024年1月16日

第三节　传统音乐教学的"理解性"教学探究

本节重点关注的是在传统音乐教学过程中，教师存在的"不敢教"与学生"愿意学"之间的矛盾现状。为了打破这一教学困境，我们采用"理解性"教学模式，积极探索将传统音乐文化融入歌唱教学的新路径。通过分析传统音乐教学现状、辨析传统音乐文化之概念以及组织公开课的形式，旨在有效攻克传统音乐教学中的难点，提升教学质量，激发学生的学习兴趣与热情。

一、找原因："听不懂"传统音乐是学生兴趣缺失的核心症结

学生为什么对传统音乐不感兴趣，学习积极性不高？通过县一中、二中两所学校的随机访谈发现，学生对传统音乐不感兴趣，是因为他们并不理解传统音乐，即"听不懂"。

表5-4　高中生接受传统音乐学习访谈记录

当你聆听传统音乐（民歌、戏曲等）时，你的整体感受是什么？为什么会有这样的感受？	
编码	观点
SA-C3	"就是听不懂，有点听不懂……听不懂啊，所以就真的是不太感兴趣……"
SA-D2	"不好听，其实也还好，可能对那个没有什么兴趣……"
SB-C2	"不喜欢听，一般不喜欢这种，听到会直接跳过去……"
SA-H1	"就觉得有点听不懂，感觉'一字多音'是一种抒情方式吧，我个人还是不理解，不太喜欢……"
SB-C1	"听不懂啊，就是感觉很有气势，是有传统的……"
SB-E3	"觉得不是很好听，但还是会尊重的……"
SA-F1	"我之前跟我奶奶一起听那个，嗯，其实也还有点兴趣，但真的不懂……"
SB-G2	"文化底蕴理解不了吧，不懂唱什么……"
SA-G1	"感觉一般，不太喜欢，但是就是毕竟是传统文化，觉得其实可以听，但不会主动去听……"
SB-H2	"不喜欢，感觉听不懂……"
SA-I2	"听不太懂，比较大气，声音比较大……"

续表

当你聆听传统音乐(民歌、戏曲等)时,你的整体感受是什么?为什么会有这样的感受?	
编码	观点
SB-I1	"我不怎么听,没有什么感受……"
SA-N3	"很平静,但我觉得挺牛的,能唱那么高的音,自己唱不来……"
SB-N1	"就唱那个调有难度,对形式感兴趣,但那些东西学起来感觉挺费劲的……"
SA-M1	"听不懂,但感觉比较震撼,表演的人能唱很高的音,可以拖那么长……"
SA-K2	"不怎么听,只喜欢那种氛围,像电视剧演的氛围,可以说我喜欢那种古典的装扮……"

基于对 A 校和 B 校学生的集体访谈结果,可以看出学生在聆听传统音乐(如民歌、戏曲)时普遍面临"听不懂"的问题,这直接影响了他们对传统音乐的兴趣和态度。具体问题总结如下:

(1) 音乐难以理解。许多学生表示听不懂传统音乐,这是导致他们缺乏兴趣的主要原因。这种听不懂表明了学生对这种音乐的语言、唱法及表达方式等的陌生感,它们使学生难以理解,从而导致对传统音乐的兴趣降低。编码 SA-C3 和 SB-H2 的学生都明确指出"听不懂",并认为这直接影响了他们的兴趣。SA-H1 的学生提到"一字多音"是一种抒情方式,但表示"个人还是不理解,不太喜欢"。

(2) 文化理解和艺术形式的陌生。学生自认对传统音乐所包含的文化底蕴缺乏足够的了解,导致在聆听时他们无法理解音乐所表达的情感和意义。SB-G2 提到"文化底蕴理解不了",反映了学生在文化背景理解上的缺失。SB-N1 也提到"对形式感兴趣,但那些东西学起来感觉挺费劲的",这表明学生感兴趣的仅限于对传统艺术形式的外在感官,却不理解这些形式的起源及其背后的文化逻辑。这也预示着,缺乏文化阐释的教学方式将难以引导学生深入学习和真正体验传统音乐。

(3) 审美接受的困难。学生对传统音乐的审美体验多呈现出"听不懂"或"不好听"的反馈。SB-C2 表示"听到会直接跳过去",SB-E3 则认为"不是很好听,但还是会尊重的",表明学生对传统音乐的审美接受度较低。

(4) 个人兴趣与主动性不足。虽然有些学生对传统文化表现出一定的尊重和好奇心（如 SA-G1 和 SA-F1），但他们普遍不会主动选择聆听传统音乐，且仅在外部环境中被动接触。例如，SA-G1 提到"不会主动去听"，SA-F1 则表示"其实也还有点兴趣，但真的不懂"。

（5）对传统音乐的敬佩主要局限于演唱技巧。学生对传统音乐的兴趣更多地集中在演唱技巧本身，而非音乐的文化内涵。尽管部分学生表达了对传统音乐演唱技巧的钦佩（如 SA-N3 和 SA-M1），他们为表演者的高超技艺感到"震撼"，并认为表演具有很高的难度，但这也反映出学生的兴趣主要停留在表面形式上，而缺乏对音乐内在文化内涵的深入理解。

因此，要使学生真正理解传统音乐，必须将传统音乐置于其文化背景中进行深入阐释。这不仅仅意味着我们要分析传统音乐的本体特征，如曲式结构、节奏特点、风格特征等，更重要的是，我们要在文化语境中解释这些特征为何如此呈现，而非其他形式。唯有如此，学生才能不仅知其然，更知其所以然，从而真正领略传统音乐的魅力与深度。

二、明概念：传统音乐文化之概念界定

（一）传统音乐

本书所指传统音乐指向的是中国传统音乐。中国传统音乐与中国新音乐是一个相对概念，以中西文化之影响，时间为界来区分。中国传统音乐是在近现代才出现的一个概念，在 1840 年以前，所谓中国音乐就是指中国传统音乐。从二十世纪二三十年代起，人们用"国乐"即传统音乐指从古代传承下来的、在近代又有所发展的音乐，而用"新音乐"来认指学过西方音乐的人所写的、较多地借鉴了西方音乐体裁形式和音乐形态特征的音乐。[①] 因此，传统音乐在这里与新音乐是一个相对的概念。对此，有学者总结："20 世纪的中国新音乐不妨称之为以借鉴西方高度声乐化和高度器乐化的形式为代表的专业音乐创作阶段。"[②]

在音乐教学中，中国传统音乐通常采用"五大类"的分类法：民歌、歌

---

① 王耀华，杜亚雄. 中国传统音乐概论 [M]. 福州：福建教育出版社，1999：绪论.
② 刘再生. 论中国音乐的历史形态 [J]. 音乐研究，2000(02)：41-53.

舞、曲艺、戏曲、器乐。黄翔鹏认为这种分类给资料整理工作提供了许多方便，但却很难有助于深入观察与分析某些层次略高的问题。对此他提出在中国现代生活中传统音乐的四种类型：民俗型、乐种—雅集型、剧场型、音乐会型。① 之后王耀华、杜亚雄先生根据音乐历史、文化层面又将其划分为四类：民间音乐、文人音乐、宫廷音乐、宗教音乐。② 进一步而言，董维松认为："中国传统音乐是指在中华民族大地上历代产生并大多流传至今和在古代历史长河中由外族（包括现属于我国少数民族和国外民族）传入并在我国生根发展的一切音乐品种。"③ 王耀华认为："中国传统音乐是中国人运用本民族固有方法、采取本民族固有形式创造的、具有本民族固有形态特征的音乐。"④ 褚晓冬认为："中国传统音乐是由中国人结合中国特色独创的音乐表现方式。"⑤ 黄翔鹏先生认为，传统音乐是活态的音乐，并非失传之声。总而言之，本书所指中国传统音乐是能反映出我国某一个民族音乐的传统形态、传统观念和传统思维方式的音乐，既包含历史上曾经存在并世代相传流传至今的音乐，也包括活在今天生活现实中，在传统音乐的基础上变异发展或借鉴并吸收外来音乐的形式技法而独具中华民族特色的音乐。

（二）传统音乐文化

文化有狭义与广义之分。中国古代的"文化"概念，基本属于精神文明（或狭义文化）范畴，大约指文治教化的总和，与天造地设的自然相对称（"人文"与"天文"相对），与无教化的"质朴"和"野蛮"形成反照（"文"与"质"相对，"文"与"野"相对）。⑥ 传统音乐文化旨在精神层面，它是一种"有用"的文化，这种"有用"指向对人德性、品格的教化作用，而且追求音乐与自然的和谐一致、人与宇宙的和谐一致。为此，本书所探讨的传统音乐文化，其根基源于先秦时期的儒家与道家思想。儒家思想，以孔子的哲学为基

---

① 黄翔鹏. 论中国传统音乐的保存和发展 [J]. 中国音乐学，1987(04): 4-21.
② 王耀华，杜亚雄. 中国传统音乐概论 [M]. 福州：福建教育出版社，1999: 绪论.
③ 董维松. 关于中国传统音乐及其分类问题 [J]. 人民音乐，1988(06): 41.
④ 王耀华，杜亚雄. 中国传统音乐概论 [M]. 福州：福建教育出版社，1999: 绪论.
⑤ 褚晓冬. 中国传统音乐文化多元探究 [M]. 北京：中国水利水电出版社，2017: 1.
⑥ 冯天瑜，何晓明，周积明. 中华文化史 [M]. 上海：上海人民出版社，1990: 14.

石,深入阐释了"文化中的音乐"理念,也就是对传统音乐的目的与深层意义进行剖析。而道家则是以庄子的哲学思想为支撑,对"音乐中的文化"进行解读,探究传统音乐为何采取特定表现形式,以及其背后的原因与内在哲思。尽管儒家与道家的哲学观点表面看似存在"矛盾"——儒家倡导积极"入世",道家则倾向于超脱的"出世"态度,然而两家在音乐美学上的思考却有着共同的起源,它们均源自孔子时代之前的音乐美学思想的萌芽状态,并在此基础上得以发展。儒家主要继承孔子关于音乐与社会、乐与礼关系的思想,故强调以礼制乐,重视音乐的政治作用、教化功用,追求社会群体的统一。道家主要继承孔子关于音乐与自然、音乐与"气""风"关系的思想,故重尊重自然,即追求音乐与自然的和谐一致、人与宇宙的和谐一致。因此,传统音乐文化是指以"以文教化"为目标,以"以德为先""以和为贵""天人合一"为其根本精神特征的狭义文化。

关于传统音乐文化的阐释,总的说来也可分为物质与精神两个层面。值得注意的是物质与精神并没有分裂,物质生产蕴含着人类的精神与思想。如王耀华认为乐谱是承载传统音乐文化的符号体系,"记谱法的产生与发展,是一个民族的历史文化、哲学思想、生态环境、心理特征、思维方式、审美情趣的综合作用下的结果"。[1] 李敬民认为:"乐谱功能与意义不仅是具有备忘录、音乐信息储存之意,它更是作为文化传承方式的乐谱(打谱)和作为观念信仰的乐谱。"[2] 其次,洛秦认为古琴是中国文人精神的象征。这种精神象征不仅体现在琴曲之中,还包括古琴制作、演奏方式等。即古琴音乐的审美目的并不在于音乐本身,它要体现的是音乐之外的某种精神,如古琴的打谱方式所体现的亦是一种有规而无格的精神。[3] 除此之外,中国哲学是阐释传统音乐文化的核心。徐复观先生从孔子、庄子的思想出发探讨了中国

---

[1] 陈建国.对中国传统记谱法的再认识[J].南京艺术学院学报(音乐及表演版),2003 (03):31–33.

[2] 李敬民.乐谱:承载中国传统音乐文化的符号体系——读王耀华等先生所著《中国传统音乐乐谱学》有感[J].中国音乐,2007 (03):114–117.

[3] 洛秦.谱式:一种文化的象征——古琴谱式命运的思考[J].中国音乐学,1991(01): 52–60.

艺术精神。① 钱茸提出有什么样的哲学，就有什么样的音乐文化。②

总而言之，音乐，作为人类实践活动的一种表现形式，承载着丰富的思想内容和内涵。在本研究中，传统音乐文化被赋予双重解释维度：一是"文化中的音乐"，亦即通过先秦儒家思想对传统音乐的形态特征进行阐释，理解音乐形态"为何如此"的问题；二是"音乐中的文化"，指向音乐作为文化表达的价值和意义，即探讨音乐"为了什么"，即"为何而为"的深层次目的。这两个维度共同勾勒出传统音乐文化的本质。既体现了传统音乐的本体形态特征，也映射了中国人文的精神属性。因此，在教学实践中，深入理解传统音乐文化意味着全面把握传统音乐的物质存在与其背后所反映的文化行为模式、思维特质及其在社会历史文化语境中的位置和功能。

三、课堂实践：传统音乐文化融入歌唱教学示范课

2023年12月28日—29日，"音你精彩"卓越教师工作室在县芙蓉学校与邵阳县第一高级中学的录播室开展了"传统音乐文化融入歌唱教学"的课堂实践活动。本次教学是基于"理解性"教学模式，以邵阳布袋戏为例，围绕情境而展开的教学实践活动。本次课堂教学涵盖小学、初中、高中三个阶段。

表5-5 "理解性"教学示范课安排表——传统音乐文化融入歌唱教学的实践与探索
（2023年12月28日—29日）

执教教师	地点	学段	主题
张熹瑶	芙蓉录播室	小学二年级	悟空对话
张怡珑	芙蓉录播室	小学五年级	人戏众乐乐——邵阳布袋戏
冯佳田	芙蓉录播室	初一	指尖艺术——邵阳布袋戏
黎丽丽	芙蓉录播室	初一	戏中有情——体验木偶戏

---

① 徐复观. 中国艺术精神[M]. 北京：商务印书馆, 2010: 12.
② 钱茸. 浅谈儒、道、释三哲思与中国传统音乐文化[J]. 人民音乐, 2000(03): 17–19.

续表

执教教师	地点	学段	主题
刘婕	芙蓉录播室	初一	"湘"音未变——学唱布袋戏
钟玲	一中录播室	高一	扁担上的非遗——邵阳县布袋戏
危阳	一中录播室	高一	戏如人生
李国金	一中录播室	高一	袋有乾坤——邵阳布袋戏的前世今生

虽然本次课堂教学的主题都围绕着邵阳布袋戏展开，但老师们在创设课堂的情境中都带着各自的思考，并收获了意想不到的教学效果。

张熹瑶老师原创"时空穿越"的情境教学，即布袋悟空来到现代课堂，它带领孩子们了解布袋戏的相关知识。她还采用"过关游戏"的形式，在"悟空——我们的古今连续对话"中，孩子们的心中不知不觉地被种下了一颗传统音乐文化传承的种子。

图 5-17　张熹瑶老师在县芙蓉学校二年级执教"悟空对话"

张怡珑老师首创"历史还原"的情境教学。"请"来了邵阳布袋戏的"祖师爷"——刘氏。在刘氏的带领下孩子们拜师学艺，也在"祖师爷"一次次的考验中成为一名邵阳布袋戏舞台设计的创作者。孩子们不仅是传统文化的传承者，更是传统音乐文化创新的核心力量。

图 5-18　张怡珑老师在县芙蓉学校五年级执教"人戏众乐乐——邵阳布袋戏"

冯佳田老师首创"音乐情境"教学，让学生们跟随音乐想象悟空的动作并表演，他还将我们的传统音乐与流行音乐进行了一次碰撞。在流行音乐与传统打击乐的伴奏中，孩子们变成了木偶世界的"孙悟空"，他们在木偶世界中感受着传统文化的魅力。令人惊叹的是这古今的"碰撞"不仅在邵阳县绽放出了火花，它还"蹦"到了湘潭，甚至"飞"到了沈阳。

图 5-19　冯佳田老师在芙蓉学校七年级执教"指尖艺术——邵阳布袋戏"

黎丽丽老师以体验木偶为核心，首次将课堂直接转化为剧场。在课堂之中同学们直接成了小演员，他们沉浸式体验剧本中的人物心理，在表演中直接感受传统音乐文化的独特魅力与韵味。

图 5-20　黎丽丽老师在芙蓉学校七年级执教"戏中有情——体验木偶戏"

刘婕老师首创"湘音未变"情境教学。她抓住戏曲的语言特点，直接用邵阳县话与同学们交谈，瞬间拉近了师生的距离。同时用邵阳县话演唱邵阳布袋戏，让同学们感受到作为一名邵阳县人是值得自豪的。

图 5-21　刘婕老师在芙蓉学校七年级执教"'湘'音未变——学唱布袋戏"

钟玲老师首创"木偶在我手"情境教学，让同学们在制作木偶的过程中理解传统音乐文化。并通过制作木偶、创编戏词等多种活动在课堂中逐渐让同学们体验传统并非"老土"。也让同学们意识到只有亲身参与体验才能更加了解传统音乐。

图 5-22　钟玲老师在县一中高一年级执教"扁担上的非遗——邵阳布袋戏"

危阳老师首创"一演到底"的情境教学。在课堂中，开场一句邵阳县话"今日，布袋戏架势开唱哩"让同学们回到了昔日邵阳县布袋戏最鼎盛的时期。一戏一世界，师生既是看戏之人又是演戏之人。剧中生动的人物形象、跌宕的剧情，仿佛又在眼前上演。一戏一人生。随着师生的"一演到底"，生动阐释了本次课的主题"戏如人生"。

图 5-23　危阳老师在县一中高一年级执教"戏如人生"

李国金老师首创"与虎同行"情境教学。他的风趣幽默让学生们沉迷在邵阳布袋戏世界之中。一些学生跟随自己的感觉不由自主地唱着"八音联弹"的曲调，另一些学生则使用手中的锣鼓将氛围烘托着，直到下课，同学们还意犹未尽。

图 5-24　李国金老师在县一中高一年级执教
"袋有乾坤——邵阳布袋戏的前世今生"

总而言之，这两天的示范课使工作室的老师们在具体教学情境中直观探索到传统音乐文化融入歌唱教学的有效路径。也许我们做得还不够好，做得也还不够多，但这仅仅只是一个开始。

图 5-25　"理解性"教学——传统音乐文化融入歌唱教学县级示范课后研讨

县教研室音乐教研员张文星老师对所有课予以了高度肯定，她肯定了老师们对"理解性"教学的学习与践行、教师们对民族文化的传承落实和反思以及老师们的教研精神和教育情怀。

我认为一名卓越的教师必须学习教育相关理论，研究课堂之中真实的教学问题。只有知其所以然并在课堂之中践行才能增长自己的教学智慧，这也是我成立工作室的初心使命。

钟玲说："本期学习不仅关乎学习知识，而且更像在做一件有趣有爱有意义的事，我们不仅仅是在探索教学方法，我们还在自己擅长的领域中弘扬传统音乐文化。"

是什么让来自五个不同单位的老师一次次排除万难来到工作室学习与探讨？冯佳田老师说："'音'为有爱，因为卓越。"

最后，感谢邵阳县非物质文化遗产保护中心杨拥军主任、邵阳布袋戏传承人覃雄生师傅为老师们授课并提供木偶道具，感谢芙蓉学校和县一中对本次教研活动的大力支持！

四、传统音乐的教学设计案例

表5-6　"戏如人生"教学设计

基本信息				
姓名	危阳	学校	邵阳县第一高级中学（"音你精彩"卓越教师工作室）	
学科	音乐	年级	初一	
教科书版本及章节			人音版第十单元	
学习领域/模块			歌唱模块	
课题			"戏如人生"——唱游"布袋"（一）	
课型			新授课	
整体设计思路				
一、单元学习主题名称——曲风戏韵 二、单元内容选择 　　关于教材中传统音乐类型的选择，人音版歌唱教材将京剧作品或京剧风格改编的京歌作为主要授课内容。然这一单元在实际音乐教学中一直成为老师们的"心头病"。一般而言，大部分教师都会选择跳过。一方面由于没有专业学过戏曲从而畏惧戏曲教学；另一方面戏曲综合性强，不光有唱，还包含动作、念白、武打，这些基本功于非专业老师一般难以胜任。除此之外，对我县学生而言要把京剧的京韵演唱出来简直难于登天。因此，根据教材的编排结合具体教学实际情况，选择邵阳县的国家非物质文化遗产——布袋戏作为主要授课内容。以邵阳布袋戏为切入口，贴近学生生活，真正领略曲风戏韵。 　　邵阳布袋戏相对于京剧而言并没有严格程式化，比较灵活，便于教学。其灵活性首先体现在唱腔上，布袋戏以祁剧唱腔为主，但也包含花鼓戏、地方小戏等。其次，布袋戏的故事内容给与表演者较大的自由发挥空间大。即表演者可根据大家熟悉的经典片段，如"武松打虎""猪八戒背媳妇"。根据人物性格和基本情绪所需唱腔，用木偶即兴表演，没有绝对标准限制个人，灵活自由，即兴成分较高。				

续表

整体设计思路

三、传统音乐的教学方法说明

　　教授传统音乐的核心目的是让学生获得审美经验。借助杜威的经验理论，经验是人与环境在"做"与"受"的交互过程中形成的。因此，在传统音乐教学中，应采取情境化的教学方法，通过情境创设激发学生的情感，使其能够真正做到"音由心生"，敢于表现自己。此外，基于"理解性"教学模式，传统音乐教学还需关注两个关键问题。一方面，要明确所选择的传统音乐为何具有特定的表现形式，这需要结合文化背景解释其独特的形态和内涵。另一方面，要引导学生思考学习传统音乐的意义，即结合现代审美，探索传统音乐的未来发展方向。总之，通过创设真实且富有吸引力的情境，学生不仅能学会一段唱腔，领略戏曲韵味，还能感悟人生，敢于表现。这种理解和表现建立在学生与传统音乐深度交互的基础上，只有如此，才能算是对传统音乐的真正理解。

四、单元课时规划

　　本单元计划四课时。关于布袋戏的感受体验计划两课时；第三课时结合所学的腔调，基于现实生活自由创作剧本并进行表现；第四课时体验其他戏曲，如京剧、祁剧等。

教学设计

教学内容分析

　　"戏如人生——唱游'布袋'"是根据教材单元所需，结合当地音乐特色设计而成。布袋戏目前主要流传于福建漳州、台湾、邵阳等地。随着时代的发展，只有邵阳布袋戏一直保留着原始风格，未曾改变。2006年，邵阳县布袋戏被评为国家非物质文化遗产。作为木偶戏的一种，邵阳布袋戏自元末传入宝庆府，后濒临绝迹，今仅在邵阳县九公桥镇白竹村燕窝岭刘姓族人中传承，至今已600余年。邵阳布袋戏系口传心授，其表演方式和表演技巧为一个艺人，一副戏担，不管大戏小戏、文戏武戏，生旦净末丑，吹打弹唱耍，全靠艺人一个人，手、脚、口、舌并用，十指灵活调度。

　　如何在课堂中感受与体验布袋戏的魅力？本课以创设一个生动的故事情境为核心，结合学生的兴趣与特点，采取开放式的演唱和表演方式。针对表演欲较强的学生，可以直接上台进行表演，而对于较为内向、不想上台的学生，则可以通过木偶操控来完成表演，给予每个学生自由选择的空间。为贴近学生的生活与情感体验，课程选择了湖南花鼓戏经典剧目《小姑贤》的故事片段作为教学内容。通过这一家喻户晓且具有地方特色的戏曲情境，激发学生的情感共鸣。学生在情境中不仅可以使用所学的唱腔进行表达，还能够在表演与互动中感受布袋戏的艺术魅力。这种情境教学的设计，通过借助布袋戏生动的形式和真实的故事情境，引导学生从戏曲表演中深入理解人生哲理，尤其是学会如何正确处理人与人之间的关系。以此，不仅培养了学生对传统文化的热爱，更让他们在学习中感受到艺术对情感表达与人际关系处理的重要作用。

续表

教学设计

学习者分析

由于高中生对传统音乐的接触较少，他们普遍认为传统音乐与自己的生活相去甚远，甚至将其视为"老年人听的戏"。这种认知使得戏曲被贴上了"过时""老土"的标签，导致学生对传统音乐缺乏兴趣。在实际教学中，学生表现出对流行音乐的极大兴趣，这不仅因为流行音乐的演唱相对简单，人人可以开口歌唱，还因为其伴奏丰富、节奏感强，能够带动学生的情绪和参与感。

课前通过对学生的访谈发现，传统音乐在他们的认知中既缺乏过去的理解，也没有未来的想象。他们不理解传统音乐为何有如此缓慢、拖沓的节奏，甚至认为这种表现形式"滑稽可笑"。这种认知的背后反映了他们对传统音乐缺乏深入的感受与理解。而没有真正理解传统音乐的历史与文化背景，就无法认识其在当代的意义和价值。这种断裂的认知正是邵阳布袋戏在传承过程中面临的主要困境。

因此，教学需要从过去入手，通过文化背景与艺术形式的解读，让学生理解传统音乐为何"如此这般"；同时以创新的方式连接传统与现代，为传统音乐赋予新的意义和生命力，从而让学生认识到，只有真正理解了过去，才能为传统音乐的未来找到可能的方向。

学习结果确定

在文化之中，了解邵阳县布袋戏演出形式、演出风格特征。
在故事情境之中学会使用打击乐表现人物心理并演唱花鼓戏曲调"烂板子"。
在现有的学习条件下学生能够想出办法自制木偶。

学习重点难点

重点：创设情境，学生在情境之中能用所学唱腔自由表达情感（包含自我的情感，以及根据人物性格特征，想象中的人物情感）。

难点：在传统文化之中理解戏曲音乐特征（线条旋律、自由的节奏）。

学习活动设计

环节一：情境开场——学生合作即兴合奏

教师活动	学生活动
展示打击乐，敲击乐器共同感受乐器音色，将学生分组并模拟音色。 拿出戏曲打击乐四件套（鼓、锣、钹、镲）师生合奏创设开场情境。在伴奏中用邵阳话念出："诸位乡亲父老，布袋戏今日正式开唱！"	感受打击乐的音色；想象开场情景，在合作中找到自己的"节拍"。

活动意图说明

由学生创设情境并开场，沉浸式感受戏曲之"热闹"氛围。

续表

学习活动设计
环节二："思"布袋

教师活动	学生活动
播放布袋戏传承人覃师傅现场表演视频（一段） 【任务一】布袋戏为何如此？ 说：对布袋戏的整体感受或评价，为何这样认为？ 思：布袋戏为何如此呈现（为什么要一个人全演全唱？） 再思：如果你是剧中人物，你会怎样表达"我喜欢你"这样的情感？（打击乐敲起）	观看视频，自由言说。 基于情境，自由表演一段。

活动意图说明
　　先说感受，回到戏曲中追问为何会有这样的感受，在文化之中解释布袋戏的表演形式，理解它的优势与局限，为布袋戏的未来发展作铺垫。
　　让学生表演一段，感受语言偶尔的"无力"，凸显戏曲音乐"一字多音"的韵味与魅力。

环节三："学"布袋

教师活动	学生活动
创设情境（以小姑贤故事为蓝本），先观看视频，后教唱花鼓调"烂板子"。 【任务二】体会一字多音的韵味 歌唱知识：辨别真声与假声。 歌唱技能准备：吊嗓子，假音发声（男生也可）。	男生找到自己的真声发声位置，女生学会假声演唱；使用画线条的方法感受音高变化。 小组演唱，个人表演。

活动意图说明
　　布袋戏以祁剧唱腔为主，选择花鼓调唱腔是因为考虑师生演唱难易度，能感受戏曲韵味。之所以创设情境是基于杜威"经验"理论，情感不能无中生有，必须在情境之中。
　　另外，良好的歌唱状态需要一定技巧作支撑，因此借由戏曲让学生感受甚至能有意识地使用真假声。戏曲重在韵味，而韵味主要体现在一字多音上，这是教学难点，所以采用逐个击破的办法。只有等熟练了唱腔之后，才能感受戏曲的韵味所在。

续表

学习活动设计

环节四："创"布袋

教师活动	学生活动
【任务三】做布袋　创布袋 　　提问：在现有的学习条件下如何做木偶？ 　　人物设计：根据性格特点，设计姚氏、梁氏的人物形象。 　　提问：结合你的审美，你想将布袋戏曲怎样变一变？	不想演的同学可根据人物特征设计人形象；想表演的学生合作练习动作与演唱。 　　说一说；评一评；唱一唱/做一做。

活动意图说明
在熟练唱腔，感受戏曲之后，布袋戏应该走向何方？这是传承传统音乐必须思考的问题，而答案在学生心中，因此必须提出，让学生思考。

环节五："演"布袋

教师活动	学生活动
师生合作完整表演。 　　学生合作完整表演（直接演/用木偶演）。	看一看，品一品，评一评。

活动意图说明
在具有情境的表演中感受戏曲韵味，学会使用音乐表达自己的情感。通过演、品、评，真正理解传统音乐的精髓。

环节六：课后延伸
根据曲调特点，结合自己情感所需，将"烂板子"的词改一改，再向同学唱一唱。

活动意图说明
戏如人生。《毛诗序》有曰："言之不足，歌之，歌之不足，舞之蹈之。"……学会多种方式表达自己的情感，它不仅具有审美性，还是一种生命的创造！

板书设计
1.开场锣鼓节奏：XXXX　XX　X-IXXX　XX　X-IX　X　XXX　XXXIX---II 布袋演出形式及风格为何如此？ 2."思"布袋 基于情境，你会怎样表现自己的情感？ 3."学"布袋 4."创"布袋 5."演"布袋

续表

特色学习资源分析、技术手段应用说明
1.关于布袋戏的表演视频均来自本人现场采集的一手资料,没有包装与美化,贴合真实情境教学。 2.以布袋戏为切入点,融合戏曲唱腔主要是为了感受戏曲的韵味。 3.基于杜威审美经验理论,情感不能"无中生有",须在情境之中。在情境中表达自己的情感始终贯穿整个教学过程。
教学反思与策略调整
经过课堂实践,我深刻反思并总结了以下几个关键点: 1.课程内容安排过满:在教学设计中,花鼓调"烂板子"的学唱部分因时间不足而未能充分展开,仅做了简要介绍。同时,"刨戏"——制作木偶的环节也可能需要移至第三节课才能完成。为优化教学流程,我计划将课程内容进行精简,确保每个环节都能得到充分开展(原流程:导入→学唱→制作木偶→小组编故事并表演)。 2.情境教学的有效性:"一演到底"的情境教学方法极大地促进了学生对人物情感与心理的理解,是"理解性"教学的有效手段。然而,要鼓励学生勇敢表现,特别是高中生,他们往往因担心同学嘲笑而不敢展示。值得注意的是,在普通班(2329班)的试讲中,课堂氛围异常活跃,部分学生的勇敢表现带动了整体氛围,师生均感意犹未尽。因此,我将更加注重营造宽松、鼓励的课堂氛围,让学生敢于展现自我。 3.戏曲资源的多元化利用:戏曲作为综合性艺术,其教学资源远不止于演唱。我计划从道具、服装、舞台设计、妆容、动作等多个方面挖掘教学资源,以丰富音乐课程的内涵并挖掘深度。 4.唱腔教学的入门策略:花鼓调作为戏曲唱腔的入门选择,其演唱难度相对较低。为帮助学生掌握假声技巧,我将引入现代带有戏曲韵味的歌曲,如《梨花颂》,让学生在轻松愉快的氛围中感受假声的魅力,并逐步克服发声的羞涩感。 5.传统音乐文化的深层理解:传统音乐文化的理解应分为两个层面。一是从哲学角度阐释音乐的本体特征(如旋律、节奏);二是将其与生存环境(如经济、政治制度等)相联系,理解音乐特征的社会根源。对于高中生而言,这种综合联系的理解方式尤为重要。 基于以上反思,我将采取以下策略调整: 1.精简课程内容:通过问答形式引导学生深入理解"刨戏",为下节课作铺垫,同时确保每个环节都能得到充分开展。 2.鼓励学生表现:采用分句表演、分组或分性别表演等方式,逐步引导学生勇敢展现自我,同时注重语气变化的教学,使表演更加生动。 3.调整语速:意识到自己语速过快的问题,我将从日常生活中开始调整,确保在课堂教学中保持适当的语速,给学生留下足够的思考空间。 本次教学的最大收获在于真正看到了学生,感受到了他们的眼神与内心。我与学生之间的距离拉近了,这是我之前教学中所缺失的。未来,我将继续努力,让教学更加贴近学生,更加生动有效。

表5-7 "邵阳布袋戏与流行音乐的碰撞"教学设计

基本信息				
姓名	冯佳田	学校	邵阳县芙蓉学校（"音你精彩"卓越教师工作室）	
学科	音乐	年级	初一	
教科书版本及章节			湘艺版第二章	
学习领域/模块			华夏之声·文化根脉	
课题			邵阳布袋戏与流行音乐的碰撞	
课型			新授课	
教学设计				

一、教学内容分析

1. 教学内容背景分析

"邵阳布袋戏"的发祥地是邵阳县九公桥镇白竹村燕窝岭一带，又名木偶戏、被窝戏，是一种地方的民间戏曲艺术。相传在明崇祯六年（公元1633年），江西吉安的刘姓家族为逃避战乱，挑着戏担子千里迢迢，一路奔波至宝庆府，最后在邵阳县燕窝岭一带定居下来，同时也带来了世代相传、集谋生与娱乐一体的布袋戏。邵阳县位于湖南的西南部，这里有崇山峻岭，地势险要，山多地少，人口密度大，交通不便，是全国重点扶贫县。邵阳布袋戏的出现于当时来说，不仅丰富了人民的文化生活，又凸显了邵阳县浓厚的文化底蕴，同时也是邵阳县人民智慧与文明的结晶。

2. 学习者分析

初一学生的认知能力、学习能力较小学阶段有很大的提升，对于音乐的喜好已有自己的风格，对于非遗这类传统文化的学习机会很少。这一时期的学生愿意去探索知识的深度和广度。他们有能力通过学唱简单的唱段去感受非遗布袋戏的韵味。因此，教师可以在课上充分引导学生学唱简短的唱段，进一步激发学生去聆听，引导学生运用已有的认知能力感悟布袋戏，动手来体验布袋戏。

3. 学习结果确定

目标设定围绕"艺术新课标"四大核心素养（审美感知、艺术表现、创意实践、文化理解）展开。

审美感知：通过欣赏布袋戏片段，了解布袋戏，感受布袋戏的韵味和魅力。

艺术表现：通过学唱《孙悟空》部分唱词，探究布袋戏的表达；以积极的态度参与音乐实践活动，在学唱中领略布袋戏。

创意实践：学生参与"孙悟空"版本布袋戏创编，鼓励学生大胆尝试。

文化理解：通探究布袋戏的背景，引申出布袋戏的社会影响，激发爱国情怀。

续表

教学设计	
二、学习重点难点 重点：感受非遗布袋戏，能尝试表演布袋戏。 难点：学唱布袋戏《书记》片段。	
三、学习活动设计	
环节一：创设情境——邵阳布袋戏视频导入	
教师活动	**学生活动**
教师："欢迎大家来到音乐课堂，同学们，生活在邵阳县，你们会说邵阳县话吗？老师想邀请大家用邵阳县话来表演布袋戏《书记》，今天给大家带来了一段关于邵阳县当地特色的艺术视频，请同学们仔细观看、体验。" 教师："视频观看完了，是不是挺有意思呢？老师想听一听大家的感受。" 教师：介绍邵阳布袋戏，走进非遗——邵阳布袋戏	感受邵阳县本土方言，激发学生对布袋戏学习的兴趣。
活动意图说明	
学生演绎对白，播放视频，让学生直观地感受布袋戏，拉近学生与布袋戏的距离，为本节布袋戏铺设氛围，同时也为学生参与实践树立榜样。	
环节二：走进非遗——邵阳布袋戏	
教师活动	**学生活动**
1.基础知识学习，播放布袋戏视频《书记》。 2.欣赏学唱布袋戏。 （1）发声练习 ①找气息。请同学们坐凳子的前三分之一，双手放在腿上，用假装生气说"哼"，并告诉我身体的哪个部位有力量。 ②找小嗓。老师小嗓说"哼"，请同学们把手放在鼻子下面，鼻孔出气，边打哈欠说出"哼"来找到小嗓发音。（连续说五个"哼"字头） ③换字头。找到小嗓后，我们要打开口腔，抬起软腭，把"哼"字换成"i"字。（连续说五个"i"字头） ④练长音。我们用声音模拟烟花升空并且空中爆破的场面。（练习长音 i） (2) 学唱布袋戏 ①找找本句有没有上口字或者尖字？ ②按照刚才的方法，我们先打拍子，用小嗓读词，注意夸张地读出每个字的声调。 ③注意强调换气，按照每拍的旋律线走向解决唱拖腔和一字多音的难点。 ④按照力度记号的标记，加入重音来演唱，体现士气。	观看视频，自由言说。 基于情境，自由表演一段。 1．生：学生模仿并练习找到气息的发力点。 2．学生练习说字头。 3．学生用带有位置气息的状态练习戏曲的基本咬字。 4．学生练习。

续表

教学设计
活动意图说明 　　1. 按照读拍—学唱—挑重点—练难点的思路学唱。能够在课上短时间内快速地学会唱词的行腔。 　　2. 学唱布袋戏《书记》片段，在由简到难的学习过程中，逐步加入难点的学唱，能够让学生在难点面前调整好情绪并来学会它。

环节三：体验邵阳布袋戏	
教师活动 　　1. 教师示范并引导学生思考 　　教师："同学们看过《西游记》吗？里面的孙悟空给你的印象是怎样的？" 　　师播放关于"孙悟空"的视频片段 　　播放《云宫迅音》音频，感受情境。 　　谈谈自己的感受。 　　播放流行音乐《悟空》。 　　3. 学生根据情境，即兴表演布袋戏《孙悟空》。	**学生活动** 　　学生即兴表演布袋戏《孙悟空》。

活动意图说明 　　学生参与"孙悟空"版本布袋戏创编，鼓励学生大胆尝试。
环节四：他校合作 　　与其他学校的学生线上一起合作完成布袋戏《书记》。
活动意图说明 　　把邵阳布袋戏传播出去，让邵阳布袋戏"活"起来！
四、作业布置 　　从2003年开始，邵阳市文化部门拨出专款用于抢救布袋戏、保护其传人。中央电视台戏曲频道派出摄制组也来到邵阳，专门拍摄邵阳布袋戏的艺术专题片宣传。 　　2006年5月，邵阳布袋戏被国务院公列为首批国家级非物质文化遗产保护名录，越来越多的人了解了这项极具地方特色的民间艺术，祖国壮阔的河山中，传唱着生生不息的故事，数不尽多姿多彩的故人。非遗的传承，为我们展现了其厚重之美。而非遗人的坚守，我们也看到了非遗的鲜活生命力。 　　孔子说："《诗》三百，一言以蔽之，曰：'思无邪'。"保护抢救传统文化，就是要留住民族的文化和历史，留住人性中的善良和纯真我们一起努力与亲朋好友一起合作完成布袋戏《书记》，让"邵阳布袋戏"传唱起来。

第六章　传递力量：音乐与多学科融合的教学实践

　　自工作室成立以来，我们深感在繁忙的工作之余仍能在一起体验学习的愉悦，这是一种难得的幸福。如果工作室第一季活动汇聚的是一群有情怀的音乐教师，那么，在即将到来的第二季活动中，我非常期望他们能将这份在工作室中获得的幸福与成长传递出去。

　　如何实现将学习的幸福和力量传递给更多人呢？我认为，通过解决实际问题的具体行动来服务更广泛的群体是最有效的方式。这将建立起一种更广泛的联结，当大家都能用心去做时，不仅能为他人带来帮助，也能增加自己幸福的厚度。简而言之，如果第一季活动主要聚焦于核心成员的个人成长与收获，那么第二季活动则是他们将这些个人所得所感转化为实际行动，服务全县教师。我们相信，通过这种更广泛的联结，我们将能够收获更多的幸福和成就感。

　　在此，要特别感谢"音你精彩"卓越教师工作室的八位核心成员无私奉献。他们不仅深刻领悟了工作室第二季"诗歌有戏"——邵阳县兼职音乐教师培训的深远意义，更是以身作则，将理念付诸实践。没有他们的全心投入，兼职音乐教师的培训工作不可能如此顺利推进，而关于音乐与多学科融合的"理解性"教学探索更无从谈起。做成一件事情很难，需要感谢的人太多太多。总之，正是有了我们共同的努力，"音你精彩"才得以绽放！

　　本章内容主要聚焦音乐与多学科融合的具体实践，展现"理解性"教学的运用成果。

第一节 "为何融合"——教学困境中的融合需求

一、新课程改革背景下的融合趋势

随着新课程改革的深入,《义务教育课程方案（2022年版）》明确提出："加强课程的综合性与实践性，推动育人方式变革，着力发展学生核心素养。"在这一背景下，艺术学科不再孤立存在，而是强调与其他学科的融合与交叉。《义务教育课程方案（2022年版）》指出："以各艺术学科为主体，加强与其他艺术的融合；重视艺术与其他学科的联系，充分发挥协同育人功能。"这一要求不仅体现了课程综合性的发展趋势，也成为当前教学改革的重要方向与热点。

二、县域音乐教学面临的共性问题

邵阳县音乐教学所面临的困境，实际上是全国众多县域学校普遍存在的问题。目前，我县的音乐教学面临严峻的现实困境。尤其是在乡镇学校，缺乏专业音乐教师的问题尤为突出。2023年县教育局的专项督查报告显示，除了少数几所城区学校外，大多数学校的音乐课由语文教师或其他学科教师兼职教授。这种现象导致音乐课几乎变成了"听歌课"，教师难以带动学生深入理解和体验音乐。

兼职音乐教师在音乐教学工作中面临着多方面的严峻挑战。通常情况下，音乐课程往往由非音乐专业的主科教师（如语文教师）来兼任。这一安排带来了两大问题：首先，这些非音乐专业的教师虽然有着良好的教学意愿，希望为学生提供优质的音乐教育，但由于他们缺乏专业的音乐知识和技能，往往感到"心有余而力不足"。在实际教学中，他们可能只能依赖多媒体设备播放歌曲，让学生被动地聆听和学习，而难以进行更深入的音乐知识传授和技能培养。其次，这些兼任音乐课的教师本身已经承担了繁重的本学科教学任务和班主任工作，时间和精力都相当有限。在这种情况下，他们很难再为音乐课进行额外的教学设计和准备，导致音乐课程的教学质量和效果大打折扣。这些困境使得许多乡镇学校的音乐教育陷入了名存实亡的境地，尤其是在义务教育阶段，音乐教育的缺失对学生的全面发展造成了不利影响。

三、融合教学的必要性与可行性

面对这样的困境，学科融合成为一个有效的解决方案。一方面，通过提供专业音乐技能培训，可以让兼职教师们具备上音乐课的基本能力；另一方面，通过教授"理解性"教学模式，可以帮助他们更好地掌握音乐教学的方法与技巧。然而，仅仅依靠这些还不够。为了不额外增加兼职音乐教师们的工作量，并让他们在没有外在监管的情况下自愿上好音乐课，将音乐与他们所教学科进行融合成一条切实可行的路径。

以兼职教授音乐学科的语文教师为例，他们可以巧妙地"就地取材"，选取语文课程中富含音乐元素的"诗歌"作为教学的切入点。通过运用"理解性"教学模式，深入挖掘诗歌与音乐之间的内在联系，这种跨学科的教学方式不仅能够有效减轻他们在音乐教学上的负担，还能极大地激发学生的学习兴趣，显著提升教学效果。

更为重要的是，将音乐元素融入语文教师原本的教学中，不仅为解决我县音乐教师短缺的问题提供了一个创新思路，而且新学科内容的融入促使教师打破传统的教学框架，更新并丰富他们的教学理念。这种跨学科的融合教学，实质上是对教师固有教学模式的一次重要突破，鼓励他们探索更多元、更灵活的教学方法，从而全面提升教育教学质量。

在新课程改革的背景下，我们应紧密围绕当地教学实际，将解决县域学校，尤其是乡镇学校音乐教师匮乏的问题作为改革的切入点与突破口。换而言之，面对挑战，我们不仅仅满足于课改的表面要求，而是以此为契机，积极探索解决现实问题新模式。对此，我们想一方面通过教师专业培训，强化兼职音乐教师的专业技能，使他们能够胜任音乐课程的教学工作；另一方面，实践"理解性"教学模式，帮助这些教师掌握有效的教学方法，确保他们能够高质量地完成音乐教学任务。考虑到这些兼职教师往往还需承担语文、数学等其他学科的教学任务，我们深知不能为他们增添额外负担。为了激发他们参与音乐教学的积极性，为此，我们必须将音乐与他们所擅长的学科进行有机融合。这样不仅能减轻他们的工作压力，还能在不影响原有教学任务的前提下，探索出一条既实用又高效的路径，有效突破当前艺术教师短缺的难点，推动教育教学改革向纵深发展。

总之，学科融合的推进不仅基于教育政策的要求，更重要的是要让教师们发自内心地认可融合的价值。在课堂实践中，我们看到，教师们对于自己所教学科的内容非常熟悉，而对音乐则相对陌生。通过培训让他们掌握音乐的基本特质，将其自然融入自己的课堂中，这种方式不仅可以减轻教师的工作负担，还可以使他们看到学生在课堂上的积极变化，从而激发他们对音乐教育的兴趣与热情，最终让学生享受高质量的教育。

第二节 "如何融合"——"理解性"教学的实践探索

在第一章中，已明确阐述，笔者所倡导的"理解性"教学理念是建立在生存论视角的哲学解释学基础之上的。因此，关于如何在教学实践中实现这一理念的融合，其答案实则蕴含于深入的思考与不断的实践过程之中。为了阐述这一点，我将从两个维度来探讨。

一是静态呈现。我们可以通过教学设计和参训老师的感悟来体现融合的成果。参训教师的教学设计源自一系列的"理解性"教学理论讲座。在这些讲座中，我虽提出了"理解性"教学的五步法，但更重要的是，想鼓励老师们基于自身的教学风格和经验，构建出属于他们自己的"理解性"教学之道。这种个性化的设计体现了融合的多样性和创新性。

二是动态探索。融合的实践也是一个动态的过程，这意味着（教师或教育工作者）需要通过自己的阅读、思考和实践，才能找到适合自己教学情境的融合方式。因此，本节的内容主要展现融合实践的全过程，而关于如何具体进行融合实践的答案，就隐藏在思考过程的每一个环节之中。

需要特别说明的是本节内容旨在揭示音乐与多学科融合实践的探索历程，而非直接提供一套具体的融合方法。关于有效融合的真谛，并非显而易见，而蕴含在每一次深刻的思考与实践中。它要求读者通过细致的理解和自我反思，去发掘那些适合自己教学情境的融合之道。

尤为重要的是，我们强调学科融合的有效，其核心在于对音乐本质的深刻理解。音乐，远不止于节奏、旋律等外在表现元素，它更是情感交流的桥梁、创造力迸发的源泉以及艺术实践的具体体现。只有当教师们真正领悟并把握住音乐的这些核心特质时，他们才能游刃有余地将音乐元素巧妙融入各自的学科教学之中，让融合教育不仅成为理论上的构想，更能在实践中生根发芽，绽放出绚烂的花朵，结出丰硕的果实。

一、"理解性"教学之音乐与多学科融合之深度剖析

在当今教育体系中，我们致力于培养的不仅是单一学科的专家，还有具备跨学科整合能力、能够灵活应对复杂问题的全面人才。因此，学科融合不仅是教育改革的重要方向，更是培养学生综合素养的必要途径。音乐，作为人类情感与智慧的结晶，其独特的艺术魅力能够跨越学科界限，与多领域产生深远的联系。然而，要实现音乐与其他学科的深度融合，绝非易事。

学科融合的关键在于教师需要具备双重能力：一方面要有扎实的教育理念作为支撑，另一方面还需要具备跨学科的专业知识，即博学多识，不局限于自己所教的学科内容。一堂课要充满深度和厚度，绝不应局限于某一单一学科。卓越的教师之所以能够启发学生、带领他们走得更远、更广，正是因为他们善于打破学科边界，进行知识的联结和综合应用。学科融合并不是一个全新的理念，在没有明确提出学科融合之前，那些卓越教师就已经在课堂上自发地将这一理念应用于教学中。也就是说，真正的融合并非简单地拼凑或叠加，而是需要教育者具备深厚的教育理念支撑和广博的学科知识底蕴，以实现知识的融会贯通和学生能力的全面提升。

在我县面临艺术教师（尤其是音乐教师）严重短缺的现实情况下，我们提倡的学科融合并非只是为了课改而融合，更主要的目的是解决当地教育资源短缺的问题，使兼职的音乐教师能够胜任课堂教学，让他们自愿承担起音乐教育的责任。考虑到这些兼职教师通常是其他学科的教师，例如语文、数学等，如何让他们愿意并能够上好音乐课，是我们必须面对的难题。因此，

将音乐与他们所教学科的内容进行融合,既减轻了教师额外的工作负担,也让他们对音乐教学有了更深的兴趣和动力。

对于这些兼职教师来说,他们对自己所教学科的内容相对熟悉,而对音乐则显得陌生。如何让这些教师通过培训将所学的音乐知识与技能融入自己所教学科中,实现真正的学科融合?必须从深入理解音乐的特质开始。这里的音乐特质,不仅仅是那些可以直接感知的表现要素(如节奏、音高等),更应包括对音乐精神的理解,只有这样,才能做到深层次的、有意义的融合。

(一)音乐之"道"

那么,何谓音乐?这个问题并不容易定义。从外在形式上看,所有音乐作品都包含节奏、音高等基本要素,但音乐的真正内涵绝不止于此。我认为,音乐是一门实践的艺术,它不仅是技巧与形式的组合,更是一种充满想象力和精神内涵的创造活动。这种理解可以通过三个关键词来概括:创造、情感表述和实践。

1. 创造

音乐的创造源于个人对生活的独特理解,它立足于现实,却又超越现实,是基于想象力的自由表达。这种创造不仅是对现实的简单复刻,还是对现实的再造和超越,以个体独特的视角,将内心的情感、思想和愿景升华为艺术形式。因此,音乐创作是一种深刻的精神探索。它不仅是技术上的实践,更是对自我与世界关系的重新诠释,是将内心深处的情感、思想和愿景,通过艺术形式呈现出来的过程。音乐创作的过程,就是探索精神深度、超越现实界限的过程。

2. 情感表述

情感的表达是音乐的核心。音乐不仅是音符的组合,更是情感的媒介。音乐能够超越语言的障碍,直击听众的心灵,引发深刻的情感共鸣。它可以传递各种人类情感,如喜悦、悲伤、希望等,并将这些情感以一种更为具体和具象的方式表达出来,使听众感受到创作者或演奏者的内心世界。这种普遍的人类情感使音乐成为一种具有普遍意义的艺术语言。因此,情感的传达是音乐最重要的特质之一,是引发人们共鸣、触动人心的根本所在。这意味着音乐的魅力在于它能够超越语言,直接与听者的内心产生共鸣,传递普遍的人类情感和美好愿望。无论是喜悦、悲伤还是希望，音乐都能通过其独特的形式将这些情感具象化，使之成为一种具有普遍意义的艺术语言。

3. 实践

音乐不能仅停留在想象的层面，它必须通过具体的音高、节奏、旋律等表现要素被表现出来。这种实践是音乐创作的最终呈现。停留在想象中的旋律或创意，并不能称之为音乐，只有通过演奏、演唱或其他形式得以表现的音乐作品，才能实现音乐的意义。也就是说，音乐的魅力不仅在于创作者的想象，更在于它通过具体的形式得以呈现，成为一种有形的实践成果。

因此，音乐的本质在于它既是创造性表现，又是对情感的表达，同时也是一种有形的艺术实践。这种多重内涵为音乐与其他学科的融合提供了理论依据和实践路径。当教师理解了音乐的这种内在特质，便能更好地将其融入其他学科中，使得音乐与语言、数学、科学等学科有机结合，真正实现教学的"理解性"与融合性。

这种"理解性"的教学融合，不是简单的拼接，而是要求教师理解各学科之间的内在联系，将不同的知识点和技能有机地结合在一起，帮助学生通过学习，学会表达与创造。这意味着学生们不仅通过学习能够更深刻地理解学科的内容，更重要的是，他们将被鼓励运用所学的多学科知识去表达自己的想法、创造新的成果。这一过程不仅提升了学生的综合素养，还极大地增强了他们解决实际问题的能力。因为学生们在探索与实践中，学会了如何灵活运用多学科知识，如何从不同角度审视问题，以及如何创造性地提出解决方案。

（二）音乐与多学科融合的价值探究

在深入探讨音乐与多学科融合的过程中，我们必须明确其核心价值取向，以确保融合不停留在表面，而是能够真正触及教育的深层意义。基于前文对音乐本质特征，即关键词的分析，我们强调，在音乐与其他学科的融合中，"创造""情感表现""实践"这三大元素应成为贯穿始终的灵魂。这是音乐之"道"，是融合之精髓，如果缺少这三者，就缺少了音乐的本质，即使融合中有音乐的元素（例如简单的音响效果），那也不能称之为真正的融合。

1. "倒逼"教师更新传统教育观念

音乐与多学科的融合，为传统教育观念带来了革命性的挑战。在乡镇教育环境中，教师往往习惯于"满堂灌"的教学模式，尽管他们可能意识到这种方式的局限性，但在实际操作中却难以自拔。而通过引入音乐中的"创造""情感表现""实践"等核心元素，教师们可以在教学中发现学生的积极变化。例如，音乐的情感表达和创造力要求学生进行自主的情感体验和表达，而不仅仅是被动地接受知识。当学生参与到这些富有创造性和情感互动的活动中时，他们的学习兴趣和参与度显著提高，课堂变得更加生动。教师在看到学生的这些积极变化后，逐渐意识到传统教学的局限性，不得不更新教育理念，走向以学生为中心的、注重经验和活动的现代教学模式。

2. 提升学生素养

学科融合的目的不是为了融合而融合，而是要将音乐的核心融入教学中。这种深度不仅体现在课堂的热闹与活跃上，更体现在学生的精神面貌和教学成果上。真正的教学成果不仅是学生答对题目、记住知识点，还要通过对知识的理解，能够发挥想象力，自主表达自己的想法。这种深度的融合使学生的学习不仅停留在知识点的掌握上，更是情感的共鸣和思想的拓展。

3. 助力学生情感与思维双向发展

学生思维的发展始终是教育的核心所在，这根植于人类对理性的内在需求。西方古代哲学家尤为重视人的理性发展，视其为区分人类与动物的关键标志。苏格拉底是古希腊哲学的奠基者之一，他强调通过理性对话与质询来理解真理。苏格拉底相信理性可以帮助人们摆脱无知，他提出了著名的"美德即知识"的理念，认为只有通过理性思考才能明辨是非、追求善良。他将理性看作灵魂的最高功能，用于自我反省和追求真理。柏拉图，苏格拉底的学生，也极为重视理性。他在《理想国》中提出了"理性应统治情感和欲望"的观点。柏拉图把人的灵魂分为三部分：理性、情感和欲望，认为理性应该是灵魂的最高统治者，指导人们追求真善美的生活。他强调理性，是因为他相信理性是人们获得真正知识、理解形而上的"理念世界"的途径，只有通过理性，人类才能摆脱感官的束缚，看到更高层次的真理。柏拉图的学生亚里士多德同样认为理性是人类独特的能力，并称人类为"理性的动物"

(rational animal)。在他的伦理学作品（如《尼各马可伦理学》）中，亚里士多德认为幸福（eudaimonia）源于理性活动的实现，并强调通过理性选择行为，人才能达到至善生活。他把德性分为伦理德性和智性德性，后者通过理性发展而来。他认为，理性是实现人类本质潜能的关键，是人与自然和谐相处并实现个人幸福的手段。斯多葛学派认为，理性是人类唯一的内在力量，可以使人摆脱情感的束缚，达到内心的平静（ataraxia）。他们认为，外在的痛苦和情感的困扰只有通过理性控制，才能实现真正的自由。

总之，在西方古代哲学家看来，理性让人们能够进行抽象思考、推理、制定规则和理解世界。理性不仅是认识工具，也是指导行为的准则。通过理性，人可以明辨是非，选择符合德性的行为，达到个人道德的至善。例如，斯多葛学派通过理性抑制感情波动，追求道德的自制与平静。正是因为人具有理性，人类才能形成社会规范、道德原则以及科学思维，最终摆脱混乱，实现社会和个体的和谐。通过强调理性，他们为人类社会的发展奠定了追求智慧和理性理解世界的基础。因此，我们看到理性是人之所以为人的根本，它代表了人类的智慧与秩序。从笛卡尔的"我思，故我在"到康德的"绝对道德律令"，理性发展皆被视为人类社会进步的基石。

然而，随着时代的发展，我们面临的问题已经不再是人与动物的区别，而是人与机器的区别。机器是否拥有理性？如果理性只是思维的能力，那么机器确实具备。由此可见，人与机器的区别不仅体现在理性上，更体现在情感上。虽然机器能够通过算法模拟逻辑思维和理性决策，但它们缺乏真正的情感体验。人类的情感包含了丰富的主观体验、情感共鸣、同理心，以及对生活中微小细节的感受，这些都是机器无法复制的。情感使得人类拥有爱、同情、希望等复杂而深刻的情绪，这些正是人类与机器之间最根本的区别。

情感比理性更能体现人类的独特性。理性让我们的生活变得有序、稳定，但这种有序常常缺乏色彩和温度。而情感虽然带有偏见和主观性，却能为生活增添多样性与美好，使生活更具人性化。情感的核心在于感受，它使人类的生活充满感动、惊喜和温暖。现代教育不仅要培养学生的思维能力，更需要培养他们的感受力，使他们在理性与情感的双向发展中，真正获得幸福和满足。虽然科技是第一生产力，思维的发展是核心，但要实现人的全面发展，仅有理性是不够的。我们必须重视情感教育，使学生在理性和情感之间找到平衡，既能理性地分析问题，又能有情感地感受生活。只有思维与情感双向发展，学生才能真正成长为完整的人，拥有面对生活挑战的智慧与勇气。

音乐的创作过程不仅融合了理性思考，更深深植根于情感的沃土之中，可以说，它是基于情感的理性表达与创造。因此，当音乐与多学科相融合时，这种融合不仅能够有力地促进学生的思维能力发展，还能够显著提升他们的情感感知力，实现理智与情感的双重滋养。

（三）音乐与多学科融合教学之原则

1. 鼓励个性化理解与想象

音乐作为一种高度创造性的艺术形式，本质上需要学生通过自身的理解发挥想象力。在教学中，不应对学生的思维过于限制，而应给予他们一定的自由空间，鼓励他们大胆提出自己的想法。学生在问题探讨中应形成自己的观点，而不是单纯迎合教师的预设答案。课堂上的问题讨论不应局限于确认一个"正确答案"，而是要通过引导，激励学生基于自己的思考提出独特的见解，从而培养他们的创造性回应。

这种个性化的理解与想象，不仅帮助学生建立自信，也为他们在学习中的主动表现奠定了基础。这种能力的培养对于音乐与多学科融合尤为重要，因为只有当学生能够在问题中找到属于自己的答案时，他们才能真正融会贯通并最终展现自我。通过这样的方式，教育不仅在于传授知识，更在于激发学生的潜力，帮助他们构建独立的思维和创造性的表达。

2. 重视情感体验与联结

人与机器的根本区别在于人拥有情感，而机器无法自发地生发情感共鸣。在教学中，我们常常过于关注逻辑与推理的培养，而忽视了情感在知识构建中的重要作用。事实上，正是情感赋予知识以深刻的联结和意义，使学习不再是一项冷冰冰的任务，而是一种充满价值的体验。情感联结能够将学习与生活融为一体，让学生感受到知识背后的人性光辉和社会意义。

即使是在偏理科的学习中，也必须重视情感的培养。情感是人与人之间的纽带，它不仅让学习充满温度，还能使生活更加多彩、充满希望。当一个人情感冷漠，无法感知他人或主动建立联结时，他无法真正融入社会或为社会带来积极的改变。在教育中，情感的培养有助于学生对知识产生深刻的体验和认同，同时促进思维的全面发展。

音乐教学重在感知和体验，这样的方式使学生不仅能够更轻松地理解复杂的知识，还能将温暖与感受融入学习过程。情感为课堂注入生命力，它使学习成为一段有温度、有意义的旅程，帮助学生在与知识的对话中构建对自我和世界的更深理解。

3. 强调表现与成果展示

音乐不仅仅是存在于想象中的音符，它必须通过创造和表现来得以实现。这揭示了教学的核心目标不应局限于知识的传授，而要让学生通过实践，主动展现他们的理解与成果。这种"表现"不仅是考试成绩或标准化测试的结果，更是学生在各个学科领域中的个性化表达和创新创造的体现。表现的意义在于，它承载了学生对学习内容的独特理解和内在转化，同时也是学习过程不可或缺的一部分。

教学成果的评估不仅体现在学生的成绩或知识掌握程度，更重要的是体现在他们对学习内容的深刻理解和个性化表达。表现的教学不仅展示学生所学的知识，还反映了他们如何通过想象力和创造性将知识内化并转化为新的表达形式。比如，在音乐与多学科融合中，表现可以是一场独特的音乐创作、一段基于学科知识的多维表演，甚至是一种全新的问题解决方式。

更深层次地看，表现是学生情感与理解的外化，是他们全身心参与教育过程的重要标志。通过表现，学生能够更直观地感受到学习的意义，从而激发他们的热情与创造力。这样的教育不仅关注学生的认知发展，更关注他们的情感体验和全面成长。这种基于表现的教学方法，不仅让学生展示他们的成果，也使课堂成为一个充满活力和创造力的场域，为他们未来的发展奠定坚实基础。

（四）音乐与多学科融合教学之路径

在实施音乐与多学科融合教学的过程中，我们应注重从纯外在形式工具到内在实质的全面融合，值得注意的是，并非外在融合浅薄而内在融合才显高级，实则两者相辅相成，神形兼备，缺一不可。若仅有内在之"道"而缺乏音乐的外在表现形式，就如同精神缺乏载体，难以显现其魅力；反之，若音乐仅停留于外在的"衣裳",而缺少内在的思维深度和情感表达,也会显得空洞无物,缺乏活力。因此,真正的融合应当内外兼修,形神兼备。

1. 外在结合:音乐元素的多学科渗透

(1)节奏与律动的融入可暖场并营造氛围。通过音乐元素(如节奏和旋律),可以将课堂气氛活跃起来,缓解学习压力,为学生创造一个轻松愉悦的学习环境。音乐的节奏可以成为课堂教学暖场的工具,用以打破常规课堂的沉闷感,营造一种热闹、积极的学习氛围。音乐表演、合唱或乐器演奏等形式,为课堂增添热闹和活力,激发学生的学习兴趣并提升其参与度。

(2)利用旋律辅助记忆与理解。将音高和旋律元素编入知识点,帮助学生更好地记忆学习内容。比如,运用节奏朗读诗歌,或者用简单旋律来帮助学生记住复杂的科学概念和公式。通过这种方式,知识变得生动有趣,学生在轻松的学习氛围中更容易掌握内容。

2. 内在融合:创造、情感与表现的激发

(1)激发创造性思维。融合音乐的教学要从表面上的节奏和律动深入到学生的创造性思维。在课堂中,鼓励学生利用音乐元素去联想和想象,帮助他们从多个角度看待问题。比如在语文课上,可以鼓励学生用音乐来为诗歌编曲,表达他们对诗歌情感的理解。这种方式不仅锻炼了学生的音乐创作能力,更增强了他们对文学作品的思考与理解。

(2)情感表达与联结。设计教学情境时,音乐可以成为连接学生与知识的桥梁。情感体验是课堂的重要部分,教师通过音乐传递情感,引导学生体会学习内容的深层含义。比如,历史课上用激昂的音乐表现历史事件中的情感波澜,使学生更好地体会当时的情绪氛围。音乐不仅是工具,它应该成为学生与知识、情感之间的联结纽带。课堂实践时可鼓励学生用音乐来表达自己的情感和观点,如通过创作歌曲、编写歌词等方式,抒发内心的感受和思考。

(3)支持创意表现。在教学中,表现不是简单的答题和背诵,而是一种基于个体理解的展现。在多学科融合的课堂中,学生应当有机会通过音乐、语言、艺术等方式展现他们的学习成果和理解。教师需要设计合适的情境,给予学生充分的支持与空间,让他们在表现的过程中获得自信,并在这个过程中不断深化对主题内容的理解。除此之外，为学生提供多样化的表现平台，如音乐会、艺术节、在线音乐分享等，让他们有机会展示自己的音乐才华和跨学科学习成果。注意在教学过程中给予学生及时的反馈和指导，帮助他们不断提升自己的表现能力和自信心。

3. 由外而内、由浅及深的探索过程

音乐与其他学科的融合是一个渐进的过程，教师应当从最基础的外在融合逐步加深至内在的思维与情感层面。值得注意的是，由外到内并不是"撇开"外在，即那些看得见的音乐元素，而是带着音乐的形式走向音乐之"道"。刚开始时，可以将简单的节奏与旋律来融入课堂，逐渐引导学生进行深层次的思考，最终达到情感表达与创造性表现的目标。

音乐与多学科融合的教学路径是一个经过初步尝试—深入探索—持续发展的过程。应注重外在形式的创新与内在素养的提升相结合，由外而内、由浅及深地引导学生探索音乐与其他学科之间的联系和共通之处，培养他们的创造力、情感表达能力和跨学科思维能力。音乐与多学科的融合不仅能增强课堂趣味性，还能促进学生的思维深度与情感体验，使整个学习过程更加完整且充满意义。

二、以语文（诗歌）为切入点，探究语言与节奏、旋律之间的内在联系

在面向兼职音乐教师的培训中，特别是考虑到乡镇学校中语文教师兼职音乐的普遍情况，我们以诗歌作为音乐与多学科融合的切入点，旨在通过"理解性"教学，实现"音诗交融"的教育目标。这一融合不仅基于音乐技能的核心——音高与节奏，更深入挖掘了语言与音乐之间的内在联系，特别是诗歌与节奏、旋律的紧密关系。

（一）诗歌与节奏：情感的共鸣与表达

节奏，作为音乐与语言共有的元素，是连接两者情感的桥梁。在日常生活中，我们的说话、行走甚至心跳都伴随着节奏的变化。而诗歌，作为语言的精华，其朗诵更是节奏感的极致体现。诗歌的节奏，不仅是时间长短的排列组合，更是情感起伏的载体。

音乐中的节奏，除了体现时间上的快慢变化外，更蕴含着丰富的情感色彩。例如，"二八节奏"因其平稳而稍快的特性，常被用于儿童歌曲中，营造出一种天真烂漫的氛围。这种节奏特点与五言律诗的朗诵不谋而合，尤其是像《望庐山瀑布》这样充满豪放浪漫情感的诗作。当小学生用"二八节奏"朗诵这首诗时，不仅能够准确捕捉诗歌的浪漫气质，还能将自身的天真无邪与诗中的意境完美融合，实现情感上的共鸣与表达。

诗歌和音乐，作为文化与传统的瑰宝，自古以来便紧密相连，共同编织着人类文明的绚丽篇章。在中国古代，诗歌与音乐的融合达到了极高的艺术境界，众多古诗在配乐吟诵中焕发着独特的魅力，诗歌的节奏与音乐的节拍相得益彰，共同构建了一种全方位的文化体验。同样，在西方中世纪，游吟诗人以乐器伴奏吟唱诗歌，使得诗歌的韵律与音乐的节奏相互交织，不仅增强了诗歌的表现力，也极大地促进了其传播与影响。诗歌中的节奏与音乐中的节奏之间存在着深刻的内在联系，这种关联在结构、情感表达和艺术效果上均得到了充分体现。

1. 韵律感

诗歌中的节奏主要通过音节、押韵和韵脚的排列来体现。诗歌的韵律常常与音乐中的节奏相似，具有一定的重复性和规律性。例如，十四行诗、格律诗等都有严格的音节与韵脚的结构，这些节奏感使得诗歌朗朗上口。

音乐中的节奏则由音符、重音、拍子等元素形成。类似地，诗歌中的节奏通过重音、音步、韵脚等元素来构成具有音乐性的音韵。诗歌的韵律不仅影响听觉上的愉悦感，也常常为诗歌的情感和内容提供节奏韵律感，使其更具有音乐的流动感。

2. 拍子与音步

诗歌中音步的概念与音乐中的拍子非常类似。例如，英文诗歌常有五音步抑扬格（iambic pentameter）等音步类型，这些音步在朗读时会形成一种有规律的强弱节奏，与音乐中的二拍子、三拍子等拍子的变化相似。

诗歌的每一个音步（如抑扬格的重音与非重音）可以理解为音乐中的一拍与半拍，朗读时的重音和停顿与音乐中的重音与弱音有异曲同工之妙。这种节奏型的存在，使得诗歌朗诵时有一种"韵脚感"，类似于音乐中的节拍。

3. 重复与节奏的循环

在诗歌中，常常有重复的词句或结构，这些重复形成了一种节奏感，使得诗歌具有音乐般的流畅性。比如叠句、押韵、排比等手法的运用，都让诗歌呈现出一种节奏的规律性。

在音乐中，节奏的重复是一个重要的特征，例如反复的节拍、旋律的循环等。这些重复和循环使得听者能够更好地抓住节奏的变化和音乐的情绪起伏。同样地，诗歌中的重复不仅是形式上的重复，也可以通过节奏的变化表达情感的递进。

4. 情感表达

诗歌和音乐中的节奏都对情感的表达具有重要作用。诗歌中的节奏通过抑扬顿挫、长短句的搭配来调节情绪的变化。例如，急促的节奏可以表达紧张、愤怒等情绪，而平缓的节奏则适合表达宁静、抒情的情感。

音乐中的节奏通过速度和强弱的变化来传达情感。比如，欢快的音乐通常伴随着明快的节奏，而忧伤的旋律往往伴随着缓慢的节奏。诗歌通过节奏的设计，能够使听者感受到类似音乐中的情感波动，从而与音乐产生共鸣。

5. 节奏与表演的结合

在诗歌的朗诵中，节奏扮演着重要的角色。好的朗诵者会注意到每一行诗的节奏感，用抑扬顿挫来带出诗的情感，这与歌唱表演中的节奏掌控十分相似。

诗歌朗诵可以被看作是音乐表演的一种形式。许多诗歌可以被谱曲演唱，正是因为它们内在的节奏感与音乐节奏有着天然的契合。例如，民谣中的歌词往往具有很强的诗意，诗的韵律和音乐的旋律很好地结合在一起，使得音乐和诗歌融为一体，共同增强了艺术效果。

（二）语言（诗词）与旋律：深层的艺术交融

诗歌，作为语言与情感的结晶，自古以来便与音乐紧密相连，共同构成了人类文化艺术的重要篇章。在诗歌的分化与演变过程中，诗与歌虽然逐渐分离，但两者之间的内在联系却从未断裂。诗歌讲究押韵、节奏，其语言本身就蕴含着音乐性，与音乐中的旋律有着千丝万缕的联系。具体而言，他们的关联在于以下六个方面。

1. 音高变化与旋律的流动性

诗歌语言的音高变化，如同音乐旋律中的起伏，是情感传递的重要载体。在诗歌朗诵时，语调的起伏变化与音乐旋律的升降相呼应，共同塑造出作品的情感色彩。押韵的诗句末尾音调的上扬或下沉，不仅为整首诗的情绪定下了基调，也与音乐旋律中的音高变化相得益彰，增强了诗歌的音乐美感。

2. 节奏的对应性

诗歌与音乐在节奏上存在着天然的对应性。诗歌的节奏源于音节的长短、重音的分布以及句式的韵律，使得诗歌在朗诵时具有鲜明的音乐感。而音乐旋律中的节奏，同样由音符的时值、重音以及音的组织方式决定，与诗歌的节奏在快慢强弱的对比中构建了相似的流动性。在为诗歌谱曲时，诗行的节奏往往成为音乐旋律节拍模式的基础，如《静夜思》等唐诗被改编成歌曲时，五言句的短促节奏与简单的旋律线条便形成了完美的融合。

3. 韵律感与旋律的和谐性

诗歌的韵律感与音乐旋律的和谐性相互映衬，共同构成了作品的美感。诗歌中的押韵、句末尾音的重复以及节奏的规则性，使得诗句本身具有音乐般的流畅性。而音乐旋律的和谐性，则源于音符之间的和谐关系，这种和谐与诗歌语言的韵律形成了自然的对应。诗歌的韵律为旋律提供了框架，而旋律则使诗句的美感更加立体和生动。

4. 情感表达的一致性

诗歌与音乐在情感表达上具有高度的一致性。诗歌以凝练的语言表达丰富的情感，而音乐旋律则通过音高、速度和动态的变化来传达情感。两者在情感表达上相辅相成，共同塑造了作品的情感世界。例如，哀婉的诗歌常用缓慢、下行的旋律来增强悲伤的情感，而激昂的诗歌则常用快速、上行的旋律来突显其张力。

5. 语感与旋律线的匹配

诗歌的语感与音乐的旋律线在流动性和节奏感上有着紧密的匹配关系。诗歌的语感是由语言自然的音高、节奏和重音形成的流畅感，它使得诗歌具有内在的节奏美。而音乐的旋律线则往往追随诗歌语言的语感而设计，确保音乐与语言的和谐统一。在现代艺术歌曲中，这种匹配关系得到了充分的体现，作曲家会根据诗句的自然语调来构建旋律线，使得音乐与诗歌在听觉上形成完美的融合。

6. 诗歌语言与音乐旋律的文化共性

诗歌与音乐作为文化的载体，都深受其所在文化的影响。不同文化的诗歌语言有着独特的节奏和旋律感，如中国古代诗歌注重平仄和对仗，而西方诗歌则突出重音节奏和押韵。同样，不同文化的音乐旋律也与其语言特点密切相关。例如，中国传统音乐旋律多基于五声音阶，与汉语诗歌的抑扬顿挫相契合；而西方音乐旋律则受多音节语言的影响，呈现出复杂的音符组织。这种文化共性使得诗歌与音乐在跨文化的交流中能够相互借鉴、相互融合，共同创造出更加丰富多彩的艺术形式。

总之，诗歌中的语言与音乐中的旋律有着深层的关联，它们通过音高、节奏、韵律和情感表达等方式共同作用，使得诗歌朗诵时具有音乐性，而音乐中的旋律则因语言的引导更具表现力。两者的结合不仅丰富了艺术表达形式，也创造了更加立体和动人的听觉体验。

三、"理解性"教学之音乐与多学科融合的实践探索

基于前期的理论讲座基础，我们从参与培训的 50 多位教师课堂中甄选出了 13 节富有创意且蕴含深邃思考的课堂，作为"理解性"教学理念下音乐与多学科融合的实践展示课。这些公开课的一个显著特点，就是由音乐教师与其他各学科教师携手合作，共同进行教学设计与实施。这一创新性的合作模式不仅带来了诸多令人眼前一亮的惊喜，也产生了一些未曾预料到的"意外"。

（一）理论思考与实践

基于"理解性"教学的理论探索，我们在音乐与多学科融合的教学设计中开展了深入的理论思考与实践探索。这次研讨不仅是对学科融合的大胆尝试，更是对"理解性"教学理念的深化理解和具体运用。在研讨过程中，我们特别关注了音乐情感的核心作用，以及如何将其巧妙地融入教学情境的创设之中。

教学的目标不应仅仅停留在知识的传递，而应通过师生间的互动与真实情境的构建，帮助学生与主题内容进行深度对话，并与更广阔的世界建立起

有意义的联系。在此过程中,我们发现,不仅音乐教学,几乎所有学科都面临一个共同的挑战:如何激发情感,以及情感在知识理解与创造中究竟从何而来。这些问题构成了本次研讨的重要议题。

基于老师们教学设计中暴露出的问题,我们集中探讨了如何更有效地将音乐的情感表达与学科内容融合。通过深入的理论分析与教学设计的调整,老师们带着新的思考回到课堂进行实践,再次验证和改进自己的教学方案。与此同时,为确保理论与实践的统一,我们邀请了一些自愿展示教学成果的老师开展公开课,并在公开课后集中探讨音乐与多学科融合过程中仍然存在的实际问题。

通过这样的研讨和实践循环,我们不仅深化了对"理解性"教学的理解,也为教师们提供了更实用的教学策略,使他们能够在学科融合中更好地展现教育的力量与价值。

1. 理论研讨

2024年5月31日,在邵阳县第一高级中学的艺术楼内,"音你精彩"卓越教师工作室的第二季学员们,如同璀璨的星河,准时在此集结,携手共探"理解性"教学的深邃之道。本期活动继续围绕"理解性"教学模式展开,深入理解音乐与多学科融合的精髓与奥妙,以期在思维的碰撞与交融中激发出智慧的火花。

图 6-1 "理解性"教学——音乐与多学科融合创新之理论讲座

（1）"理解"应在情境之中。张怡珑老师在第四期活动中与我们深入探讨"理解性"教学模式之后，于本次课堂中再次启迪我们的心智。

张老师以课程理念为引，娓娓道来创设情境的奥妙，再将自己曾经创设的情境毫无保留地分享。她的言辞于我们如同春风拂面，为老师们打开了一扇扇思维的窗户，使我们对创设情境有了更加深厚的领悟。在她的分享中，老师们的思想如同涓涓细流，汇聚成对教学情境的深刻理解。

图 6-2　"理解性"教学——音乐与多学科融合创新之情境教学实践分享

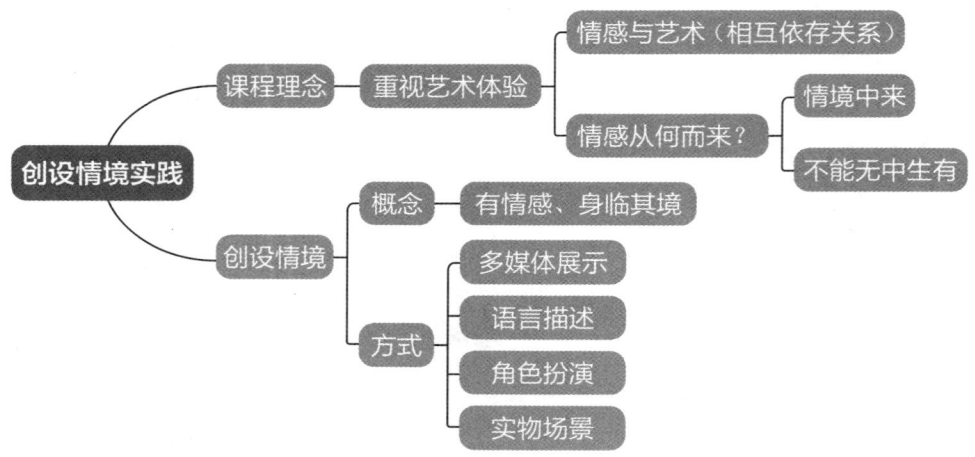

图 6-3　"理解性"教学——创设情境思维导图

张老师以真挚的情感向我们展现了她在面对教学情境时的独特见解与曾经的困惑。她说每一次研讨宛如一缕清新的微风，给自己带来了新的思考角度与灵感火花。通过聆听她个人案例与真实经历的细腻述说，老师们得以更深入地理解情境教学的精髓，这无疑对我们的教学实践有着极大的帮助和启示。我记得她曾经和我分享她在创设情境时的困惑："刚开始我总在想，这样设定的情境算不算真实？又如何让学生真正投入到这个情境表演中？"在我们的对话中，我逐渐意识到，情境的真正精髓在于营造充满情感和身临其境的体验。听了她的困惑，再结合讨论，大家恍然大悟，明白了情境设计应注重情感的投入，而非仅仅追求形式上的真实。

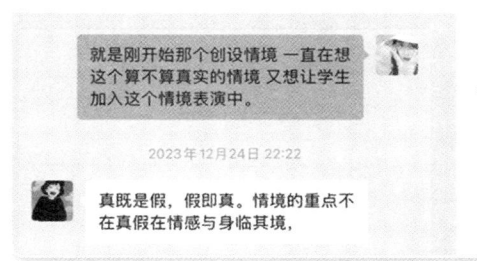

图 6-4　"理解性"教学——音乐与多学科融合创新之情境教学之惑

（2）"理解性"教学模式之学员课堂教学设计分析。在上一期的"理解性"教学模式探索之后，笔者为学员们精心设计了一项挑战：结合音乐分元素，跨学科地设计一份别具一格的教学设计。这一任务不仅考验了学员们对"理解性"教学的领悟，还激发了大家的创新思维。

图 6-5　"理解性"教学——"教在今朝，育予未来"理论讲座

我在"教在今朝，育予未来"的讲座中，先针对每位学员的教学设计进行逐一点评，既肯定了他们在螺旋课对象信息、教学目标转向核心素养、语文与音乐融合以及音乐与其他学科深度融合等方面的精彩之处，也抛出了我的一些疑问，希望能启发大家进一步思考：如何在真实的课堂环境中落地"理解性"教学。在此过程中，我尤其强调了情境教学的重要性，鼓励学员们思考如何让学生通过情感与身临其境的体验，不仅回溯历史，更能展望未来。

我的初衷是帮助大家在日常教育中真正融入情境教学，让孩子们在跨学科的融合中深度理解知识、激发创造力，从而达到可持续发展的教育目标。

为了让学员们深刻体会情境创设对学生情感表达的重要性，我亲自上阵，与学员们共同演绎了一出情景剧。在剧情的推动下，学员们真切地体验到了"愤怒"这一情感的流露。通过我生动而富有感染力的讲解，现场迅速营造出热烈的氛围，学员们也变得异常热情，积极投入到对"理解性"教学模式的深入探索中。这场讲座不仅让学员们收获了宝贵的知识，更点燃了他们对音乐与多学科融合尝试的热情与期待。

图6-6 现场演示何谓"理解性"教学

培训高潮不断，讲座环节结束之时，为了更能理解"理解性"教学模式，突出情境对课堂创设的重要性。芙蓉学校冯佳田老师结合自身丰富的教学经验，分享了如何在课堂中创设有效的情境。他通过生动的实例展示了情境创设在课堂教学中的重要性，强调情境创设不仅可以激发学生的学习兴趣，还能促进学生的深度思考和能力发展。他还为教师们提供了实用的教学策略和方法。创设情境正是让课堂变得有趣、充满活力的重要手段。

图6-7 工作室第一季学员分享"理解性"教学实践成果

（3）跨学科教学新探。在跨学科教学的新探索中，我组织学员们围绕"理解性"教学展开讨论，分享各自关于音乐与多学科融合的教学思路。在上一期的培训中，我以"何谓理解"、"何为理解"以及"如何理解"这三个深刻的问题为切入点，深入浅出地阐释了我所构建的"理解性"教学模式。培训结束后，我看到学员们积极地将所学知识融入各自的学科教学，并精心设计出了一堂堂生动而富有创意的课程。这让我深刻体会到，跨学科教学的实践不仅丰富了教学形式，也为学生提供了更广阔的学习体验。

图 6-8　工作室第二季学员分享音乐与多学科融合之教学现场

通过分享各自的教学思路，教师们热烈交流了他们的观点与感悟。例如，美术教师周文清另辟蹊径，提出将音乐与美术元素进行"点对点"的深度融合。她设想通过播放不同风格的音乐来传达特定的情感，并以此为灵感，引导学生用相应的色彩在画布上表现出那些音乐所引发的情绪。在语文教师组，黎娅、邓玉童、刘舒、王胤振、王朕、李国庆、苏文彬和黎琇等老师，则从音高、节奏与语言之间的内在联系出发，深入探索了语文与音乐的相互融合。数学组的钟桂松和刘舒老师，巧妙地将数的概念发展史，以及分数与音符时值的对应关系，作为探讨数学与音乐之间有趣关联的切入点。科学老师王嘉则独具匠心地从种子发芽的过程与音乐旋律的走势中，发掘了音乐与科学之间的巧妙联系。而地理老师黎伴银更是以巴西舞曲为核心，设计了一堂别开生面的地理与音乐融合课。

图6-9 工作室第二季学员分享音乐与多学科融合之教学现场

我们深知,唯有深入实践,方能真正理解并掌握"理解性"教学模式的真谛。聆听了老师们的精彩分享,我们无不怀着激动的心情,热切期待着下一期能在课堂上亲身经历音乐与多学科融合创新的教学实践。而这无疑是一次前所未有的教学探索与尝试!相信在"理解性"教学模式的指导与实践下,我们将会为学生们带来更多精彩、生动的课堂体验,真正实现"教在今朝,育予未来"的教育目标。

2. 公开课实践

为解决我县音乐教师短缺的紧迫问题,并进一步提升兼职音乐教师的教学水平,"音你精彩"卓越教师工作室精心筹备,2024年6月5日—6日,在县芙蓉学校录播室成功举办了"诗歌有戏"——邵阳县兼职音乐教师教

图6-10 "理解性"教学——音乐与多学科融合之公开课展示

学能力提升第六期培训。本次活动基于"理解性"教学模式，深入探索了音乐与其他学科的教学融合探究。这一创新的尝试旨在打破传统的教学框架，为教师们带来新的教学理念，同时也让学生们能在愉悦的氛围中高效地完成学习任务。

（1）6月5日公开课实记

①塘渡口镇中心学校　钟桂松"'理解性'教学之探究——数的发展"

钟老师以"理解性"教学为核心，回顾了数的历史发展，通过讲述毕达哥拉斯与其徒弟希帕索斯辩论的古老故事，引导学生深入理解了"万物皆为数"的哲学思想。更为独特的是，他尝试将数学与音乐相融合，让学生在唱诵无理数$\sqrt{2}=1.4142135623731\cdots\cdots$的旋律中，体验数学与音乐的和谐之美。钟老师的课堂充满激情，学生们沉浸在数与美的探索中，这种深沉的思考氛围感染了每一位在场的教师，展示了一堂基于"理解性"教学模式有思想、有深度的数学课。

图6-11　"'理解性'教学之探究——数的发展"——音乐与数学融合之公开课

②黄塘乡中心学校　苏文彬"四时田园杂兴（其二十五）"

在参加苏老师的公开课时，我发现她的教学风格稳健而规范。她坦言自己在教学中最大的难点在于"唱不好"，因此巧妙地将音乐中的节奏元素融入了诗词教学。在"理解性"教学理念的指引下，苏老师着力探讨如何帮助学生更深入地理解诗句的内涵。她不仅采用了传统的初读与再读方法，还积极探索了更多启发学生理解诗句的新途径。对此，我深表赞赏，并鼓励她将这次公开课作为起点，把经验带回学校，与本校的教师们共同开展"理解性"教学的校本研修。课后，苏老师感慨地说，在观摩了其他学员将语文与音乐融合的精彩教学后，她才发现语文课与音乐的结合竟如此精妙，看着她眼中闪烁着对未来教学的期待与憧憬，我内心也充满了激动和期待。

图6-12　"四时田园杂兴（其二十五）"——音乐与语文融合公开课

③九公桥镇中心学校　刘舒"分数与音符"

刘老师以大胆的创新精神，完全打破了常规的教学方式。她以"理解性"教学为基础，通过任务驱动，让学生在音符的世界里理解分数。这种"循序渐进"的理解方式不仅鼓励学生进行创造，还让他们在音乐与数学的交融中感受到了学习的乐趣。这堂充满惊喜的教学改革课，让学生第一次体验到了数与音乐的完美结合，以及数的无限可能。刘老师通过音乐创作的方式展示学生的能力，让人意犹未尽，同时也让我们感受到了课堂的精彩。

图6-13 "分数与音符"——音乐与数学融合公开课

④下花桥镇中心学校 邓玉童"乡下人家"

邓老师的这堂课充满了用心与巧思。她亲自拍摄了家乡的视频，熟悉的环境立刻让学生安静下来，更好地融入了课堂氛围。在"理解性"教学的指导下，她聚焦于如何进行情感体验，并围绕乡下景色进行音乐创编。在这堂课中，学生们化身"说唱家"，用音乐来表达对乡下景色的理解与感受。课堂最后，邓老师敏锐地发现了课文中的遗憾——缺少了乡下的"冬"季。为了弥补这一遗憾，她鼓励学生进行创作，写词、歌唱，孩子们在邓老师的带领下变成了"作词人"。在优美的旋律中，学生们不仅弥补了课文的遗憾，还呈现出了自己心中的乡下人家。课后评议时，大家都对邓老师的教学方式赞不绝口，认为这样做真正让学生理解并体验到了乡下人家之美。

图6-14 "乡下人家"——音乐与语文融合公开课

⑤谷洲镇中心学校 李国庆 "静夜思"

在李老师的"静夜思"课堂上,学生们被引导在节奏的律动中深切感受诗意。老师巧妙地通过图画的情境设定,带领同学们穿越时空,仿佛重返李白挥毫创作此诗的瞬间,使得每位同学都化身为那位满怀思乡之情的诗人。随后,同学们热情高涨地创作出自己的声势律动,以独特的节奏感朗诵已学的诗词,每个人都跃跃欲试,渴望展示自己的作品。李老师看到学生们的热情,也是兴奋不已。在这样的互动中,同学们不仅理解了诗意,更将整首诗深深地镌刻在了脑海之中。课堂上,同学们全然沉浸在古诗的情境中,以至于下课铃声响起时,大家还意犹未尽。整个教学过程轻松愉悦,原来诗词离我们并不遥远,它就在我们的课堂与生活之中。

图 6-15 "静夜思"——音乐与语文融合公开课

⑥金称市镇中心学校　张渺"雪地里的小画家"

张渺老师一亮相，她满面春风的笑容与亲切的肢体语言，便瞬间引领我们踏入了一个充满欢乐的奇妙动物王国。她以音乐巧妙地模拟出各种动物的叫声，将同学们一一幻化成可爱的小动物，共襄一场别开生面的动物派对。在这场派对中，每个人都成为了雪地里的小小画家，随着音乐的节拍，用自己的脚印在雪地上绘制出一幅幅绚丽多彩的画卷。张老师精心打造的音乐情境，如一股清新的风，吹拂整个课堂，将教学氛围推向了高潮，让学习变得既有趣又生动。在这堂课中，音乐和语文水乳交融，打破了学科的固有界限。课堂上，师生欢声笑语，歌声与知识交织，营造出一种愉悦而和谐的学习氛围。时光的流逝似乎被忘却，下课铃声响起时，师生们仍依依不舍，沉醉在这别出心裁的教学体验中。

图6-16 "雪地里的小画家"——音乐与语文融合公开课

⑦河伯乡中心学校 王朕"四时田园杂兴"

王朕老师在讲台上展现了不同寻常的教学风采,他的歌声比言语更能打动人心。在"理解性"教学的指导下,王老师致力于让学生在日常生活中深刻体验诗词情感。为此,他别出心裁地引导学生根据诗词内容编排动作,并巧妙地运用堂鼓进行伴奏。当同学们充分理解了诗句的深意后,他更是为《四时田园杂兴》谱写了优美的旋律,并配以伴奏,使得诗句更加朗朗上口,便于学生记忆。然而,由于曲调颇具难度,同学们在演唱时颇感吃力。王老师期望学生展示时,现场却陷入沉默。这给我们带来了深刻的启示:学生并非不配合,而是我们所选取的教学内容难度过高。因此,如何挑选适合学生的教学内容,成为我们必须深入思考的问题。

图6-17 "四时田园杂兴"——音乐与语文融合公开课

⑧蔡桥镇中心学校　王嘉"种子里孕育着新生命"

王嘉老师的"种子里孕育着新生命"一课,以袁隆平爷爷的伟大贡献为引子,提出了一个引人深思的问题:如果你是一颗种子,你将如何为世界增添美好?王嘉老师运用"理解性"教学的方法,围绕种子的生命周期——从播种到生根、发芽,再到结果——引导学生深入探索种子与人生的紧密联系。在课程中,学生们化身小小科学家,细致地观察了种子的精巧结构,并认真记录了种子顽强破土而出的过程。同学们不仅观察了种子的外观,更深入探索了它的内部结构以及成长过程中的每一个细节。随后,王老师为学生们播放了一段轻柔的音乐,引导他们将自己想象成一颗种子,在音乐声中感受从生根发芽到茁壮成长的力量。这样的教学方式不仅让学生们深刻理解了种子的生命力,还让他们体会到了成长的不易与美好。

图 6-18 "种子里孕育着新生命"——音乐与科学融合公开课

（2）6月6日公开课实记

①邵阳县第一高级中学　周文清"感受音乐中的美术元素"

周文清老师，化身为一位深谙艺术之道的魔法师，以"康定斯基"人物创设情境，引领着孩子们通过音乐的旋律与节拍，踏入一个绚丽多彩、如梦如幻的图画殿堂。在这别具一格的课堂上，周老师以音乐为媒介，巧妙地融合了绘画艺术的点、线、面元素。她通过生动的故事情境，深入浅出地阐述了图画的内涵与背景，不仅激发了孩子们的想象力，更鼓励他们勇敢地表达出自己内心的"奇思妙想"。在"理解性"教学的模式下，孩子们首先学会了理解自己的无限创意，进而敢于展现自我，分享他们那些独树一帜、自由驰骋的想法。这样的教学方式，不仅让孩子们在艺术的世界里畅游，更在无形中培养了他们的创造力与自信心。这堂融合了美术与音乐的创新课程，真正将学生的主体性发挥到了极致。

图6-19 "感受音乐中的美术元素"——音乐与美术融合公开课

②邵阳县第一高级中学　黎娅"马说"

黎娅老师的课堂别出心裁，引领我们跨越千年的时空，深切地与韩愈的名篇《马说》产生共鸣。黎老师在教授时，特别注重引导学生理解诗人的深层情感。她以音乐般起伏有致的朗读为引，使我们得以一窥古文韵律之美，感悟那字里行间的抑扬顿挫。更令人印象深刻的是，黎老师给出了三种深入体会情感的方法：首先是配乐诵读，让学生在音乐的烘托下更好地把握古文的情感基调；其次通过了解作者的生平和背景，进一步理解其创作心境；最后是吟唱，这一形式不仅让学生耳目一新，也极大地激发了他们对古文的兴趣。可惜的是，由于课堂时间有限，学生们未能有更多机会通过吟唱来充分展现自己的创作才华。

图 6-20 《马说》"理解性"教学——音乐与语文融合公开课

③黄荆乡中心学校　王胤振"安塞腰鼓"

王老师开篇便以一幅幅展现黄土高原壮丽景色的图片深深吸引了我们,那苍茫广袤的土地与高亢激昂的陕北民歌相互交融,仿佛一瞬间将我们带入了一个充满浓郁民族风情的陕北课堂。在课堂上,王老师满怀激情地引导学生们朗读课文,那抑扬顿挫、饱含深情的语调,宛如在娓娓道来陕北大地的沧桑历史和深厚底蕴。然而,王老师的开场虽然热烈,却稍显遗憾,因为未能及时让学生在那种激昂的氛围中感受到鼓的力量与节奏。随着课程的逐步深入,王老师巧妙地提议用课桌代替鼓,供学生们尝试和体验。尽管如此,由于体验的时间较短,学生们对鼓的力量仍难以有深刻的体会,而音乐中的强弱对比或许能更贴切地展现这种力量。那么,如何让学生在短暂的体验中由衷地发出"好一个安塞腰鼓"的赞叹,这是留给我们共同思考的一个有价值的问题。

图 6-21 "安塞腰鼓"——音乐与语文融合公开课

④黄荆乡中心学校　黎伴银　"巴西"

黎伴银老师以一封来自异国的邀请函为情境，用热情如火的巴西桑巴舞蹈即刻点燃了课堂。在黎老师精心策划的一场别开生面的"巴西大冒险"课堂之程中，学生们首先化身为小机长，穿越千山万水，精准定位并"降落"在神秘的巴西。接着，他们通过黎老师展示的巴西特色图片，仿佛身临其境地置身于五彩斑斓的异域风情中，更在音乐的伴奏下跳起桑巴舞，深刻体验了巴西狂欢节的热情与活力。旅程的第三站，黎老师引导学生们深入探究了巴西的工农业崛起和多元文化，使学生们对这片土地有了更深刻的理解。最后，在课堂的终点站，师生共同度过了一场别开生面的巴西狂欢夜，为这场"巴西大冒险"画上了圆满的句号。黎老师的这堂课以舞蹈音乐为切入点，不仅让学生领略了巴西的异域风情，更在轻松愉快的氛围中拓宽了视野，增长了知识，实现了心灵的探索与成长。

图6-22 "巴西"——音乐与地理融合公开课

（3）活动总结与展望

本次教学活动代表了一次全新的探索，我们将"理解性"教学模式与音乐及多学科知识进行了有机结合。在这次别开生面的实践课中，我们既收获了意想不到的惊喜，也发现了一系列具有挑战性的问题。张文星老师在对教师们的努力给予充分肯定的同时，也着重指出学科融合并非简单地相加，而是要实现有机的结合，避免为了融合而融合的形式主义。这是一个富有意义的起点。学科的完美融合需要时间与实践的沉淀，而我们在这次探索中所遇到的难题，正好可以作为未来校本研究的宝贵课题。希望每位参与的教师都能带着这次活动的收获与疑问，回到各自的学校，组织本校教师团队继续深入探究。相信在未来的教学实践中，我们能够逐步解决这些问题，实现学科间的真正融合，为学生提供更为丰富、多元的学习体验。

图6-23 "理解性"教学——音乐与多学科融合公开课课后研讨

（二）音乐与多学科融合的教学设计案例

这些教学设计已经历了三轮的修订与完善，虽然它们在某些方面已取得了一定的进展，但我们深知它们并非尽善尽美，仍有许多值得深入探讨和改进的空间。我们现在将这些教学设计呈现出来，主要目的是以此为一个起点和切入点，激发大家的思考与探索欲望。

表6-1 音乐与语文教学设计

基本信息			
姓名	邓玉童	学校	下花桥镇中心完全小学
学科	语文	年级	四年级
教科书版本及章节	部编版四年级下册第一单元第二课		
学习领域/模块	第一单元 乡村生活		
课题	第二课 乡下人家		
整体设计思路（课标要求）			
（1）抓住关键语句，初步体会课文表达的思想感情。 （2）写喜爱的某个地方，表达出自己的感受。 （3）"阅读与鉴赏"的目标是能联系上下文，理解词句的意思，体会课文中关键词句表达情意的作用，体会文章表达的思想感情，这是"读"的目标。"表达与交流"的目标为观察周围世界，能不拘形式地写下自己的见闻、感受和想象，这是"写"的目标。 在落实以上要求的过程中，注重感悟语言文字文化内涵，培养热爱家乡的朴素情感，增强民族自信。 （4）为了更好体验乡下人家之美，引入与教学主题相符的歌曲《走在乡间的小路上》，让学生在音乐中发挥想象，在音乐中"看见"自己的家乡，进而"情由心生"，有了情感作铺垫，每一位学生的读与写就会更加精彩与"不一样"。			
教学设计			

一、教材分析

《乡下人家》是部编版四年级下册第一单元的第二篇精读课文。本单元主题是：纯朴的乡村，一道独特的风景，一幅和谐的画卷。主要让学生通过学习本组课文，感受人与自然和谐共生、劳动创造美好生活的幸福画面，培养学生热爱家园、热爱祖国的思想感情。

二、学情分析

这是开学的第二周，经过一个寒假的休整，学生的身心得到休养放松，应该处于精神饱满的状态。但是，由于假期作息自由，学生的上课状态正在回归中。本学期，我校进行跨学科项目式融合教学尝试，开始实践这种基于生活、鼓励个性表达、进行合作创新的课堂项目化实践，从而激发学生学习兴趣。对于《乡下人家》的跨学科项目化融合教学我们尝试进行以下设计。

续表

教学设计
三、教学建议 　　《乡下人家》位居单元第二篇，在落实单元语文要素中，起到承上启下的作用。重点应该放在引导学生如何抓住关键语句理解内容、想象画面、体会感情上。 **四、教学结果确定** 【语言建构与运用】 　　学科核心能力：抓住关键语句，体会课文表达的对乡村生活的热爱和赞美之情。 【审美鉴赏与创造】 　　跨学科能力：依托课文，整合音乐学科知识，进行基于生活、鼓励个性表达、进行合作创新的课堂项目化实践，激发学生学习兴趣。 【思维发展提升】 　　主要素养指向：实践创新，提升学生综合运用多学科知识解决实际问题的能力。 【文化传承】 　　人文底蕴，培养审美情趣，人文情怀。健康生活，培植人与自然和谐相处，劳动创造美好生活的观念。 **五、教学重难点** 【重点】 　　1.能抓住关键词句，体会作者对乡村生活的喜爱和赞美之情。 　　2.积累文中生动形象的句子 【难点】 　　边读边想象画面，了解课文内容，能和同学交流自己喜欢的一处景致。
学习活动设计

环节一：创设情境（图片导入）

教师活动	学生活动
音乐展示，引出"乡下人家"。 视频导入：同学们，你们去过下花桥吗？下花桥城可是个美丽的地方，这是我们的第一次见面，老师给同学们带了一个见面礼——出游。请同学们跟随视频，咱们来看看，今天我们要去哪里玩吧！ 师：刚刚同学们欣赏的歌曲叫作《走在乡间的小路上》，现在就让我们跟随作家陈醉云一起，看看乡下人家会度过怎样平凡而又迷人的一天吧！ 板书课题：乡下人家	欣赏与想象：歌曲《走在乡间的小路上》。

续表

学习活动设计

活动意图说明

　　只有让学生参与的课堂才是实践的课堂。让学生在听中体悟，进入情境，身临其境感受乡下人家的美好，对文本语言会有更加真切的感情生发。在乐曲滋润下的语文课堂才是真正情景化的课堂，才能真正为培养学生文化自信、审美创造起到积极作用。

环节二：讲授新课

教师活动	学生活动
观察插图，初识"乡下人家"。 请同学们根据视频景物，结合课文，看看作者为我们描绘了乡下人家哪些美丽的景物。 师：美景实在是太多了，我把它们都整理在课件上了，结果发现我竟然把它做了一首诗。大家读读看看，美不美？ 可是老师的节奏感有点差，你们能帮帮我吗，帮我打节奏，可以吗？ "最美乡下人家"是老师根据课文中的一句话改编的，谁知道是哪一句话？ 借助图画，欣赏"乡下人家"。 师：在刚刚的音乐欣赏中，同学们借助歌声把《乡下人家》中你感兴趣的景致深深体会了一遍，并表达了自己对乡下生活的喜爱，今天请同学们借助歌声展开了丰富的想象，感悟那些独特而又迷人的景致。 师：课文主要描绘了哪些景物？你能为每处景物取一个好听的名字吗？ 学法指导：小组合作，选一处你感兴趣的景致，圈画出文中景致中的关键语句，展开丰富的想象，凭借歌词内容，用文字语言描绘画面。 （设计意图：课后题是落实语文要素、教学目标、核心素养落地的主要载体。整合读写目标、整合课后题，从学生兴趣出发。）	生：观察插图，说说乡下人家的景物。 生：拍桌或拍身体为教师伴奏。 生：（律动变化，读出节奏）长藤绿叶瓜架，春笋翠竹繁花。鸡群悠闲自在，小桥流水戏鸭。傍晚餐景如画，知了催眠最佳。最美乡下人家！ 生：乡下人家，不论什么时候，不论什么季节，都有一道独特、迷人的风景。 生：第一幅图。 生汇报展示。 屋前瓜架图。 小组1：青、红的瓜，碧绿的藤和叶，构成了一道别有风趣的装饰，比那高楼门前蹲着一对石狮子或是竖着两根大旗杆，可爱多了。

学习活动设计	
聚集:"高楼门前蹲着一对石狮子"和"竖着两根大旗杆"给人怎样的感觉?农家小院的这种"装饰"又给人怎样的感觉?体会不同风格的景物给我们带来的感受。 汇报展示。 师:朴素中带着几分华丽说法矛盾吗?启发学生,文中这些花不用精心打理,自由生长,难怪作者说朴素,而这些花依着时令开三季,姹紫嫣红,美不胜收,所以又很华丽,不同季节,不同时间分别会有哪些花,依着时令顺序开放呢?让我们跟随老师一探究竟吧。 师:同学们,今天老师带着大家一起去赏花。别说,这赏花也有大学问,一定要选对时机,不然可能就要扑空了。那么,怎样选择合适的时机去赏花呢?老师这里有一首儿歌和你们一起分享,同学们拍桌子为老师打节奏。 正月梅花香又香,二月兰花盆里装,三月桃花红十里,四月蔷薇靠短墙,五月石榴红似火,六月荷花满池塘,七月栀子头上戴,八月桂花满树黄,九月菊花初开放,十月芙蓉正上妆,十一月水仙供上案,十二月蜡梅雪里香。 其实,花不只在不同的月份开放,还在一天中不同的时间开放。 雨后春笋图。 师:有同学找到雨后春笋图的句子吗? 你怎样理解"探"字? 谁能用动作做出? 鸡群觅食图。 师:你能用拟人的手法描写其他动物(猪、狗、牛、羊)吗?它们又会给乡下人家构成一道怎样的独特风景呢?试着写一写。 门前晚餐图。	鲜花轮绽图。 生:拍桌或拍手打节奏,通过动作变换和节奏的变化,多次朗读。 生:拍桌或拍手打节奏,通过动作变换和节奏的变化,多次朗读。 (小评:"歌声感悟乡下人家你最感兴趣的景致"这个驱动问题,直接指向语文核心概念——听说读写思的综合运用,尤其是紧抓文本,认真研读,抓住关键语句和自己感兴趣的生动形象的句子,想象其画面,使交流生活化、梳理探究个性化,让学习真实发生。) 生:几场春雨过后,到那里走走,你常常会看见许多鲜嫩的笋,成群地从土里探出头来。 生:"探出头"生动形象地写出了竹笋刚刚破土而出,好像在好奇地打量着这美丽的春天,更像一个刚出生的孩子在调皮地感受着这个新鲜的世界。(生做动作) 生:从他们的房前屋后走过,你肯定会瞧见一只母鸡,率领一群小鸡,在竹林中觅食;或是瞧见耸着尾巴的雄鸡,在场地上大踏步地走来走去。

续表

学习活动设计	
总结：同学们，在乡下啊，房前屋后的瓜藤花叶都很平常，随处可见。但是在作者的笔下，我们却读出了它们的几分独特与迷人，这就是语言的魅力。 想象画面，猜一猜他们在这样的美景里，品尝着美食，他们会说些什么？ 出示中心句：乡下人家，不论什么时候，不论什么季节，都有一道独特、迷人的风景。这句话在课文中起什么作用？抒发了作者怎样的情感？ 小结文章的顺序：同学们看，作者就是抓住乡村生活中这些最平凡、最普通，却又独具特色的景物，按照房前屋后的空间顺序和春夏秋季节、早中晚的时间交替的顺序，向我们描述了独特迷人的乡下人家的自然风光。我们不禁想和作者一样发出这样的感叹：乡下人家，不论什么时候，不论什么季节，都有一道独特迷人的风景。 妙笔生花，描绘"乡下人家"。 大家发现了没有？课文描绘了春、夏、秋的景色，唯独少了冬季，大家是不是稍觉遗憾呢？这不，今天老师给同学们带来了一首关于冬天的歌曲《雪绒花》，同学们仔细听音频，感受冬天银装素裹的魅力。 播放音频。想象一下画面。请同学各自来分享？ 写作和音乐有异曲同工之妙，都是情感的流露，请同学们展开丰富的想象，完成一篇小练笔。 交流展示。	生：天边的红霞，向晚的微风，头上飞过的归巢的鸟儿，它们和乡下人家一起，绘成了一幅自然、和谐的田园风景画。 生回答分享自己的句子。 生大胆谈自己的猜想。 生：这是课文的中心句，起到总结全文的作用，集中概括了乡下人家的独特、迷人的生活环境和朴实欢快的生活面貌，抒发了作者对乡村生活的热爱之情。 生：展示小练笔。 生：听音频，感受宁静和谐的音乐和静谧的冬天之间的联系。 生：想象画面，用自己的语言讲述冬天的乡下人家应该是什么样子的 生：白树杈，银地毯，雪花落了我家。小小的，亮亮的，像一片晶莹的纱。今年大雪盖住了沃土，明年粮食压麦秆。雪绒花，喜庆花，丰收幸福快乐到！
活动意图说明 语文是语言的艺术，音乐是旋律的艺术。写作和音乐有异曲同正之妙。通过以上途径，实现语文学科与音乐学科的深度融合，调动了学生学习的积极性，使学生在德育、智育和美育等方面互相促进，同步提高。	

续表

环节三：巩固练习
拓展延伸——"留影"乡下人家 　　必做题：读读课文，在文中找出生动形象的句子抄写下来。 　　选做题：用《雪绒花》或者《走在乡间的小路上》的曲谱，自己创作歌词，为歌词进行填词，创编出一首属于自己的歌曲。
活动设计意图 　　通过歌曲《雪绒花》让学生感受大自然的魅力，通过为歌曲填词的方式，用自己的语言大胆表达对大自然的喜爱。
教学反思

1. 成功之处

（1）在课堂开始之前，我先观察了这个班学生的活跃程度，发现他们并不是特别积极，对于整堂课也是特别茫然，所以我在课堂开始前临时决定组织一个节奏感游戏，既让学生知晓了我们今天课堂大概内容和主要环节，同时也拉近了我们之间的距离，使学生对于我的课堂配合度更高。

（2）整堂课的重点在于，我自己将文章中几个景物编成了一首朗朗上口的打油诗，让学生既在律动游戏中把握了文章的主要内容，同时也增长了一些科学学科的知识，关于音乐与语文融合方面，我认为我还是做得比较好的。

（3）整堂课的亮点也就是课堂的高潮部分就是最后的拓展部分，我在设计的时候灵光一现，想到了课文正好缺少冬季，是一个"遗憾"，那我们能否在此处弥补遗憾？于是我就想到了大家耳熟能详的《雪绒花》，结合危阳老师的"理解性"教学模式，我创新设计了"小小作词家"这个环节，让孩子们通过"填词"的方式，既培养了写作能力，也锻炼了节奏感，鼓励孩子们大胆尝试。

2. 不足之处

(1)关于"理解性"教学模式的贯彻不够彻底，未能把"情境创设"贯穿始终，一开始我设计了"出游"这个情境，带领孩子们去乡下观察景物，但在接下来的教学过程中，我过于侧重课文内容的解析和拓展环节，时间花得太长，从而把"情境"忘记了。孩子们在导入环节代入了情境，但是在最后又跳脱出来，让这堂课给孩子们带来的情感体验。

(2)在讲解"朴素""华丽"两个词语的时候，只是简单带过，在钟老师的建议下，我认为这个地方可以深入，列举一些艺术方面的"矛盾点"，既能拓宽孩子们的视野，又能让他们体验到"矛盾之美"。

　　总的来说，这堂课还是比较成功的，我们在学中教，在教中学，从彼此身上学习到了许多闪光点，在今后的教学中我应该多思考，多探究。

表 6-2　音乐与数学教学设计

基本信息			
姓名	刘舒	学校	九公桥镇中心完小
学科	数学	年级	三年级
课题		音符与分数	
课型		新授课	

整体设计思路
基于"理解性"教学理论,将音乐和数学联系起来,在教授(等效)音符值的同时教授等效分数的概念。 　　寻找音乐与数学中共同的数字规律,如音符时值和节拍。
教学设计
一、教学内容分析 　　数学和音乐的结合提供了一个合适的环境,使学生可以看到分数是如何构成音乐节奏和旋律的,以及音符值是如何使用的。同时可以探索音乐创作中的数值之美和数学关系,将音乐活动与更广泛的数学课程目标联系起来。如学生可以参与节奏活动,并跟着不同音符值,通过鼓掌,让数值可感,从而"可见"。 **二、学习者分析** 　　认识音符时值是音乐中基础的乐理知识,但是在 3 年级学生学习分数时具有挑战性,本次教学内容将音符值与小学分数相整合,在教授音符值的同时教授等效分数的概念。 **三、学习结果确定** 　　理解整体概念。如作为一个整体是由 8/8(1=1/8+1/8+1/8+1/8+1/8+1/8+1/8+1/8),即其在音乐中 1 个完整的全音符是由 8 个 8 分音符构成(1=♪+♪+♪+♪+♪+♪+♪+♪),通过此类课程整合它有潜力促进对分数概念的更深入理解,在主题之间建立有意义的联系,同时在人类创造性的文化形式中强调数学关系的意识。 **四、学习重点难点** 【重点】 　　通过实际的声音演示来展现音符的时值和节拍,使得这些数值变得直观且易于感知。 【难点】 　　在学习音符中理解分数数值。 　　在音乐中感知并理解分数概念。 **五、学习评价设计** 　　根据学习新课前后的对比,学生进行自评。 　　观察课堂表现,根据情境中的人物创设,总结学生之间的合作。(师生评)

续表

学习活动设计	
环节一：简介节奏	
教师活动 PPT 显示在数学学习的常用图形，圆和线段，还有认识全音符图形。 听歌曲"We Will Rock You"，跟着音乐强弱拍手（不指定动作） 引出什么是节奏。	**学生活动** 认识图形。 跟着音乐拍手，感受音乐的节奏。
环节二：认识音符	
教师活动 介绍音符值的名称、符号和音符值的持续时间。 用数学图形圆，分别表示音符，找出数学规律，圆（整体，一半，四分之一，八分之一）。 举例演唱和拍手。 演示音符时值是如何相互"适应"的（链接到等效分数）。	**学生活动** 根据音符节拍拍手。
环节三：分数与音符	
教师活动 随音符值的下降，需要更多的音符来组成一个完整的音符（明确链接到单位分数的顺逆关系）。 使用音符来展示"分享"，使用"整体"而不是"1"。 继续标记音符值及其相应的分数，即半分音符＝全音符的二分之一，明确讨论音符与分数之间的关系。	**学生活动** 用不同音符值来凑成一个"整体"。
环节四：《数鸭子》	
教师活动 老师先带领学生唱数鸭子歌，然后把它的节奏型用PPT 展示出来。 问题：每一小节都是多少拍？ 认识拍号 $\frac{2}{4}$：以四分音符为一拍，每小节有两拍。 $\frac{3}{4}$：以四分音符为一拍，每小节有三拍。 $\frac{4}{4}$：以四分音符为一拍，每小节有四拍。 $\frac{3}{8}$：以八分音符为一拍，每小节有三拍。	**学生活动** 学生在纸上计算每一小节为4 拍 认识拍号并会用

续表

学习活动设计
活动意图说明 　　让学生通过学习音符节拍，认识歌曲中的节奏。
环节五：完成习题
这数学题你看得懂吗？ 【任务一】 1.如果和为4，我们称之为四四拍，请运用以上三种音符自由组合成四小节的乐句。 2.如果每小节相加之和为2（$\frac{2}{4}$拍），或者3（$\frac{3}{4}$拍），你可以分别组成四小节吗？ 3.你认为一共多少拍可以同时出现在$\frac{2}{4}$、$\frac{3}{4}$、$\frac{4}{4}$拍中？ 【任务二】 有音乐基础的同学可以在创作的四小节节奏型基础上加上音高，创造歌曲。
活动意图说明 　　通过任务驱动，让学生在音符的世界里理解分数，鼓励学生进行创造
教学反思与改进
在教学过程中，我虽然在一开始没有明确指出两者之间的联系，但从第二环节时开始，就有学生很快意识到音符值和分数之间的联系。同时，随着课程的继续，音乐和数学主题之间的联系变得越来越清晰，在第三环节向学生们明确二者之间的关系。让学生们用圆代表不同的音符值，这些圆用来将音符值与它们相应的分数联系起来，（整个音符盘代表一个整体，一半音符盘代表两个二分之一，四分之一音符盘代表四个四分之一，八分之一音符盘代表八个八分之一）。 　　音乐与数学的融合能帮助学生理解分数和音符的含义并获得信心，让他们相信自己有能力解决音符值和分数有关的问题，减轻学生对数学课的恐惧和焦虑。同时，学生们的自我评估也表明，通过学科融合的学习，他们对使用音符值和在数学课上使用分数而感到自信。学生们已经获得了足够的信心对音符和分数进行学习，并且能够很好地将这些知识应用于解决各种分数问题。 　　同时，音乐与数学的融合也给学生提供了多种表现和动手实践的机会。课堂活动为学生们提供视觉、听觉、触觉和动觉的学习机会，能使学生们更好地与他们生活的世界进行互动并更加理解他们生活的世界。在此次音乐和数学融合的课程中，所运用的教学策略让学生们运用多种感官：听（听觉）、唱（语言）、读音符节奏（视觉）和鼓掌（触觉和动觉）。为学生提供了通过实际动手体验具体资源进行学习的机会。 　　在教学过程中要掌握课程的时间，根据学生的水平调整任务和问题的难易程度，还有很多音乐专业性问题需注意。

表6-3 音乐与美术教学设计

基本信息				
姓　名	周文清	学　校	邵阳县第一高级中学	
学　科	美术	年　级	初一	
学习领域/模块	音乐美术融合模块			
课题	用画笔画出音乐，用音乐感知美术			
课型	新授课			
整体设计思路				
学习内容：用画笔画出音乐，用音乐感知美术线条。 单元内容选择：讲解抽象派画家康定斯基的人生经历。 单元课时规划：本单元计划一课时。				
教学设计				

一、教学内容分析

用音乐绘画的抽象艺术大师康定斯基，他认为音乐和绘画是相通的，常常运用点、线、面纯粹的绘画语言，随着音乐的节奏，表现内心的感觉和情绪。用对音乐的直觉去绘画创作。看到了声音的颜色和形状。康定斯基被认为拥有联觉的能力，即他的大脑可以将声音感知为颜色，将颜色感知为声音。这种能力在艺术创作中得到了显著的体现，使他的画作具有独特的音乐性和情感深度。康定斯基的抽象画常常被视为一种视觉化的音乐。他的作品中充满了对音乐术语的引用，如"即兴"系列、"作曲"系列，以及直接以音乐术语命名的作品，如《红色梦之笛》《圆之舞》等。

他的作品《印象3（音乐会）》直接反映了他对音乐会体验的视觉转化，展现了他如何将听觉感受转化为视觉画面。

同学们通过康定斯基的人生经历，感受音乐在耳畔的流动，共同体验作为一名小小画家，用抽象画点线面的方式创造自己的音乐画，成为一名小小"画乐师"。

二、学习者分析

当今乡镇初中生，美术设施普遍不足，如画室、调色板等实践条件不完备，缺乏教学大纲中要求的油画、水彩等相应材料供给，这影响了学生创作表现力的发挥。多数学校没有专门的美术教室和教学用具，教学设备简陋，导致教学模式老套生硬，课堂氛围不浓厚。学校过于注重技术技能培养，缺乏对学生综合艺术素养的全面培养。缺少理论讲解和内容欣赏，教学中为技艺而技艺，放松对学生的审美教育。初中生对于美术与音乐的认知都很薄弱，教学需要讲得更加基础。

三、学习结果确定

能够感受不同音乐带给人的不同感受，并跟随自我的感受选择感受到的颜色氛围以及点线面符号。

续表

教学设计
四、学习重点难点 【重点】 　　感受不同音乐中的情绪及所想到的场景。 【难点】 　　将音乐给人的情绪感受通过美术元素画出来。 **五、学习评价设计** 　　根据学习新课前后的对比，学生进行自评。 　　观察课堂表现，根据情境中学生反应，适当自由发挥，让课堂具有更多开放性。 （师生评）

学习活动设计	
环节一：情境演绎著名抽象画家——康定斯基经历	
教师活动	**学生活动**
用音乐绘画的抽象艺术大师康定斯基，他认为音乐和绘画是相通的，常常运用点线面纯粹的绘画语言，随着音乐的节奏，表现内心的感觉和情绪，用对音乐的直觉去绘画创作，可以看到声音的颜色和形状。 康定斯基拥有听觉与视觉的联觉通感能力，这种独特的感知让他能"听到"颜色，并用"看到"的线条和颜色来呈现声音，他说："色彩是琴键，眼睛是琴锤，而心灵则是钢琴的琴弦。画家则是弹琴的手指，引发心灵的震颤。" 编写歌曲，用歌唱的方式描述康定斯基的经历。	认真聆听并随音乐进行联想。
环节二：阐释音乐中的音高、节奏元素	
教师活动	**学生活动**
节奏：节奏是音乐中时间感的体现，由音乐的强弱、长短等因素构成。它就像是音乐的骨架，支撑着整首作品。 音高。	生：展开讨论，回答问题。
活动意图说明 通过讲解音乐核心元素，为后续在音乐中描绘线条作基础性铺垫。	
环节三："听声辨情"	
教师活动	**学生活动**
播放不同类型的音乐片段（如：古典音乐、流行音乐、摇滚音乐等），让学生感受音乐中的音高以及节奏，感受每首音乐中不同情绪。	身体活动。

续表

学习活动设计	
活动意图说明 　　创设情景让学生更了解乐曲中不同元素，表达不同情感。	
环节四：介绍美术元素	
教师活动 美术的元素涵盖了线条、色彩、形状、色调、花样、质感、象征和远近等多个方面。 今天为大家重点讲解线条、色彩、形状三元素。 线条（Line） 定义：线条是美术作品中用于构造形态、表现运动的主要手段。 种类：直线、曲线、对角线、不规则扭曲的线等。 作用：通过线条的形状、长度、方向等特征，可以营造出作品的节奏、动感和空间感。 色彩（Color） 定义：色彩是美术作品中的重要元素，可以给人以强烈的视觉冲击力。 分类：暖色调（如橙色、黄色、红色等）和冷色调（如蓝色、绿色、深紫色等）。 作用：色彩的运用能够表达出情感、氛围和主题，通过色彩的明暗、饱和度和对比度的处理，可以调动观者的情绪和注意力。 形状（Shape） 定义：形状是视觉可以看到的事物样子，包括圆形、三角形、四边形、椭圆形等。 作用：通过形态的处理，艺术家可以塑造出作品中的人物、景物和环境，使其更加真实、生动和立体。	**学生活动** 实践创作："边听边画"。
活动意图说明 　　音乐是流动的画，每个人既能共同遵守绘画原则，结合个人聆听感受与想象，又能创作不一样的画。	

续表

学习活动设计

环节五：讲解美术作品的表达形式

教师活动	学生活动
具象美术 定义：具象艺术指艺术形象与自然对象基本相似或极为相似的艺术。 特点： 具象美术作品中的艺术形象都具备可识别性。 古希腊的雕塑作品、近代的写实主义和现代的超写实主义作品，因其形象与自然对象十分相似，被看作这类艺术的典型代表。 强调对客观事物的忠实再现，追求形象的真实性和逼真感。 **意象美术** 定义：意象美术是不拘泥于客观物象的真实再现，艺术家的主观认识和情感渗透占更多成分的艺术。 特点： 不完全依赖于客观现实的再现，而是加入了艺术家的主观感受和情感表达。 意象美术作品往往具有更强的表现力和象征性，能够引发观者的联想和思考。 **抽象美术：** 定义："抽象"是"具象"的相对概念，是就多种事物抽出其共通之点，加以综合而成一个新的概念。抽象美术泛指20世纪想脱离"模仿自然"绘画风格的艺术，包含多种流派，并非某一个派别的名称。 特点： 尝试打破绘画必须模仿自然的传统观念，以直觉和想象力为创作的出发点。 排斥任何具有象征性、文学性、说明性的表现手法，仅将造型和色彩加以综合、组织在画面上。 抽象美术的发展趋势大致可分为几何抽象（或称冷的抽象）和抒情抽象（或称热的抽象）。 总结来说，具象美术、意象美术、抽象美术是根据艺术表现手法的不同而划分的。具象美术强调对客观事物的忠实再现，意象美术则加入了艺术家的主观感受和情感表达，而抽象美术则试图打破模仿自然的传统观念，追求纯粹的艺术表现。	学生分小组表达自己的感受与创作意图，单独展现。

续表

学习活动设计
活动意图说明 　　"理解性"教学模式最后一环是表现，因此，学生完成了作品必须有展示的机会。
环节六
用哪种形式表达？ 具象美术、意象美术、抽象美术。 如何表达？（通过哪些元素） 可操作方法：（1）音符长短、音拍（抽象美术）。一个短音像点，长音像线，多个短音像很多跳舞的点，多个长音像加粗的线。（2）音阶高低（具象美术）。高音清澈悦耳，像掉落的水滴、中音浑厚饱满，给人以温柔之感，像温暖的怀抱；低音深沉内敛，有时给人以坏坏的感觉，像梦里的小怪兽。
活动意图说明 　　希望学生们能够通过本节课的学习后，能够课下将典雅优美的乐曲与诗歌结合一起朗诵，将音乐旋律的起伏与诗歌的平仄结合，形成别样的美！
环节七：让学生跟随音乐绘制，并且展示讲解
播放一首《与你同在》，让学生们倾听一段，四个人为一小组，每一个人画出自己的一段，拼接成一个完整的画面后进行展示。
活动意图说明 　　让学生学会用自己的方式画出声音。
板书设计
如何绘制音乐 声音氛围——不同颜色　　　　　　声音高低——线条高低 声音柔和与尖锐——线条圆和方　　乐器的形状——几何体形状 音符的长短——线条的长短
特色学习资源分析、技术手段应用说明
投屏展台：可以为同学们清晰地展示画面。
教学反思与改进
首先，在教学过程中，如何设置活动能让学生们参与度更高，调动大家的情绪，这个问题还需要多多思考。 　　其次，比如在第一步唱歌时，自己编写好词，让同学们自己创作调来哼唱，增强学生的参与度。 　　最后，在学生们回答问题时，更多地让同学们共同回答。当内容较丰富时，时间安排必须注意。

表6-4　音乐与地理教学设计

基本信息			
姓名	黎伴银	学校	黄荆乡初级中学
学科	音乐	年级	七年级
教科书版本及章节		人教版七下第九章第二节	
学习领域/模块		西半球国家	
课题		巴西　第一课时	
课型		新授课	
整体设计思路			
1.单元学习主题名称 西半球国家——"巴西" 2.单元内容选择 　　在本章节，我们从西半球的国家中，选择美国和巴西两国家作为案例，学习解决以下问题： 　　（1）怎样在地图上快速查找一个国家的领土组成？ 　　（2）高新技术产业对一个国家的经济发展有什么促进作用？ 　　（3）如何用资料说明一个国家的种族、民族构成？ 　　（4）一个国家的自然、社会环境对民俗有什么影响？ 3.单元课时规划 本单元计划四课时。			
教学设计			
一、**教学内容分析** 　　"巴西"是人教版教材地理七年级下册第九章第二节的内容，教材围绕"大量混血种人的社会""发展中的工农业""热带雨林的开发与保护"三部分内容展开，分别涉及巴西人文特色、经济发展、环境保护三方面的内容。这三部分内容相对独立又相互联系，以递进方式呈现。首先介绍地理位置，为学生理解巴西的自然环境和经济发展奠定基础；其次分析人种特点进而延伸到文化的多元性；最后从经济发展联系到环境保护。内容由因及果、由浅入深，符合学生认知规律，有利于学生理解和掌握，为培养学生综合思维、区域认知、人地协调观等学科核心素养提供帮助。 　　"大量混血种人的社会"由巴西的地理位置、人种的特点、多元文化三个要点组成，其中人种特点与文化的内容更贴近学生的现实生活，相对容易理解，学生较容易接受。而巴西的地理位置是理解巴西经济发展的基础，与第二部分"发展中的工农业"紧密相连。结合教材的难易程度和学生的接受水平，我计划用两课时完成上述教学内容。第一课时学习"大量混血种人的社会"和"发展中的工农业"，第二课时学习"热带雨林的开发与保护"。			

续表

教学设计
二、学习者分析 　　通过之前的学习，学生已有相应的知识储备，基本掌握了学习区域地理的一般思路和方法。然而，学生对种族等人文地理要素及拉丁美洲等知识认知较少，因地制宜、人地协调等地理观念还需进一步加深。 　　初一学生思维活跃、感情丰富，求知欲强，在接受知识上有浓厚的感情色彩，乐于接触有趣的感性知识。因此，在讲授本课时，要多用一些有趣的方法，多以实图展示，增强学生印象。 **三、学习结果确定** 　　1.学生能准确描述巴西地理位置。 　　2.在桑巴舞中感受巴西人文特点。 　　3.在学跳桑巴舞中，猜测巴西工农业特征。 **四、学习重点难点** 【重点】 　　在桑巴舞中感受巴西的多元文化特点，了解其种族特征及成因。 【难点】 　　巴西工农业生产与自然环境的关系。 **五、学习评价设计** 　　根据学习新课前后的对比，学生进行自评。 　　观察课堂表现，进行师生评。
学习活动设计

环节一：导入

教师活动	学生活动
播放桑巴舞视频 引导思考：这是什么舞种？可以尝试说说音乐舞蹈有什么特点吗？ 引出课题——巴西。	观看桑巴舞视频，思考问题。

活动意图说明
让学生通过观看视频，说出音乐舞蹈的特点，认识桑巴舞，引出课题。

环节二：巴西之旅第一站——走进神秘巴西

教师活动	学生活动
设置旅游情景,为机长找到巴西地理位置。 （展示世界地图） 半球——南半球，西半球 海陆——东临大西洋，南美洲东部 纬度——大部分位于热带	分析世界地图,完成学习清单任务一。

续表

学习活动设计
活动意图说明 学会分析世界地图，能从三个方面定位巴西。

环节三：巴西之旅第二站：体验异域风情

教师活动	学生活动
设置情景：飞机到达里约热内卢，来到沙滩上。 1.看到少年在踢足球，介绍巴西足球，观看足球视频。 2.播放狂欢节彩排视频，引出小导游"卞卡"，认识巴西狂欢节，参与狂欢节彩排，跟音乐律动。 3.从桑巴舞者肤色引出思考：巴西人口特征，简述历史原因。 4.多元文化：找出桑巴舞、狂欢节、足球之间的联系。	创设情境。 学跳桑巴舞。 完成学习清单任务二。

活动意图说明 通过桑巴舞的体验，感受巴西多元文化的魅力，了解人口特征。

环节四：巴西之旅第三站——探究工农业崛起

教师活动	学生活动
情景设置：卞卡邀请喝咖啡，引出巴西"咖啡王国"的称号 分析巴西地形图，引导思考巴西自然环境对农业发展的影响。 气候：热带雨林气候、热带草原气候。 地形：北为平原，南为高原。 河流：亚马孙河 气候湿热，地形平坦，具有种植热带作物得天独厚的自然条件。（咖啡豆、甘蔗、橡胶等） 巴西工业的发展（分析巴西矿产和工业部门分布图） 主要矿产资源：煤、铁、石油。 主要工业部门：钢铁、汽车、飞机制造。	分析巴西地图和分布图，完成学习清单任务三和四。

活动意图说明 　　学生通过学习了解巴西地形、气候、工农业发展。

续表

学习活动设计

环节五：终点站：尽享巴西狂欢夜

教师活动	学生活动
1.师生总结。 2.播放狂欢节视频。	跟随音乐律动学跳

板书设计

巴西
（一）地理位置
（二）人口特征
发展中的工农业

教学反思与改进

　　《巴西》是人教版七年级下册的内容，我以巴西桑巴舞为切入点引入课题，引发学生学习兴趣。这节课的重点内容是通过体会巴西的多元文化，学习巴西人口特征和自然环境与工农业的关系。在教学中，我用图片、音乐视频、音乐律动等多种教学手段，充分调动学生的各种感官。从上课的效果来看，本节课有成功之处，也有不足的地方，现总结如下：

　　1.教学情境的创设很好地调动了学生的学习积极性。

　　2.教学中设计了自学、音乐律动、小组讨论、练习等多种学习活动。通过读图分析出巴西的位置、地形、气候特点，通过填图进行图文转换，建立地理空间。

　　3.通过跨学科的融合，改变学生单一的地理学习方式，让学生在音乐欣赏、音乐律动中，以及合作讨论、阐述交流中获得知识，提高能力。

　　4.在情境的创设中，还是有些环节没有融合好，容易使学生从情境中跳跃出来。

　　5.教学环节的衔接上还需要更好地打磨一下，不是特别流畅。

　　6.最后的环节应该让学生在律动中离教室，使情景结束得更合理。

　　通过这次的公开课，我得到了很大的收获，实际地体会了音乐与地理跨学科融合的不容易和可能性，也许不一定做得很好，但也是一次大胆的尝试。在今后的教学中，还是可以打破常规，让学生开心，快乐地沉浸在课堂中，徜徉在知识的海洋，真正地学会学习。

第三节　"融合的成效"——实践问题与未来改进方向

在实践音乐与多学科融合的教学模式后，课堂氛围确实变得更加活跃，教师与学生都体验到了更多的愉悦与互动。音乐与多学科融合教学打破了单一学科的局限，增强了学生对课堂内容的兴趣和创造力，尤其是音乐所带来的创造（表现）、体验（活动）、情感（情境）对学生的整体发展起到了积极作用。然而，在这些实践中也显现出了一些困惑和挑战，通过反思、评估和分析，我们对音乐与多学科融合教学的效果进行了更深入的审视和总结。

一、学科融合是否改变学科性质：到底是音乐课还是语文课，孰轻孰重

在融合实践中，教师们发现学科之间的融合有时候模糊了各自的边界，导致无法明确地界定某节课是音乐课还是语文课，这引发了对学科性质的质疑。笔者认为，学科融合的本质并不是在于区分学科，而是为了突破学科边界，真正做到一切为了孩子的发展。通过融合，教师应更加关注如何利用音乐之"道"，即音乐中的创造性、情感表达与表现力，帮助学生更深刻地理解学习的意义，而不仅仅停留在学科知识的传统划分。例如，有教师在设计音乐与语文的融合时，别出心裁地运用了一首耳熟能详的儿歌《雪绒花》，让学生尝试填词创作。通过这一过程，学生不仅加深了对语文内容的理解，还在音乐的节奏和旋律中增强了表达力与节奏感。这种教学方式不仅激发了学生的创意表现与情感表达，更让他们在融合的过程中体验到学习的乐趣与成就感。这种突破学科界限的教学尝试，不仅丰富了课堂形式，更为学生的全面发展提供了广阔的空间。"理解性"教学就是要支持学生的多种可能表现。

二、融合迹象过于刻意，停留在音乐"纯声响形式"

在教学反思中，部分教师指出，学科融合过程中存在刻意融合的迹象，这种融合往往停留在浅层，缺乏深度的整合与自然的衔接。之所以显得刻意，是因为在课前设计中没有明确凝练出本节课的核心问题，也没有充分考虑如何将音乐元素与核心问题有机结合。因此，教师们需要基于教学的实际问题，再将音乐等艺术元素进行融合。音乐的融合应该基于创造、体验、情感表现的需要，而不是为了融合而融合。通过创造性的思维、情感的体验以及艺术的表现来实现教学目标，音乐不只是一个媒介，不只是课堂中的装饰，应将音乐之"道"贯穿其中。同样，其他艺术形式（如美术）等也可以被融入课堂中，以帮助学生在体验中理解学习的意义，尤其在传统以"满堂灌"为主的教学模式下，体验式的学习显得尤为重要。

三、音乐作为媒介的局限与多元融合的可能性

尽管音乐在多学科融合中起到了积极作用，但音乐只是众多学科中的一种。通过反思，我们意识到，除了音乐，还可以加入历史、地理等更多的学科元素，以帮助学生更全面地理解和解决问题。融合的目标是培养学生成为完整的人，即情感与思维并重。融合不仅需要音乐的参与，还可以通过历史文化的背景来延伸学生的理解深度，通过地理知识帮助学生建立更广泛的世界观。在教学中，利用多元学科的结合，能够有效地帮助学生从不同角度看待问题，激发他们的创造力和解决问题的能力。

四、音乐融合的功用旨在情感体验与创造

教师们反思，在教学中最重要的，是如何在学生学习的过程中，真正激发他们的情感体验和创造力。音乐的价值不仅在于知识的传授，更在于它是一个情感的媒介。音乐中不仅有歌唱，还有器乐、舞蹈、戏曲等多种形式，这些都是帮助学生进行自我表达的有力工具。在融合教学中，教师应鼓励学生通过唱、奏、视、听、动等方式，去体验和表达他们对知识的理解与情感。课堂中的创造性体验能使学生在学习中产生更多的兴趣和主动性，这种体验不仅能提升课堂的温度，即情感的联结，还能让学生从学习中收获真正的快乐与满足。

总之，音乐与多学科的融合在实践中取得了一定成效，但也面临诸多挑战。它帮助教师们打破了固有的学科边界，改变了以往的教学观念，为学生提供了更多创造、体验与情感表现的机会。在未来的教学中，我们希望通过更加深入的融合实践，让学生的情感和思维同步发展，助力他们的全面成长。

第七章 收获幸福：在"理解性"实践中体验意义与成长

在兼职音乐教师培训的最终环节，我们选择以一场音乐会作为成果的集中展示。这样的安排并非随意，而是基于多方面的深思熟虑。

首先，音乐与多学科融合的实践探索，其核心目的在于让教师们能够深刻领悟音乐的本质——那是一种蕴含创造、情感表达、艺术表现力的美妙体验，以及由此带来的愉悦与享受。通过音乐会的形式，不仅为教师们提供了一个直观且生动的平台，而且能让他们亲身参与到音乐的创造与表现之中，从而更加深刻地理解音乐本身的魅力与价值。其次，考虑到在有限的培训时间内，我们需要同时培养教师们的音乐技能和教育理念，有选择地采用了让教师们根据自身兴趣加入不同节目组的方式。这样，教师们不仅可以在实践中学习，更能在体验中持续践行"理解"。在准备音乐会的过程中，他们会遇到各种实际的问题与挑战，而这些问题正是他们未来在课堂上可能遇到的教学情境。通过亲身参与和解决问题，教师们能够积累宝贵的教学经验，为构建高质量的教学奠定坚实基础。

因此，这场音乐会不仅是对教师们培训成果的一次全面展示，更是他们深刻理解学生学习音乐过程、预测并应对学生可能遇到问题的宝贵机会。通过这样的方式，教师们能够更加自信地走进课堂，用更加专业、更加富有创意的教学方法，引领学生成长。

学习不仅是一个吸收知识的过程，更是一个表达与展现自我成果的机会。音乐会为教师们提供了一个展示他们学习成果的舞台，这种展示超越了单纯的成果展现层面，它更是一种勇气的体现——教师们勇于站上台前，用自己所学去感染学生，传递勇敢追求自我、勇于表现的精神。这不是一场炫技表演，而是一次心灵的交流，通过教师们的自我绽放，去触动学生的内心，激发他们的潜能。

以往，学生们常常是舞台上的主角，而教师们则站在幕后。但这次，教师们走到了台前，用他们的音乐、他们的努力、他们的坚持，为学生们树立了一个生动的榜样。他们用自己的行动诠释着：无论年龄多大，无论身处何种角色，都有追求梦想、展现自我的权利和能力。

　　这场音乐会的主题与内容紧密贴合学生们的实际需求进行设计。鉴于县里大多数孩子是留守儿童，他们或许更加渴望得到关爱、理解和鼓励。因此，我们确定了"勇气""对亲情的感悟""自信"作为音乐会的三大核心主题。我们期望通过音乐这一独特媒介，让每一个音符都满载爱与信任，传递给每一位学生，让他们深切感受到关怀与鼓舞，从而更加勇敢地迎接生活中的种种挑战，更加坚定地相信自身的价值和潜能。音乐不仅传递着信任与信心，也体现了我们对学生的深信不疑，我们希望通过这种形式能与学生之间建立起深厚的情感联结，以期为他们的成长旅程注入了更多正能量。

第一节　通过切身体验激发情感与共鸣

一、音乐会前期准备

（一）"诗歌有戏"校园音乐会策划方案

1. 主题、核心与关键

主题基调："诗歌有戏"——这是一场融合了诗歌与歌舞的盛会，旨在通过艺术的多种形式，展现诗歌的魅力与深度，同时让歌舞类节目与诗歌相互呼应，共同编织一场视听盛宴。

核心：勇气大爆发——鼓励每一位参训者勇敢尝试，不畏挑战，勇于在舞台上展现最真实的自我，释放内心的热情与才华。

关键：送给孩子的音乐会——所有节目内容均围绕"勇气与自我"这一主题精心打造，旨在通过音乐的力量，激发孩子们内心的勇气，鼓励他们勇敢做自己，追求梦想。

2. 目标

技能提升：通过每一次的节目排练，不仅增强参训教师们所学的音乐技能，包括演唱、演奏、舞蹈编排等，还注重情感表达与舞台表现力的提升，使每位教师都能成为多才多艺的教育者。

情感联结：通过节目的精心展演，将教师们对音乐的热爱与执着传递给每一位学生，深化师生之间的情谊，让音乐成为连接心灵的桥梁，增进相互之间的理解和尊重。

送出一份特别礼物：这场音乐会不仅是对孩子们的一次艺术熏陶，更是老师们精心准备的一份特别礼物，希望通过这场音乐会，让孩子们感受到来自老师的关爱与鼓励，激发他们内心的勇气与自信。

3. 作品内容选择

（1）关于我与父母（亲情的理解）

鉴于我县留守儿童居多，孩子们需要对亲情的理解，所以选取反映亲情温暖的诗歌与歌曲，如《是妈妈是女儿》《心愿》等，通过小品、歌唱或歌舞结合的形式，展现父母与孩子之间深厚的情感纽带，引导学生理解父母的不易与伟大。

（2）关于我想成为什么样的人（教师与学生的自我认知）

挑选描绘梦想与自我追求的作品，如朗诵《最美教师》《勇气大爆发》《人世间》等，结合现代舞蹈或歌曲，鼓励学生们思考自己的未来，勇敢追求自己的梦想，同时展现教师们对学生个性化发展的支持与鼓励。

（二）排练花絮

2024年6月14日，邵阳县兼职音乐教师在县一中艺术楼继续进行第七期"诗歌有戏"教学能力提升培训。本次培训的重点是通过节目排练，进一步提升教师们的音乐专业技能，为即将举行的"送给孩子们的音乐会"做准备。

图 7-1 "送给孩子们的音乐会"——合唱排练

所筹备的这场音乐会不是一场普通的演出，而是一场充满教育意义的活动。我们希望通过教师们的共同努力，不断追求精湛技艺，展现出努力成长、积极向上的力量之美。音乐会的主题是"勇气大爆发"，旨在激励学生在遇到挑战和困难时能够勇往直前，追求梦想。教师们通过精心排练的节目，不仅展示了他们的专业水平，还传递出对学生们的关爱与期待，希望以这种艺术的形式，激发学生们面对生活、面对学习的勇气和信心。

图 7-2 "送给孩子们的音乐会"——发声练习

精心挑选的曲目是音乐会情感传递的基石。在节目选择上，我们注重古典与现代的结合，以及亲情与自我成长的呈现，旨在通过多样化的音乐风格触动孩子们的心灵。这些曲目不仅展现了音乐的魅力，更蕴含了深刻的情感内涵。教师们在准备过程中，通过深入解读曲目背后的故事与情感，将自己的情感融入其中，使得每一次排练都成为一次情感的洗礼。

图 7-3 "送给孩子们的音乐会"——舞蹈排练

排练过程中，教师们展现出了极大的热情和投入。他们不仅注重音乐技巧的提升，更积极融入情感表达，使得每个节目都充满了生命力。在彼此间的鼓励和建议中，教师们共同进步，形成了深厚的情感纽带。这种情感交流不仅增强了团队的凝聚力，也让教师们在相互学习中不断升华自己的情感。

图 7-4 "送给孩子们的音乐会"——改编小品

教师们在排练时所展现出的专注与默契，构成了音乐会成功的重要基石。大家反复练习，不断调整和改进，力争在音乐会上呈现出最完美的表现。这份对艺术的深切热爱与对完美的不懈追求，使得教师们在排练的日日夜夜中，逐渐凝聚成一股强大的团队力量。而当音乐会在舞台上璀璨绽放，那份积蓄已久的内心"力量"也随之喷薄而出,得到了最淋漓尽致的展现与升华。

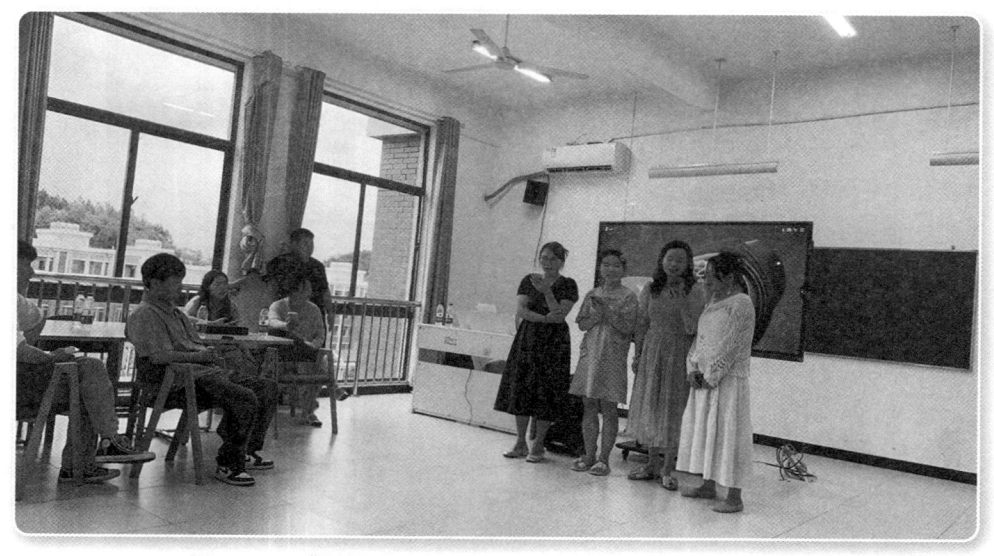

图 7-5　"送给孩子们的音乐会"——女生小组唱排练

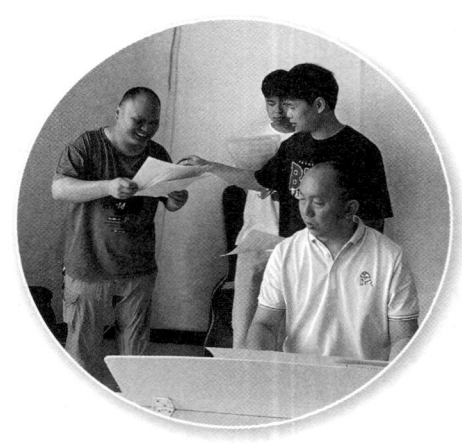

图 7-6　"送给孩子们的音乐会"
　　　——男生小组唱排练

通过音乐会等切身的体验活动,教师们不仅提升了自己的专业技能,更在实践中实现了情感的升华。他们学会了如何将自己的情感融入音乐中,如何通过音乐传递关爱与力量。这种情感的升华不仅让教师们在教学中更加得心应手,也让他们在生活中更加懂得如何去爱、去关怀他人。

"诗歌有戏"音乐会不仅是一场艺术的盛宴,更是一段情感升华与教育共鸣的旅程。这场音乐会不仅展示了教师们在实践中的不断成长与自我突破,更体现了音乐作为媒介所带来的深远影响。在排练与演出的过程中,教师们克服了表演中的重重困难,凝聚成一股坚韧的力量。在这一过程中,他们不仅与音乐进行了深层次的对话,更与彼此建立了深层次的联结,真正实现了"我与音乐的对话","我与你们"的"视域融合"。

我们相信，这些经历了情感升华的教师们将在未来的教学之路上，用更加饱满的热情和深邃的情感去感染学生、影响学生，为他们的成长注入更多阳光与希望。这场音乐会不仅联结了学生，更成为教师们教育旅程中的一座重要里程碑，昭示着教育的核心在于传递温暖、激发共鸣，让每个人都能在音乐与教育中找到属于自己的意义与幸福。

二、演出的"意外"插曲

"生活就像一盒巧克力，你永远不知道下一颗是什么味道。"原本定于6月24日的音乐会，也因天气的变幻莫测，而增添了一抹不可预知的色彩。

在演出前一天，我们进行了集体联排，外面下着雨，但老师们都说等一等，雨一定会停。果然，下午6点左右，雨停了，大家满怀期待地完成了彩排，心情愉悦地准备迎接24号的正式演出。然而到了演出当天，天公并不作美，雨依然下个不停。我们试图联系演出公司询问能否推迟几天，却被告知推迟一天需要支付5000元的费用。更何况，6月底正值考试季，老师们也都很忙碌，大家都希望如期完成这场期待已久的音乐会。

于是我听取了老师们的建议，决定按原计划演出。就算下雨，我们也可以"与雨共舞"，让学生们带着雨伞自愿前来观看，或者通过直播在教室里欣赏演出。有了前一天雨停的成功经验，大家都满怀希望，信心十足地开始了准备工作，化妆的化妆，练习的练习，没有一个人因天气而停下脚步。

因此，当学校询问我音乐会是否推迟时，我斩钉截铁地回答："就今晚。"我还嘱咐学校做好准备，万一有小雨，就让学生们穿上雨衣、带上雨伞。那天，县教育局领导们下午6点就来到了演出现场。他们陪伴着大家，一直等到晚上8点，但雨依旧没有停的意思。老师们说，有雨也不要紧，我们可以自己演，学生们可以在教室里看直播。看到大家蓄势待发，我点了点头，音乐坚定有力地响了起来。

然而，事情并没有我们想象得那样简单。演出刚开始，学校领导打来电话，要求立刻叫停，说家长投诉演出影响了学生的学习。我听到"影响了学生"这几个字，心里顿时觉得不安，觉得不应该继续下去。于是，我立即告诉老师们："天意如此，不管家长投诉是真是假，学校有学校的顾虑，不能让学生出来观看今晚的演出，我们这边声音太大，影响了学生学习，所以不能继续了。"没想到我们可以这样坚持，坚持到了最后不得不放弃的那一刻。

说完，大家的心情变得十分复杂，接下来怎么办呢？就这样取消演出吗？老师们心有不甘。推迟演出意味着重新协商费用，经费本就紧张，不知道能否得到领导的批复同意再给一次机会。即使批准推后，天气也变化无常，保证晴天并不容易，当时也是提前看了天气预报而定的演出时间，如果放室内体育馆，这几天学校又在篮球比赛，也行不通，思来想去，问题接踵而至，我一时有些手足无措。怎么办呢？

这时，幸好有局领导的英明决断。他们迅速召集了演出公司、工作室核心成员以及承办方一中的书记，一起商讨解决方案。最让我们感动的是，廖局长没有责备任何人，他们只是冷静地分析现状，提出解决方案。他们的理解与支持，给予了我们无穷的力量，这种理解更加坚定了我们为教育做贡献的决心。

最后，我们达成了一致：一是将演出场地改到室内（报告厅），以避免天气带来的不确定性；二是场地变更需要重新布置，因此演出推迟三天。当时自己为了培训也已身心疲惫，心想如果老师们放弃，我就尊重他们的选择。但当我问老师们是否还愿意继续音乐会，大家毫不犹豫、斩钉截铁地说："没事，只是换了场地，我们的心依旧不变，这场送给孩子们的音乐会一定要送出去！"

"祸兮福所倚，福兮祸所伏。"有时，意外的出现反而更能凝聚力量。就这样，大家相互鼓励，共同加油，那一刻仿佛所有的困难都变得微不足道。终于在6月27日这一天，我们团结一致，用心、用情，表达了对教育、对孩子们深深的爱意。

三、成果展示

（一）回顾——"音你精彩　点亮未来"

"音你精彩"卓越教师工作室在音乐会之前的半年多时间里，一直致力于探索一项创新而具有挑战的项目——"诗歌有戏"。这个项目不仅是对乡镇急缺音乐教师这一难题的积极回应，更是我们探索音乐与多学科融合新路径的一次大胆尝试。通过专业的音乐技能培训与"理解性"教学模式的实践指导，我们期望帮助兼职音乐教师更好地胜任教学工作，革新教育观念，助力学生成长。

（二）践行——课堂教学实践与音乐会

我县兼职音乐教师通常指语文老师、数学老师等兼任音乐学科，而这种音乐老师的主要职责则是教授语文、数学等其他学科，因此基于现实我们设计了两个主要模块。首先，是课堂实践与公开课。这一环节贯穿于每一期的理论讲座后的课堂教学中，尤其在第六期，我们重点开展了基于"理解性"教学的音乐与多学科融合实践公开课，深入探索了学科融合的多元化可能性。其次，我们希望以音乐会的形式，通过节目排练，老师们不断磨炼和提升自身的音乐技能，为未来的音乐教学工作或学科融合打下坚实基础。

特别需要强调的是，本场音乐会不仅是对老师们技能提升的成果展示，更是他们为孩子们精心准备的一份音乐礼物。我们期望通过这样的形式，以音乐为媒介，传递出老师们对学生的深切关爱与期望。接下来就让我们一起在音乐中见证参训老师们的成长吧！

图 7-7 "理解性"教学——音乐与多学科融合创新实践演出汇报

县一中陈小石书记致辞

图 7-8 "音你精彩"卓越教师工作室创办人危阳博士汇报

图 7-9 汇演主持人闪亮登场

图 7-10　民乐合奏开场

图 7-11　歌曲《勇气大爆发》

图 7-12　相声剧《我这样真的好吗》

图 7-13　现代舞《人世间》

图 7-14　小品《心愿》

图 7-15　歌曲《是妈妈是女儿》

图 7-16　朗诵《最美教师》

图 7-17　歌曲《再一次出发》

图 7-18 苏联歌曲联唱

《喀秋莎》《红莓花儿开》《莫斯科郊外的晚上》《啊,朋友再见》

图 7-19　即兴编创歌曲环节

图 7-20　古典舞《清平调》

图 7-21 情景剧《如果没有李白》

图 7-22 汇演现场

图 7-23 汇演现场

图 7-24　第二季参训教师与领导们合影留念

（三）展望——绽放自己　点亮他人

本次培训并非终点，而是一个崭新的开始。我们衷心希望，参训的老师们能带着满满的收获与一些待解的困惑，回到自己的学校，引领那些同样闪耀着智慧之光的同仁们，一同深入教学研讨的殿堂，就如同我们曾点燃你们的激情与灵感一样，即使没有志同道合的老师同行，也请你们用真挚且充满善意的言辞或目光，去激发孩子们的潜能。不论是在生活中，还是在工作上，"音你精彩"卓越教师工作室都将始终陪伴在你们左右，你们永远不会孤单。如果可能的话，我们热切期盼着第三季的到来，共同续写更多的精彩篇章。

第二节　从我的理解走向我们的理解

　　从一个人发起到一个群体共行，"理解性"教学的成长之路就是这样一步步展开的。这段旅程，是从个体到集体的不断转变，是从"我的理解"到"我们的理解"的共同探索与蜕变。通过两季的努力和耕耘，我们逐渐汇聚起更多志同道合的教师，形成了一个充满爱和力量的共同成长的团队，大家在教育的道路上一路同行，分享着个人的成长和集体的进步。

　　回望第一季的起点，我们不过是一个 9 人组成的小团队，彼此间的距离因对教育的热爱而拉近，那份纯粹与执着，如同初升的太阳，温暖而充满希望。那时的我们，虽然资源有限，但心中的热情却无限燃烧，每一次的交流与分享，都是对教育理念的深刻挖掘与共同诠释。

　　而今，步入第二季的尾声，我们已壮大为一个 61 人的大家庭。在这个过程中，每一次的相聚都显得尤为珍贵，无论是课堂上的思维碰撞，还是音乐会上的欢声笑语，都见证了我们的成长与蜕变。这份成长，不仅仅是个人能力的提升，更是团队精神的凝聚，是我们在相互理解与支持中，共同跨越难关，携手前行的力量体现。成员们的努力让每一次的相聚都成为难忘的时刻，虽然很辛苦，但却充满幸福。

　　我一直坚信，教育的本质在于"唤醒"。我们希望每一位老师都能带着收获与困惑回到各自的学校，带领更多眼里有光、心中有爱的老师一起开展教学研讨，带着真诚、理解与善意，用语言和行动去唤醒孩子们，让他们感受到来自教育的温暖与力量。

　　展望未来，我们满怀期待。如果条件允许，我们渴望迎来第三季的相聚，继续这段关于理解、成长与共鸣的旅程。以下是部分成员发来的感想。

学习很幸福

亲爱的危老师：

　　您好！您辛苦了！

　　非常感恩本次培训，让我能遇见优秀的您以及各位优秀的同仁。我可能不是本次培训最优秀的学员，可能您还不记得我的名字，但我想，在这次培训中，我收获了很多，感触颇深。

　　回想四月的初识，也是在一个雨夜，一听到是为期8期的培训，我就满怀期待，当然结果也证实，这是我入职7年来，参加的最有意义的一次培训。培训过程当中，也曾困难重重，我本是一名专业为音乐学的音乐教师，现今却成为一名扎实的一级语文老师，在您做"理解性"教学模式的讲座时，我便想起，我在日常的教学中，也多次想将音乐和语文学科融合教授，却总是十分生硬。在经过您的理论以及各位老师的教学实践后，我们的教学能力有了很大的提升。孩子们再也不怕学习诗歌了。最后两周，我认为能坚持到汇报演出的老师们，都令人佩服，大家真的很棒！这一路上都离不开危老师的支持与鼓励。

　　我自从大学毕业汇报晚会后，再也没有站上像汇报演出时那样的大舞台，我们收获的绝对不止一点两点，您身上所爆发的力量感染了我，感染了我们。

　　危老师，您辛苦了！

　　如果我们邵阳县还有这样的培训机会，我一定争取第一个报名参加！如果"音你精彩"卓越教师工作室还可以加入新的成员，我也想第一个申请报名。

　　危老师，千言万语，感谢您！

　　祝您工作顺利，万事胜意！成为您的学生，很幸福！

钟　洁

我们的故事

　　很庆幸自己参与了这次与众不同的培训。这次培训让我深刻体会到了教育的多元性和无限可能。

　　从前我认为作为一名音乐教师，却不能专职上音乐课，是一个很无奈又可悲的事情，一直以来都平衡不了自己内心，所以不管是音乐课还是其他科目，在上课的时候，我都是抱着"随便上"的态度。这次培训，危老师提出的"理解性"教学、跨学科融合、用目标定过程这些理念，似乎拨开了我内心的茫然。"音乐与地理跨学科融合"听起来不可思议，做起来不少困难，但是地理中的山川河流、风土人情，竟然能与音乐的旋律和节奏产生奇妙的共鸣。当我们从音乐出发感受当地地理环境、风俗文化时，学生仿佛打开了一扇全新的知识之门。

在将这一融合理念应用于教学实践的过程中，我发现我不应该把自己局限在音乐老师的角色中，音乐无处不在，美无处不在，在地理中，在语文中，在数学中……让学生能够从更广阔的视角去感受音乐背后的文化和地域特色，这不也是音乐老师的出发点吗？更何况这种跨学科的教学方式不仅激发了他们对音乐的兴趣，也拓宽了他们的知识面和思维方式。

参加这次培训我真的很开心，有成长、有收获。感觉像迷路的羔羊找到了组织，音乐生就是一群可爱的"疯子"，敢挑战，不气馁，不服输！快乐会传染，希望我们永远保持热爱！

黎伴银

坚持初心

还记得第一次加入"音你精彩"工作室的初衷，是我觉得我工作两年还在原地踏步，我对自己非常不满意，我向往的教书育人和那时的自己出入很多，所以我抱着十分忐忑的心情报名参加了工作室。我很感谢当时的自己鼓起勇气，同时我也十分幸福，遇到了一群勇往直前无所畏惧的人一同前行，我们相互帮忙、相互关爱，一起共同进步，仿佛回到了学生时代，我们有时间有激情一同探索一个问题，可以发散自己许许多多的可能。让我十分触动的是危阳博士提出的"理解性"教学模式，让我看到音乐它不是"死"的，它真的可以像弹钢琴一样跳动起来，每个音符都有韵味，都有它所要表达的事物。我会渐渐去剖析自己，告诉自己，要去思考，不单是看到表面，还应该看到深层次的事情。

后来我们创办了第二季"诗歌有戏"关于兼职音乐教师的培训，我们组建了一支60多人的庞大队伍，各个学科的老师都有，我们探索学科之间如何去融合和发展，在一起共同学习和进步。我最大的收获就是不畏惧，以前遇到事会害怕，因为害怕自己失望，也怕别人对我失望，但是现在我会先想着去做，比如进行音高训练的讲座，我其实是比较惶恐的，但是后来发现只要自己敢于去尝试、去改变，不管结果如何，至少过程是充实且美好的。还有，我非常感谢危阳博士让我担任"送给孩子们的音乐会"的主持人，长这么大，还是第一次当主持人，又是一次不错的体验，让自己能够去挑战不可能。

　　两季的培训，我非常幸福，要感谢的人有很多，但最应该感谢的属创办工作室的负责人危阳博士，她是一位热衷且奉献于教育工作岗位、无私、会为学生和老师真真切切去换位思考的人，能够认识这样优秀的人我感到很开心和幸福，愿我们都能在自己热衷的事情上勇往直前，无所畏惧；愿我们都能实现心中所想，飞得更高更远！

黎丽丽

朱振兴想说的话

　　尊敬的危老师，你好，今天出太阳了，天气真好。培训心得体会如下，请阅览。

　　刚开始第一次来培训时，带着无比好奇、兴奋、期待的心情，踏进了一中四楼的培训室。刚开始不免心生疑问：这次培训是什么内容？培训的对象为何是不同学科？培训的目的是什么？危阳博士是邵阳县教师队伍中目前为止唯一的博士，能从她身上学到哪些呢？这次培训的意义又是什么呢？

　　带着满肚子疑问，我们从4月29日开始的第一次培训，到6月底的汇报演出，时间横跨整整两个月，每周的星期五下午，到培训后面阶段利用周末时间的排练，我们都一次次相约"音你精彩"卓越教师工作室，风雨无阻。

　　我们在一次次的培训中，认真听课，模仿，汲取知识，学习音乐学科的专业技能。就像我作为兼职的音乐老师，培训的内容就像在给我复习功课一般，把这么多年来，快要忘记的知识，又统统捡拾回来，放进我的记忆库里。

通过多次培训，认识了工作室的几位核心成员，他们精心准备的一堂堂生动有趣的课，令我们回味无穷，脑洞大开。

比如第一堂课由多才多艺的李国金老师（也曾是我高中时期在长沙培训的专业老师来上），课上李老师让我上台练声，我一点准备也没有，练声上到 G 的时候就开始有压力了，喉咙开始发紧，毕竟第一次嘛，大家互相不认识，特别拘谨，有些放不开。我问李老师说："还来啊？"他像以前温柔地给我讲乐理题目一样："你可以的！"满满都是回忆啊！另外冯佳田老师、充满活力的黎丽丽老师（我们小组组长，活力四射，经常鼓励我们）、跳舞时很厉害的张怡珑老师、刘婕老师。还有这次培训的核心危阳老师，初见危老师，她化了妆，穿了粉色小香风连衣裙，盘了头发，很漂亮，眼睛大大的，好瘦好瘦，练声时小手往那小腰上一卡，更加瘦了！这小身板，怎么蕴含了这么大的能量？整个培训下来，她要操心培训的内容，在课堂上带领我们天马行空，发散思维，课堂氛围感满满，创造力爆棚。学员们能更好地理解、接受"理解性"教学相关理论，在给我们上完"理解性"教学后，她还教我们如何把理解性教学更好地实践、更好地融入课堂，让学生更能理解歌曲乐曲中，所包含的文化底蕴、思想感情，不仅能听懂会唱，还要更深层次地去理解歌曲。

在此也不得不提一下，经过危老师的点拨，我即兴创作了古诗词改编歌曲《相思》，我觉得自己没有尝试过，怕创作出来不好听，危老师一直鼓励我："你创作一首咯，不难听的，你试试咯。"我在学校一时兴起，编出来后唱了，哎，第一遍有点拗口，第二遍还行，第三四遍就能带上自己的理解，加入感情演唱了。黎丽丽老师还说："真的不错哎，朱老师，你有创作的天赋哦！"让我高兴了好一会儿。

到培训末尾，危老师确实有些疲惫了，头发应该掉了不少，确实非常辛苦，非常操心，肉眼可见比原来更瘦了，食堂吃饭时，我说："危老师你多吃点啊，太瘦了！"打小半盆一子饭菜，危老师也吃不完，还剩很多。我可不同，打一盘子，能吃个七七八八，哈哈，只说这一身肉怎么来的。身体是革命的本钱，我希望危老师，永远就像初识你时，美丽动人，饱满的脸像盛开的一朵花，永远美好！为了这次活动，让我真挚道一声：危老师辛苦了！顺便说一句，多多真可爱，确实就像她们说的，多多咋啥都会啊，真是梦中情崽！多才多艺，音乐天赋嘎嘎好，好羡慕呢。

　　于是就到了晚会的第一天，一中足球场搭了一个非常高大上的舞台，音响效果很好，极具感染力。学员们化好美美的妆，一边各自加紧排练，一边等待雨停，可那雨啊，就像是听了谁在唱："就让这大雨全都落下……"它就真的一直下，到晚上七点半，走到操场感觉自己的鞋就是船的时候，雨还没停。我们学区来了一位校长和几位老师，躲在棚子底下，走也不是，坐也没地方坐，有些尴尬。大雨一度把演出的服装也淋湿，我们不得不到车里暂时躲避。然后就接到了当晚不表演的通知，那一下心里确实就空了，有些失落，好像要把演出这件事情做好非常难一样，天公为啥不作美？灰溜溜地就开车回家。走到半路看到群里消息，让我们先不要走，又半路折返回来，雨渐小，难道是演出继续吗？可时间不对啊。

　　回到报告厅，危老师第一句话说的是："老师们都很坚定啊，我很感动。"于是我看到了危老师的眼泪，也许是那一刻的情绪就一下子上来了吧，所有的努力、辛苦、不被理解一起涌上心头，那一刻好想对你说："危老师，别哭，其实走到现在，你已经成功了，至少在我心里，你真的很棒！"小小身材，蕴藏着大大能量，带领着我们一步一步，积极向上，朝着一个目标前进，那就是一切都是为了课堂，为了孩子，为了教育！

　　到了正式演出那天，换了场地，终于不用担心下雨了，大家一鼓作气，撸起袖子就开干！节目都异常精彩，演员十分投入，一个个都超常发挥，好像憋着一股子劲儿，定要在舞台上绽放自己，发光发热，把最好的，最优秀的送给孩子们。孩子们也很开心配合，目不转睛，有笑有泪。

　　其中最令人印象深刻的是《是妈妈是女儿》，真的非常感人。小周周的声音清透明亮，危老师声音虽然有点哑，但却深沉厚重，满怀情感。我在舞台侧面候场时看到，有个戴眼镜的女生，听着听着，把眼镜取了下来，捂着脸哭着跑出了报告厅，大概是受了歌声的感染吧。我在舞台旁边听了也动容，眼含泪花，让我想起了我读大学时，妈妈送我上学，转身离开逐渐消失的背影……那是我即将步入社会时，给我拉开的一章序幕。"人长大不轻松，我后来才知道……"

　　有太多话想说，所以写了这篇有感而发的小作文，希望危老师看了别笑话。我不是最优秀的，但是下次如果有机会，我还想与你们这群优秀的成员一起，再一次出发！

朱振兴

"音你精彩"，由你续写……

参考文献

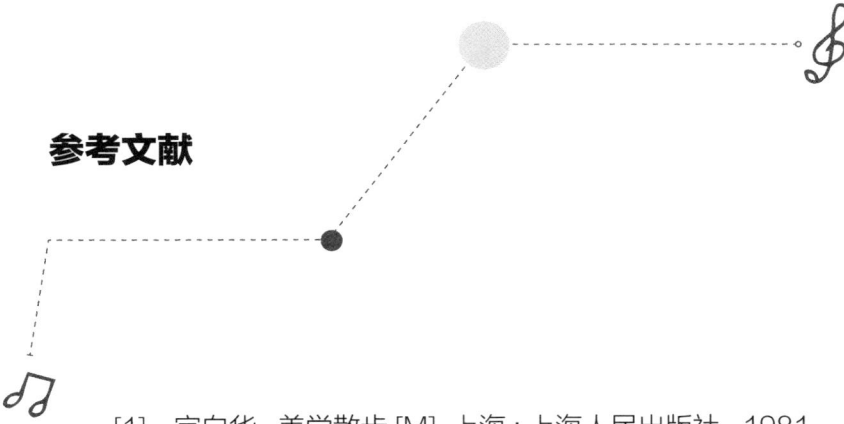

[1] 宗白华.美学散步[M].上海：上海人民出版社，1981.

[2] 李泽厚.美的历程[M].北京：生活·读书·新知三联书店，2017.

[3] 叶秀山.美的哲学[M].北京：北京联合出版公司，2016.

[4] 高尔泰.美是自由的象征[M].北京：人民文学出版社，1986.

[5] 修海林.中国古代音乐教育[M].上海：上海教育出版社，1997.

[6] 刘纲纪.传统文化、哲学与美学[M].武汉：武汉大学出版社，2006.

[7] 石中英.教育哲学[M].北京：北京师范大学出版社，2007.

[8] 钟启泉.现代课程论[M].上海：上海教育出版社，1989.

[9] 李秉德，李定仁.教学论[M].北京：人民教育出版社，1991.

[10] 叶澜，白益民，王枬等.教师角色与教师发展新探[M].北京：教育科学出版社，2001.

[11] 郭元祥.深度教学——促进学生素养发育的教学变革[M].福州：福建教育出版社，2021.

[12] 雅斯贝尔斯.什么是教育[M].邹进,译.北京:生活·读书·新知三联书店,1991.
[13] 尼采.教育何为[M].周国平,译.北京:北京十月文艺出版社,2019.
[14] 伽达默尔.诠释学:真理与方法[M].北京:商务印书馆,2011.
[15] 加达默尔.哲学解释学[M].夏镇平,宋建平,译.上海:上海译文出版社,1994.
[16] 杜威.艺术即经验[M].高建平,译.北京:商务印书馆,2005.
[17] 杜威.经验与自然[M].付统先,译.北京:商务印书馆,2015.
[18] 杜威.人的问题[M].傅统先,邱椿,译.上海:上海人民出版社,2014.
[19] 杜威.我的教育信条[M].彭正梅,译.上海:上海人民出版社,2017.